工学结合新思维高职高专财经类“十三五”规划教材

人际沟通与礼仪

（第二版）

冀巧英　杨　彬　主　编
杨　颖　张艳艳　副主编

对外经济贸易大学出版社
中国·北京

图书在版编目（CIP）数据

人际沟通与礼仪／冀巧英，杨彬主编. —2 版 . —北京：对外经济贸易大学出版社，2016. 6（2020. 7 重印）
工学结合新思维高职高专财经类“十三五”规划教材
ISBN 978-7-5663-1585-4

Ⅰ. ①人… Ⅱ. ①冀… ②杨… Ⅲ. ①人际关系学-高等职业教育-教材②心理交往-礼仪-高等职业教育-教材 Ⅳ. ①C912. 1

中国版本图书馆 CIP 数据核字（2016）第 086207 号

人际沟通与礼仪（第二版）

冀巧英 杨 彬 **主编**
责任编辑：高 卓 杨海珊

对 外 经 济 贸 易 大 学 出 版 社
北京市朝阳区惠新东街 10 号 邮政编码：100029
邮购电话：010-64492338 发行部电话：010-64492342
网址：http://www.uibep.com E-mail：uibep@ 126.com

北京九州迅驰传媒文化有限公司印装 新华书店经销
成品尺寸：185mm×260mm 11. 5 印张 266 千字
2016 年 6 月北京第 2 版 2020 年 7 月第 3 次印刷

ISBN 978-7-5663-1585-4
印数：5 001-5 600 册 定价：32. 00 元

出版说明

本套教材是对外经济贸易大学出版社贯彻教育部教高［2006］16号《关于全面提高高等职业教育教学质量的若干意见》精神，于2010年联合天津商务职业学院、天津职业大学、河北工业职业技术学院、北京工业职业技术学院、天津国土资源和房屋职业学院、天津海运职业学院等十余所国家、省（直辖市）级示范性高等职业院校，聘请了大批既具有丰富的高等职业教育教学经验，又拥有企业第一线实践经历，且主持或参加过多项应用技术研究的教师担任主编，以确保本套教材的编写质量符合高等职业教育的特色要求。

本套教材的编者一方面积极与行业企业合作开发课程，根据技术领域和职业岗位（群）的任职要求，参照相关的职业资格标准，改革课程体系和教学内容，建立突出职业能力培养的课程标准，规范课程教学的基本要求，不断提高课程教学质量；另一方面，坚持以提高学生专业实际操作能力和就业能力为宗旨建设教材，采取情景模块、案例启发、任务驱动、项目引领、精讲解、重实训的指导思想，让学生在理论够用的基础上，在专业技能培养环节，特别是"教学做一体化"方面有所突破，"确保优质教材进课堂"。本套教材包括国际经贸、财会金融、工商管理、物流管理、电子商务、旅游与酒店管理等专业。

本套教材自2010年问世以来，承蒙广大教师同仁的支持与厚爱，在财经类高等职业教育领域发挥了较为实用的功能，在较短的时间内就获得了相关专业师生的较高评价。本次修订是对第一版教材进行的系统性更新。其间，吸收了众多兄弟院校对该套教材在使用过程中提出的宝贵意见，反映了编者在教学与实践方面取得的新进展，在教材的科学性、规范性、时代性和实用性等方面均有较大幅度提升。

本套教材的修订工作主要集中在以下几个方面。

第一，体系日臻完善。第一版教材的编者着力于以能力培养和技术应用为本位，突出应用性和适用性，既要满足专业教育，又能适应就业导向的"双证书"（毕业证和技术等级证）人才培养目标需要，实现了对传统教材体系的新突破。这种突破的前瞻性和科学性经受了几年来全国各地教学与实践的检验。本次修订在保持基本框架稳定性和教材本身严肃性与连续性的同时，也对必要的模块进一步削枝强干，以使教材体系更趋严谨完善。

第二，内容剔陈出新。近年来，伴随经济全球化的日益加速，财经领域的理论与实践发展迅疾，新情况、新问题、新方式层出不穷。修订版以我国经济发展、深化改革大格局的新视角、新趋势、新模式作为引领，及时更新原教材中的统计数据和应用案例，并在理论与现实两个方面补充了大量新鲜内容，使本教材的时代感和实践性更为突显。

第三，体例突出主线。修订版教材的结构进一步明确了从学习情景导入—技能点介绍与分析—技能训练—自我验收的主线。在明确"学习与训练目标"的前提下，"导学案例”“技能点”等剖析有助于学生对核心知识与技能的把握；“技能检测”“复习与思考”等有利于学生主动对重点内容消化理解；“资料卡”“小看板”“案例分析”等注重启发学生的开拓性思维，让有潜力者对相关内容加以深度探究；“阅读平台”则有利于学生搜集与使用信息的能力培养。通过这样的编排，既能使新版教材的体例生动活泼，引发学生的求知兴趣，又能较为全面地锻炼学生的学习和实战能力。

第四，永葆职教特色。本次修订进一步遵循《国家中长期教育改革和发展规划纲要（2010—2020年）》关于职业教育的要求：以服务为宗旨，以就业为导向，以利于推进教育教学改革，实行工学结合、校企合作、顶岗实习的人才培养模式；以利于提高职业教育教学质量，满足经济社会对高素质劳动者和技能型人才的需要。

教材的建设与完善永无止境。本套教材的修订同样需要在教学实践中与时俱进并接受检验。我们期待着财经类高等职业教育界同仁和广大青年学生、读者一如既往地关心支持本套教材的建设和发展。

愿新版教材对新时期我国高等职业教育的创新发展和高职人才培养质量的稳步提升有所助益！

对外经济贸易大学出版社

2015 年 1 月

前　言

本书是为了适应社会对现代人的素质要求和职业院校学生的素质构成而编写的，其内容基于中国的文化背景，在对中西方文化的比较中找出了更适合中国人在人际沟通中的方法与技巧，并将人际沟通和礼仪上升到艺术的层面来认识与把握。

人文素养是做人的基本素养，是指做人的基本修养或涵养。一个合格的人应该具备基本的人文素养包括热爱生命、尊重平等、诚实守信、团队合作、学会感恩。

当前，在各类高等院校大学生的能力结构中，由于社会环境的影响，“低头族”队伍壮大，人际沟通能力是最为薄弱的一环。现在的企业不再钟情于那些只知道埋头读书的大学生，不仅要求大学生要有扎实的专业知识与技能，而且要求他们有较强的人际沟通能力，能与各种不同性格的人结成工作团队，共同进步，达到一个新的发展高度。社交礼仪就是一门艺术，在团队合作中要懂得如何与人相处。无论什么时候，团队都是我们生存发展的保障。随着社会的高速发展，对大学生的技能要求也变得五花八门，但唯一不变的就是要有基本的人文素养和良好的道德观念。

本书就是针对当代大学生的人文素养、人际沟通和礼仪三方面加以培养。在提高基本修养和涵养的同时提高学生的人际沟通能力，从而提高大学生的综合素质。本书的特点体现在以下几点。

第一，求实效。本书立足于职业教育，在教学中总结经验，发现学生的沟通问题，加以纠正和弥补，传授给他们需要的知识内容。

第二，立根本。本书积极响应新课改精神，将课堂讲授与课外实践相结合，让学生主动学习相关知识，在实际训练中真正掌握所学的沟通技巧和礼仪知识。

第三，讲效率。本书的内容遵循由浅入深、循序渐进的原则。全书共两篇：上篇主要讲授人际沟通方面的知识与技巧，为后续学习打下基础；下篇讲述和训练大学生在学习、生活、工作中的礼仪技巧，深化人际沟通能力和礼仪能力的培养，为学生踏入社会做好铺垫。

本书在结构上设置了知识目标、能力目标、情景模拟、知识拓展、案例分析、礼仪图示等，大大增强了学习的趣味性和生动性。

本书由冀巧英、杨彬任主编，杨颖、张艳艳任副主编。参与本书编写工作的还有王辰、吕帆、于洁、何晓卉、王媛媛、刘毅、董静、丁洪涛等。在编写过程中，我们参考了多位专家学者的研究成果，在此表示诚挚的感谢。

由于编者水平有限，书中难免有不足之处，敬请专家、同行和广大读者批评指正。

编　者

2016 年 5 月

目 录

下篇　礼　仪　篇

绪　论

当今社会，很难找到一个不需要沟通与礼仪的行业。事实上，随着社会的多元化发展，人与人之间的沟通越来越讲究艺术性，沟通与礼仪已经成为人们生活中必不可少的技能。

拥有良好的沟通技能，如同拥有了成功的砝码，成为许多人孜孜不倦的追求；通过一个人彬彬有礼的举止，可以判断其学识及修养。因为，沟通与礼仪不仅是一项技能，更是一个人心理素质、文化素质，甚至是综合素质的体现。因此，大学生有必要加强自己在沟通与礼仪方面的训练。

一

人生处处需要沟通，英国首相丘吉尔更是认为：一个人敢于站在多少人面前讲话，就代表他的人生有多大！

戴尔·卡耐基说："一个人事业的成功，只有15%是依靠专业技术，而85%却要依靠人际关系、有效说话的软科学本领。"沟通能力正是一个人各种能力的综合体现。

的确，无论是求职面试、工作、家庭、号召说服、同学聚会等，都需要我们拥有良好的沟通能力。

如果告诉你，有人能够让一个牧民的儿子成为石油大王洛克菲勒的女婿，成为世界银行的副总裁，你会相信吗？然而，擅长沟通的乔治·拜伦就是依靠他的出色的沟通能力使这样的事情变成了现实。

美国加利福尼亚州一老者有三个儿子，两个大儿子在城市扎了根，老人与小儿子相依为命。拜伦想把这位老者的小儿子介绍进城，多次被老人断然拒绝。有一天，拜伦对那位老人说："假如把你的小儿子介绍给石油大王洛克菲勒做女婿，你是否同意我把你的儿子介绍进城呢？"老人经过反复思考后终于同意了。拜伦又找到石油大王洛克菲勒，对他说："如果我能让你的女儿嫁给世界银行的副总裁，你会同意吗？"洛克菲勒也同意了。拜伦最后又找到世界银行的总裁对他说："如果我把石油大王洛克菲勒的女婿介绍给你做副总裁，你是否会考虑再设置一个职位？"结果，该总裁也同意了。

你不得不佩服拜伦的说服力吧！他居然利用自己的沟通能力，让一个牧民的儿子做了世界银行的副总裁，如果你能够具备这样的能力，还担心什么事情不在你的掌控之中呢？这就是沟通的魅力和力量。现代社会的方方面面都与沟通息息相关，在当今这个竞争十分激烈的社会，沟通已经成为决定一个人生活好坏及事业成败的重要因素。那么，如何才能锻炼我们的沟通能力呢？什么样的沟通是有效的、绝妙的呢？

我们中国有句古话："听君一席话，胜读十年书。"的确，跟那些真正具备优秀品质和沟通能力的人交谈，比喝了醇酒更令人兴奋，甚至比上戏院或听音乐更能振奋精神。

沟通是人与人之间心灵的相通，有了沟通才能拉近人与人之间的距离，才能让彼此相处得和谐快乐。

二

英国女王伊丽莎白曾经说过：“礼仪是一封永久的推荐信”。孔融让梨的故事流传千古，妇孺皆知。它体现了中国传统美德的一种精神“让”。

《后汉书·梁鸿传》载，每次梁鸿回到家里，他的妻子孟光总是把端饭的托盘举得高高的，放到他的面前，用来表示对丈夫的崇敬之情，于是中国历史上有“举案齐眉”的美谈。后来，人们用这个成语说明夫妻之间也应该互相尊重，讲究一定的礼仪规范。

历史上许多成大业者，都是行礼的楷模。例如，汉高祖刘邦的谋臣张良知书达理，曾在泗桥遇一老者，老者故意把自己的鞋掉至桥下，令张良去取上来给他穿上，如此取鞋穿鞋的折腾了三次。张良的这种忍辱求礼的精神，被老者看作是可教之子，赐予张良一部兵书，使张良成为汉朝的开国元勋之一。

社会生活的内容是异常丰富和复杂的，每一位社会成员都要扮演多重社会角色：一个人在家庭中可能是父亲、丈夫、儿子，而到了单位可能是领导，去商店购物又成为顾客，到电影院又是观众等等。不同场合有不同的人际关系，因而就产生了各种不同的礼仪要求。家庭生活中有夫妻之礼，父子之礼；社会交往中有各种社交礼仪；学校生活中有师生之礼，同学之礼；各种职业也都有各自的职业礼仪。

通过本书的礼仪学习，了解和掌握礼仪的基本概念、内涵、意义及原则，并学会自我管理和自我养成，能为将来在职场上的人际关系打下良好的基础。

上篇

沟通篇

模块一　沟 通 概 述

知识目标

1. 了解沟通的概念和特点。
2. 了解沟通的原则和内容。

能力目标

1. 能够熟练掌握沟通的技巧。
2. 能够运用沟通的原则进行有效沟通。

人是社会上的人，任何人不能离开社会而独立生活。生活在当今社会，我们想要在人海茫茫的圈子里“混”，就不得不和形形色色的人打交道，不管你是身居高位的领导，还是乡间或都市中的普通百姓，都离不开人际沟通。人际沟通是绝对不能小视的事情，现代社会时刻都离不开人际沟通，可以说人际沟通能力直接影响到一个人的生存和发展。

人际沟通能力越强，结识的人就越多，交际面就越广，就能广建人脉，当然，也就越好办事情。那么，究竟如何提升自己的人际沟通能力呢？在接触不同领域的人际沟通技能之前，我们首先应该掌握一些基本的人际沟通知识，真正做到了解沟通。

通过本模块的学习，能有效地了解和掌握沟通的基本概念、内涵、意义及原则，并学会自我管理和自我养成，为整个课程的学习打下良好的基础。

子模块一　了 解 沟 通

情境模拟

小贾是公司销售部一名员工，为人随和，不喜争执，和同事的关系处得都比较好。但是，前一段时间，不知道为什么，同一部门的小李老是处处和他过不去，有时候还故意在别人面前指桑骂槐，对跟他合作的工作任务也都有意让小贾做得多，甚至还抢了小贾的几个老客户。起初，小贾觉得都是同事，没什么大不了的，忍一忍就算了。后来，看到小李如此嚣张，小贾一赌气，告到了经理那儿。经理把小李批评了一通，从此，小贾和小李成了绝对的冤家。

（资料来源：百度文库）

小贾和小李为什么最后成了绝对的冤家？他们之间缺少了什么？

基础知识

一、沟通的概念

沟通本意是指开沟使两水相通。信息社会又泛指信息沟通。沟通是一个宽泛的概念，其外延在不断地扩展，因此，有关沟通的概念众说纷纭。由于每个人在社会上扮演的角色不同，对沟通的理解不同，对沟通的定义也就不同，我们在这里归纳出典型的三种类型。

管理学角度：沟通是为了一个设定的目标，把信息、思想和情感在个人或群体间传递，并且达成共同协议的过程。

传播学角度：沟通是用语言交流思想。

组织行为学角度：沟通是人们进行思想或情感的交流，以此取得彼此了解、信任并建立良好人际关系的活动，同时，沟通又是保证人们在共同活动中协调一致的基础。

上述每个定义都透露出沟通过程的某些属性，同时每个定义由于目的不同而各有所长。由于管理者非常重视工作目标的实现，所以管理学家把沟通与目标紧密相连；而组织行为学家研究的主要是人际关系，因此他们把沟通与人际关系紧密相连；而传播学者强调的是意念在公众当中的传播，所以认为沟通是一种思想的交流。

尽管沟通的定义各有侧重，但都包含了沟通的基本特征，因此我们就沟通中所具有的基本特征，给出沟通的定义：沟通是由信息的发送、传递、接收、反馈所构成的有意义的互动过程。

二、沟通的过程

由于我们认为沟通是“极其平常的事情”，就像呼吸空气一样自然，以至于我们忽略了它的复杂性，最后导致沟通受阻乃至失败。

沟通的艺术性需要训练才能登峰造极，沟通的科学性需要学习才能了如指掌。那我们就先认识一下什么是沟通，和你以往的认知有什么差别。

（一）信息的发射

信息的发射隐含着对所发射信息进行编码的过程，也就是我们平时所说的表达。

（二）信息的传递

信息是采用一定的方式，通过一定的渠道传递给接收者的。信息传递的渠道一般有面对面、电话、演讲、会议四种。信息传递的方式有口头语言、书面语言和肢体语言三种方式。

（三）信息的接收

信息的接收隐含着对发射信息的解码过程。

（四）信息的反馈

信息反馈是信息的接收者把对信息的解码传递给信息发射者。在没有得到反馈之前，我们无法确认信息是否被有效地编码、传递和解码。反馈的信息不一定是语言，它可以是一个动作、一个表情、一个眼神等。

（五）有意义的互动过程

所谓有意义的互动过程，是指沟通行为的意图、内容被赋予了重要性。意图是指沟通的目的；内容是指想要沟通些什么；重要性是指沟通的价值，沟通的价值也就是沟通的重要性。

三、沟通的特点

（一）沟通具有目的性

任何人发起的沟通过程都是有目的的，不管对方是否知道确切的目的，不管发起者能否达到目的，都不能忽略沟通所具备的目的性。也就是说，人们都是有目的地进行沟通，想要通过沟通达到自己的目的。

（二）沟通的双向性

从沟通的过程看，一次完整的沟通是双向的，信息的传递者总是带着一定的目的传递信息：对方接收到信息了吗？接收了多少信息？接收信息的一方解码准确吗？想要知道这些，只有通过反馈才能实现，并在连续反复的反馈过程中，不断修正解码，最终达到解码正确。

（三）沟通双方都是积极的主体

人际沟通不同于通信设备之间简单的信息往复，在这里，沟通的双方都是积极的主体，都具有一定的目的、意图等。这种交流是对称的、易于反馈的。人际沟通是两个或两个以上的人或群体之间的传递信息、交流信息、加强理解的过程。这种社会性的沟通的特点在于每一个参与者都是积极的、主动的主体，沟通的目的在于相互影响、改善行为。同时，沟通双方都有各自的动机、目的和立场，都设想和判定自己发出的信息会得到什么样的回答。因此，沟通的双方都处于积极主动的状态，在沟通过程中发生的不是简单的信息运动，而是信息的积极交流和理解。

（四）人际沟通的形式多样化

沟通可能是语言性的也可能是非语言性的，如面部表情能够表现出你的非语言沟通信息；而文字沟通，如书信、文摘等，也能够传达出其表示的含义。对于吵架，破口大骂是一种非理性的激烈的沟通方式；而冷战不说话，也是一种沟通方式，对方从中也能明白其中的意思。

【案例1】

前些日子出差，客户的公司门口有一家宠物店，看到宠物店中有一条小狗，经过一番讨价还价，把小狗买了下来带回家去。晚上给二姐打电话，告诉她我买了一条博美，她非常高兴，马上询问狗是什么颜色，多大了，可爱吗？晚上，大姐打电话来询问我最近的情况，小狗在我接电话的时候叫起来，大姐在电话里一听到有狗在叫，就问是否很脏，咬人吗？有没有打预防针……同样是对于一条狗的理解，不同人的反应的确差别很大。二姐从小就喜欢狗，所以一听到狗，在她的脑海中肯定会描绘出一幅一条可爱的小狗的影像。而大姐的反应却是关心狗是否会给我们带来什么麻烦，在脑海中也会浮现出一幅肮脏凶恶的狗的影像。

（资料来源：百度文库）

【案例简析】

看来，同样的一件事物，不同的人对它的概念与理解的区别是非常大的。在我们日常的谈话与沟通当中也是同样的。当你说出一句话来，你自己认为可能已经表达清楚了你的意思，但是不同的听众会有不同的反应，对其理解可能是千差万别的，甚至可以理解为相反的意思。这将大大影响我们沟通的效率与效果。同样的事物，不同的人就有不同的理解。在我们进行沟通的时候，需要细心地去体会对方的感受，做到真正用“心”去沟通。

【案例 2】

研发部梁经理才进公司不到一年，工作表现积极，颇受主管赞赏，不管是专业能力还是管理绩效，都获得大家肯定。在他的缜密规划之下，研发部一些延宕已久的项目都在积极推进当中。部门主管李副总发现，梁经理到研发部以来，几乎每天加班。他经常第二天来看到梁经理电子邮件的发送时间是前一天晚上 10 点多，接着甚至又看到当天早上 7 点多发送的另一封邮件。这个部门下班时总是梁经理最晚离开，上班时第一个到。但是，即使在工作量吃紧的时候，其他同仁似乎都准时走，很少跟着他留下来。平常也难得见到梁经理和他的部属或是同级主管进行沟通。李副总对梁经理怎么和其他同事、部属沟通工作觉得好奇，开始观察他的沟通方式。原来，梁经理都是以电子邮件交代部署工作。他的属下除非必要，也都是以电子邮件回复工作进度及提出问题，很少找他当面报告或讨论。对其他同事也是如此，电子邮件似乎被梁经理当作和同仁们合作的最佳沟通工具。但是，最近大家似乎开始对梁经理这样的沟通方式反映不佳。李副总发觉，梁经理的部属对部门逐渐没有了向心力，除了不配合加班，还只执行交办的工作，不太主动提出企划或问题。其他各级主管也不会像梁经理刚到研发部时，主动到他房间聊天，大家见了面，只是客气地点个头，开会时的讨论也都是公事公办的味道居多。

这天，李副总刚好经过梁经理房间门口，听到他打电话，讨论内容似乎和陈经理业务范围有关。他到陈经理那里，刚好陈经理也在打着电话。李副总听谈话内容，确定是两位经理在谈话。之后，他找了陈经理，问他怎么一回事。明明两个主管的办公房间相邻，为什么不直接走过去说说就好了，竟然是用电话谈。陈经理笑答，这个电话是梁经理打来的，梁经理似乎比较希望用电话讨论工作，而不是当面沟通。陈经理曾试着要在梁经理房间谈，而不是电话沟通。梁经理不是以最短的时间结束谈话，就是眼睛还一直盯着计算机屏幕，让他不得不赶紧离开。陈经理说，几次以后，他也宁愿用电话的方式沟通，免得让别人觉得自己过于热情。了解这些情形后，李副总找了梁经理聊，梁经理觉得，效率应该是最需要追求的目标，所以他希望用最节省时间的方式，达到工作要求。李副总以过来人的经验告诉梁经理，工作效率重要，但良好的沟通绝对会让工作进程顺畅许多。

（资料来源：百度文库）

【案例简析】

很多管理者都忽视了沟通的重要性，而是一味地强调工作效率。实际上，面对面沟通所花的时间成本，绝对能让沟通效率大为增进。沟通看似是件小事情，实则意义重大！沟通通畅，工作效率自然就会提高，忽视沟通，工作效率势必下降。

子模块二　沟通的原则

情境模拟

妈妈去参加丽丽的家长会，会后得知丽丽的期末考试成绩在班里倒数第三，妈妈伤心得眼泪快流出来了，于是决定找丽丽谈谈。谈之前，妈妈心想：不要骂她，好好和她谈谈为何成绩下滑得如此厉害。但是，话还没有说几句，妈妈的火气就来了："你说，你上课有没有认真听讲，为什么老师强调的内容你都不会！我花那么多钱供你上私立学校，你就拿这样的成绩回报我！不愿意学就别学了，去打工吧！"妈妈越说越气……

（资料来源：姜晓敏．人际沟通与礼仪．第二版．上海：华东师范大学出版社，2007）

丽丽妈妈能达到沟通的目的吗？她犯了什么禁忌？

基础知识

一、真诚沟通原则

所谓真诚沟通，是指沟通时要真心实意、态度诚恳、不虚伪、不说假话。可以说真诚是一种崇高的道德情感，是为人处世的根本，是与人沟通的先决条件，更是取信于人、获得纯洁友谊的基础。真诚还表现在对别人的坦率上。即使有了不同意见，也能及时交换看法，真心真意为对方打算，彼此胸怀坦荡，不存芥蒂。当然，我们每个人都会有不愿意实话相告的时候，这时你可以不说，但是不能为了避免矛盾而说假话。

二、尊重原则

中国有句古语："爱人者，人恒爱之；敬人者，人恒敬之。"渴望受到尊重是每个人的基本心理需求。在人际交往中，我们对所有的人，不管其地位高低贵贱，都应该给予应有的尊重。我们不仅要尊重他人的人格、他人的个性习惯、他人的权力地位、他人的情感兴趣和隐私，还要尊重彼此存在的外显或内在的心理距离，不要轻易地去突破它、破坏它，否则就是对对方的冒犯，势必造成对方的戒备、反感和疏远。自尊心是人的心灵里最敏感的角落，一旦挫伤一个人的自尊心，他会以十倍的疯狂、百倍的力量来与你抗衡。其实做到尊重别人并不难，有时只需一个微笑、一句问候、一声敬称、一对善于倾听的耳朵、一张不刨根问底散布流言蜚语的嘴巴，就会给别人的心情带来阳光和温暖，当然也会为自己带来真挚的友谊与和谐的交际。

为此，我们应该做到如下几点。

（1）学会倾听。这样表示你关心对方，人们可以信任你。

（2）不要打断别人的谈话。打断别人的谈话不仅不礼貌，而且是不尊重别人的表现。

（3）问他们感兴趣的问题。如果你因对人们感兴趣，而向他们提问，他们会觉得很荣幸。但是，这也要基于你真心的基础去提问。

（4）清晰、友好地交谈。与人交谈时你的语音、语调通常比你说的内容更重要，不要太僵硬或太正式。和人交谈时要微笑！微笑是俩人之间最短的距离。

（5）在认识新朋友时，要以最佳的外表出现。

（6）最真诚就是欣赏。学会鼓励和欣赏别人的强项，通常一个微笑，一声掌声，都会给别人很大的信心。

（7）记住并使用他人的名字。人们的耳朵最喜欢听到的声音就是自己的名字。

（8）理解并欣赏人们的性格差异。你要明白，每一个人都是特别的。

（9）要热情。人们总是被有目标和方向的人吸引。热情是一块磁石。热情是比金子更珍贵的东西，它也是很有感染力的。

（10）称赞并认可别人的成就。这不必是什么重大的事情，小事也可以。例如：你今天穿的这件衣服跟你很配。

（11）多说谢谢。最具有威力的人际关系技巧之一是感谢。表示感谢的重要技巧是——“谢谢”，一句“谢谢”会让人感觉受到了尊重。

三、不责备、不抱怨原则

心理学家斯金纳经由动物实验证明：因好行为而受到奖赏的动物，学习速度就快，学习效果也佳；因坏行为而受到处罚的动物，则无论是学习速度还是学习效果都会比较差。最近的研究显示，这个实验用在人类身上也有同样的结果。责备、抱怨不但不能改变事实，反而只能招致怨恨。

责备、抱怨会引起对方的羞愧，常常会使员工、亲人、朋友的士气大为低落，并且对于该矫正的事情一点助益也没有。

【案例】

俄克拉荷马州的乔治·约翰逊是一家建筑公司的安全检查员，检查工地上的工人有没有戴上安全帽，是约翰逊的职责之一。据他报告，每当发现有工人在工作时不戴安全帽，他便会用职位上的权威要求工人改正：“把安全帽戴上。”其结果是，受指正的人常显得不悦，而且等他一离开，就又把帽子摘掉。

后来约翰逊决定改变方式，当他再看见有工人不戴安全帽时，便会问是否帽子戴起来不舒服，或是帽子尺寸不合适，并且用愉快的声调提醒工人戴安全帽的重要性，然后要求他们在工作时最好戴上安全帽。效果果然比以前好得多，也没有工人显得不高兴了。

（资料来源：姜晓敏．人际沟通与礼仪．第二版．上海：华东师范大学出版社，2007）

【案例简析】

这个故事让我们认清一个事实：我们想指责或纠正的对象，他们都会为自己辩解，甚至反过来攻击我们，或只是对我们无奈地说："我不知道所做的一切有什么不对。"

假如你想引起一场令人至死难忘的怨恨，只要发表一点刻薄的批评即可。我们应记住：我们所相处的对象，并不是绝对理性的动物，而是充满了情绪变化、成见、自负和虚荣的人。大外交家富兰克林年轻的时候并不圆滑，但后来却变得富有外交手腕，善于与人应对，因而成了驻法大使。他的成功秘诀是："我不说别人的坏话，只说大家的好处。"

让我们尽量去了解别人，而不要只会责备吧！我们要尽量设身处地地去思考他们要这样做的理由，这比批评、责备有益和有效得多，而且能让人学会同情、忍耐和仁慈。

知识拓展

近日，寒假结束。伴随着学生返校潮的到来，室友间的矛盾再次成为热议话题。一些高校为调和寝室矛盾，采取了按生活习惯划分寝室的做法（见图 1-1）。

图 1-1　大学生寝室漫画

上周，《中国青年报》社会调查中心通过问卷网对 1 355 名大学生进行的调查显示，70.5%的受访学生曾为寝室矛盾而感到烦恼，67.6%的受访学生曾想调换寝室。导致寝室矛盾的主因是：生活习惯不同、室友间缺乏沟通、性格不合。

受访者中，专科生占 15.9%，本科生占 75.4%，研究生占 8.8%；男女比例分别为 55.3%和 44.7%。

70.5%受访学生曾为寝室矛盾感到烦恼

调查显示，13.4%的受访学生对目前所在寝室氛围非常满意，62.1%的受访学生基本满意，20.3%的受访学生感觉一般，4.2%的受访学生不满意所在寝室氛围。

在北京一所师范类院校读书的张莹（化名），因作息时间与室友不同而备受困扰，"我喜欢早睡早起，几位室友经常晚睡晚起，而且不太顾及我的感受，导致我的睡眠质量很差"。谈及与室友间的摩擦，张莹表示非常不喜欢现在的寝室氛围。

调查中，70.5%的受访学生曾为寝室矛盾感到烦恼，其中7.6%的受访学生非常烦恼。20.6%的受访学生不太烦恼，7.7%的受访学生认为寝室氛围非常和谐。

在吉林大学读书的李同媛（化名）说："我们宿舍4个人，3个是北方的，1个来自南方。北方的同学能玩在一起，南方那位同学不太融入我们的圈子。时间久了，大家对南方来的同学有些疏远，把她当作'外人'，寝室氛围比较压抑。"

调查显示，学习休息受打扰（56.2%）、个人生活习惯不同（54.8%）、与室友缺乏共同话题（32.4%），成为受访学生在寝室生活中的主要烦恼。

其他烦恼还有：感觉自己被孤立（17.9%）、隐私不受保护（14.7%）、利益纷争（13.7%）等。

"现在有些同学因为一点小事就产生摩擦，甚至大打出手，我觉得没必要这样。宁愿吃点亏、受点委屈，也不要让自己的身边环境那么糟糕。"北京理工大学大二学生张裕民（化名）表达了他的看法。

北京师范大学学生心理咨询与服务中心副主任胡志峰认为，寝室矛盾产生的原因与学生成长经验有关。独生子女平时在家比较受宠，很多都以自我为中心，来到大学，过上了集体生活后，难免会起摩擦。任何一次新环境的适应都会伴随着摩擦与冲突，成长就是不断调试自身进入新环境的过程。

调查显示，60.2%的受访学生认为生活习惯不同是导致寝室矛盾的主因。其他原因还有：室友间缺乏沟通（39.0%）、性格不合（36.0%）、竞争关系明显（22.8%）、家庭背景不同（22.6%）等。

38.0%受访学生建议按生活习惯划分寝室

当面临寝室矛盾时，受访学生会采取什么做法？调查中，46.3%的受访学生会直接与室友沟通，43.5%的受访学生选择从自身改变做起，36.2%的受访学生寻求中间人调和，16.5%的受访学生曾向他人抱怨室友，15.7%的受访学生对室友不理不睬，7.4%的受访学生任由矛盾发展，6.4%的受访学生试图申请调换宿舍。

面对与室友的格格不入，张莹曾经想过调换寝室。"不过只有我一个人的生活习惯和别人不一样，如果我提出来，会影响大家的关系，就先忍着吧"。

调查显示，曾因寝室矛盾而想调换寝室的受访学生中的22.4%已经付诸实践。32.4%的受访学生认为换寝室并不是解决矛盾的有效手段。

面对大学生在寝室生活中产生的摩擦，胡志峰建议，新生刚入学时可建立"宿舍契约"，对一些易引起宿舍矛盾的问题，有一个内部的共识和约定，在冲突发生之前做好防范。另外，当出现寝室矛盾时，学生也要学习如何沟通。沟通是需要学习和体会的生活艺术。心理素质好的学生会反思，调整自己的不当之处。心理素质稍差的学生会在这个过程当中碰壁，加之其他方面的不适，甚至会对自我价值产生怀疑。这时再产生一些冲突，如果处理不当，就会有矛盾爆发的可能。

对于这部分学生，胡志峰表示可对其进行适当的心理干预，必要时求助是强者的行为。学生可以选择找中间人、辅导员等进行协调，做一些沟通与人际方面的建设性工作。

研究生杜镇华希望，寝室可以按照生活习惯和兴趣爱好来划分，有共同的兴趣和话题，脾气秉性又相投，大家比较容易合得来。

应该如何划分寝室？38.0%的受访学生首选按生活习惯划分，35.9%的受访学生选择按专业划分，接下来依次是：按年级划分（32.6%）、按兴趣爱好划分（31.1%）、按学习成绩划分（15.2%）、按地域划分（13.9%）、按出生日期划分（8.1%），还有8.2%的受访学生选择随机分配。

对于一些大学生建议的按生活习惯等标准划分寝室，胡志峰表示，这些划分都是在加强学生间的共同性，是一种尝试。但这样也少了同学间因为独特性而相互学习的机会。“目前多数学校还是按照专业划分寝室，这也是增加共同性的做法。其实同学们的个性具有多样性、差异性，如果能取长补短，可以促进大家互相学习，共同成长。”

（资料来源：中国青年报）

能力训练

1. 学会有效沟通。
2. 通过掌握沟通的原则熟练应对各种沟通任务。

思考与练习

根据下面的题目的要求，与邻近的同学组成训练小组，进一步巩固本模块内容。

1. 拒绝的话。当一位同学要抄你作业时，你会说什么？例如，“我知道今天的作业有点难，不过我觉得你挺聪明的，再想一想，你也肯定能够自己把它做出来。”

2. 批评的话。当一位同学私自拿走你的笔（或其他东西）使用时，你会说什么？例如，“看来我的笔挺好使的，不过，下次再使用时最好先跟我说一下，我会很愿意借给你的，可别再让它突然失踪了。”

3. 理解的话。当你在车上被人家踩了一脚，对方向你道歉时，你会说什么？例如，“没关系，车上人这么多，难免会碰着的。”

4. 赞美的话。二人互相找出对方的优点，并用赞美的话说给对方听。

5. 微笑。向对方友好大方地笑一笑，看到对方的笑脸，你有什么感受。

模块二　语 言 沟 通

知识目标

1. 了解语言沟通的特点与原则。
2. 了解语言沟通的形式。

能力目标

1. 掌握简历的制作及求职信的撰写。
2. 能够利用语言进行有效沟通。

在我们的生活中，有很多看似平凡和简单的问题，常常给我们带来这样或那样的麻烦和烦恼。比如，多年的朋友生气离自己而去；甜蜜的爱情总是与自己无缘；上级总是和自己过不去，找自己的麻烦；同事由于经常误解自己，双方面和心不和；在大庭广众下，原来精心准备的发言突然卡了壳，心慌不已；在一年一度的述职会上因陈述得不够有力，失去了升职的机会；身为领导，因讲话不够具有激情和说服力，缺乏鼓动性，而不被下级所信服；在求职面试时，因紧张、恐惧而不能很好地表现自己，失去了被录用的机会。到底是什么原因导致了这些麻烦的产生？那就是不善于进行人际沟通、不懂得语言沟通的艺术。

语言沟通艺术是现代人必须具备的基本素质之一，对于一名大学生而言，更应该具备较强的语言沟通能力。通过本模块的学习，我们应该了解语言沟通能力的构成和表现；熟知语言沟通中的修辞；懂得语言沟通的有效方式；了解语言沟通中的误区并能有效地加以克服。

子模块一　语言沟通能力的构成与表现

情境模拟

一次，某公司的行销人员拜访一位客户，这位行销人员问客户：“什么时候讨论我们的产品啊？”

客户说：“要下个月。”

行销人员说：“这么久哇，能不能这个月就讨论呢？”

客户说：“这是我们自己的事情，我们愿意什么时候讨论就什么时候讨论！”这位行销人员并不气馁，又谈起了别的话题：“某某客户已经与我们合作了，你们也应该与我们合作。”

客户说：“某某客户是个小公司，我们是大公司，请你不要用小公司与我们比较！”

也许你会说这是新手们常犯的毛病，然而事实并非如此。一次，某经理请客户甲吃饭，由于客户甲与客户乙关系很好，于是一起邀来吃饭。

席间，某经理夸夸其谈，说他们公司多大多大，他本人多有本事，如何会做生意云云。客户乙属于那种爱较真的性情中人，当某经理说道“没有我搞不定的客户”时，客户乙一拍桌子，指着某经理说道：“如果这样说，我，你就搞不定！”

果然，到现在某经理也没有搞定客户乙。

（资料来源：百度文库）

某经理不是没有能力，但他为什么搞不定客户乙呢？

基础知识

一、语言沟通能力的构成

语言沟通能力不是耍嘴皮所能获得的。口才的较量，不只是语言运用艺术的较量，更是思想、知识、思维、心理等各个方面的综合较量。所谓“一言知其贤愚”，即说话是一个人思想、品质、学识、智慧等方面的综合反映。因此，一个人要有较强的语言沟通能力，一般离不开相应的素质、修养和能力。

（一）素质

素质有些是天生的，有些是后天的。对于语言沟通能力而言，能够对其产生影响和制约作用的，主要是心理素质。心理素质主要指人的气质、性格、兴趣爱好等方面较稳定的、本质的个性心理特征。这些心理特征，对于语言材料的采集、构思和表达都有一定的影响。

1. 气质

气质分为胆汁质型、多血质型、黏液质型和抑郁质型。不同气质的人在同一环境里会有不同的态度和举止。在语言沟通方面它表现为思想的开阔或闭塞，语言基调的高昂或低沉、明朗或黯淡，感情的奔放或内敛，风格的粗犷或纤弱。

不同气质类型的人会有不同特征的心理表现，在语言沟通过程中虽然各有侧重，但任何气质类型都有积极和消极的两重性，并不存在着绝对的优劣问题。重要的是我们在了解了不同气质类型后，根据自己的情况，扬长避短。通过学习和实践，改变自己有缺陷的地方，从而达到更好地进行语言沟通的目的。

2. 性格

性格是个性的核心，是一个人区别于他人的个性心理特征，是指人较为稳定的对现实的态度和与之相适应的行为方式，是一些最本质、最持久的心理特征的综合。不同性格的人在说话内容、方式及其风格等方面也不相同。

性格既有先天的因素，也有后天的因素。通过后天的培养和环境的熏陶，性格是可以得到改善的。一个人要培养自己的语言沟通能力，就要注意不断地把自己的性格向积

极的方面锻炼和培养，克服语言沟通中的诸多心理障碍，提高实际语言沟通能力。

3. 兴趣爱好

兴趣爱好是推动人们寻求知识和从事某种活动的重要感情力量。兴趣爱好对于语言沟通来说有重要影响，一种表现为表达的欲望，另一种表现为表达的深度和广度。兴趣爱好是保持说话的欲望、诱发表达激情的基础和前提，有了它，语言沟通者就有了积极沟通的动因。同时，兴趣爱好的深度和广度也在一定程度上决定着语言沟通的深度和广度，从而影响着语言沟通的实际效果。

（二）修养

修养是指知识、理论、艺术、思想等方面的水平。修养主要靠后天的培养。一般来说，一个人要有较强的语言沟通能力，就需要有比较好的思想修养、文化修养和表达修养。

1. 思想修养

语言沟通者的思想修养包括思想水平和理论水平，包括世界观、人生观、价值观、生死观、幸福观、荣辱观、责任感、义务感等一系列内容。

思想修养对语言沟通者来说有非常重要的作用。思想始终是话语的灵魂，说话者的思想水平、理论水平始终制约着说话者对表达对象各个方面的判断，也制约着说话者对各种关系的正确理解和处理。一个人只有具备了一定的思想修养，才能站得更高、看得更远，说起话来也才可能深刻、一语中的。

如果一个人的脑子里空空如也，即使他能巧舌如簧，滔滔不绝，其内容多半也是空洞无物，不能打动人心。因此，要让自己有话可说，又言之有物，就必须注意丰富我们的头脑，提高我们的思想修养。

2. 文化修养

文化修养是指文化知识储备量的大小。语言沟通者文化修养越高，文化知识的储备越丰富，他的事业和思路就越开阔，说话就能够撒得开、收得拢，不至于因为文化知识的欠缺而沉默寡言。一个有口才的人，从外在形式上看，应语言流利而又符合逻辑且生动形象；但从深层次看，应具有广博的知识和驾驭这些知识的能力。口才好比一片汪洋，表达是浪花，内涵是海水，完美的语言沟通需要完备的知识底蕴作为源泉。有了丰富的知识，才有能言善辩的根底。

语言沟通能力不是一时“包装”出来的，也不能揠苗助长，知识积累才是首要的前提。一个孤陋寡闻、不学无术者，不可能出口成章、妙语惊人，古今中外凡是具有杰出语言沟通才能的人，没有一个不是博览群书的。

3. 表达修养

表达修养是指沟通者运用语言来表达思想、抒发情感的能力。好的表达修养是指能够熟练地把握叙述、描写、抒情、说明等表达方式，能够灵活地选择材料、合理地安排结构以及恰当地运用语言表达形式和技巧来增强语言的表现力和震撼力，再好的思想也只有表达出来才能被人们所了解和接受。表达修养包括口头表达能力和书面表达能力，两者有时并非相辅相成。有很多学富五车的老教授，能够写出非常精彩的、有价值的文章，但是口头表达却非常糟糕。完美的语言沟通也需要“两条腿走路”：一要有思想，二要表达好。高超的语言沟通能力需要两者兼备，缺一不可。

（三）能力

能力是完成一定活动的本领，包括完成一定活动的具体方式和顺利完成一定活动所必需的心理特征。语言沟通能力是在素质修养的基础上培养起来的，除此之外，人们还必须同时具备以下几种能力。

1. 观察能力

观察能力是人们用各种感觉器官摄取信息的基本途径，是提高语言沟通水平所必需的。要提高观察能力就要在提高观察的“细、全、深”上下工夫，透过现象看到本质。

2. 想象能力

想象能力就是人们把观察所摄取到的材料，在头脑中融会升华，重新组合，创造出新事物形象，或根据语言的表述而产生相应事物形象的一种心理能力。对于语言沟通来说，丰富的想象力可以激活思维，使你的语言沟通也在深度、广度和力度的基础上更增添新颖与活泼的色调。

3. 思维能力

思维能力是指一个人在思维活动中所表现出来的能力。思维是人脑对思考对象的属性和规律的一种概括。间接的反应过程包括形象思维、逻辑思维和灵感思维以及在这三种思维方式基础之上的创造性思维。思维能力的强弱具体表现在思维的快慢与深浅、思路的明晰与模糊等方面。

在语言沟通的口头表达过程中，语言与思维基本上是同步展开的，通常是边说边想或者边想边说。思维敏捷的人，表达时就不会或者很少出现断档、结巴和延缓之类的现象，并且说话通常能够精练准确，具有条理性。创造性思维能够提高思维的深度和广度，有利于说话者打破习惯思维的影响而有所发现和创造，进而使语言表达具有创新性，语言沟通也具有耳目一新的效果。

二、语言沟通能力的表现

俗话说：“好人出在嘴上。”这说明了语言沟通能力对于一个人的巨大作用。在现代社会，一个人的说话水平对其事业发展有很大关系。即使在日常生活中办一件极为普通的小事，说话水平不同，得到的效果和回报也不一样。

语言沟通能力可以表现出很多方面，但就主体而言，它主要表现为认识判断能力、适应应变能力和表现发挥能力。这些能力的展现又通常是以上文提到的语言沟通者的素质、修养和能力等为基础的。

（一）认识判断能力

认识判断能力是指人们在语言沟通中所表现出的对沟通各方面的了解识别和判断能力，如对沟通环境的观察能力、对沟通对象和沟通双方关系的把握能力以及沟通结果的预测能力等。认识和判断是一个因果过程，一般来说，一个人的认识能力越强，他判断的正确率也就越高。一个善于体察对方的真实情感、真正需要以及实际动机，准确把握自己与对方的关系，敏锐洞察环境变化，并采用适当的方式完成语言沟通活动的人，往往都具有较强的语言沟通能力，其沟通效果也常常是很理想的。相反，一个认识能力、判断能力不强，对别人的需要、情感及其与自己的真正关系把握不准确的人，往往不能有针对性地采取适当的、得体的语言沟通方式，最终导致语言沟通活动的失败。

（二）适应应变能力

适应应变能力是指人适应环境的变化，并不断根据变化的环境积极主动地调整自己语言沟通方式的能力。一个人在语言沟通中的适应应变能力，一般来说与这个人的思维能力，尤其是创造性思维能力有密切关系。人类的语言沟通复杂多变，沟通环境也在不断变化，只有具备应变能力才能驾驭变化着的环境。适应应变能力不仅可以使人在熟悉或有利的沟通环境中实现沟通目的，还可以让人在陌生或突变的、不利的交际环境中顺利地进行语言沟通。

（三）表现发挥能力

表现发挥能力是指如何通过自己的言谈举止等进行语言沟通活动的能力。它是一个人语言沟通能力中认识判断能力和适应应变能力等的综合体现与升华，是一个人素质、修养和能力的全面表现。

看一个关于林肯的语言沟通案例。有一次，一位自命不凡的外交官看到林肯自己动手擦靴子，便带着嘲笑的口吻说："总统先生，你经常给自己擦鞋吗?"林肯笑答："是啊，不知道你经常给谁擦鞋呢?"

林肯的应变能力与语言沟通艺术不能不让我们拍案叫绝，而他的语言沟通能力的精彩展示，正是他良好的心理素质、深厚的文化修养以及敏捷的思维能力的综合体现。

【案例】

从前，有一个脾气很坏的男孩，他的爸爸给了他一袋钉子，告诉他，每次发脾气或者跟人吵架的时候，就在院子的篱笆上钉一根。

第一天，男孩钉了 37 根钉子。后面的几天他学会了控制自己的脾气，每天钉的钉子也逐渐减少了。他发现，控制自己的脾气，实际上比钉钉子要容易得多。终于有一天，他一根钉子都没有钉，他高兴地把这件事告诉了爸爸。

爸爸说："从今以后，如果你一天都没有发脾气，就可以在这天拔掉一根钉子。"日子一天一天过去，最后，钉子全被拔光了。

爸爸带他来到篱笆边上，对他说："儿子，你做得很好。可是看看篱笆上的钉子洞，这些洞永远也不可能恢复了。就像你和一个人吵架，说了些难听的话，你就在他心里留下了一个伤口，像这个钉子洞一样。"

（资料来源：豆丁文库）

【案例简析】

插一把刀子在一个人的身体里，再拔出来，伤口就难以愈合了。无论你怎么道歉，伤口总是在那儿。要知道，身体上的伤口和心灵上的伤口一样都难以恢复。你的朋友是你宝贵的财产，他们让你开怀，让你更勇敢。他们总是随时倾听你的忧伤，你需要他们的时候，他们会支持你，向你敞开心扉。因此，我们在与人交往的过程中要注意自己的一言一行，并且告诉自己的朋友，你有多么在乎他们。

子模块二 语言沟通的形式

情境模拟

有一个秀才去买柴，他对卖柴的人说："荷薪者过来！"卖柴的人听不懂"荷薪者"（担柴的人）三个字，但是听得懂"过来"两个字，于是把柴担到秀才前面。秀才问他："其价如何？"卖柴的人听不太懂这句话，但是听得懂"价"这个字，于是就告诉秀才价钱。秀才接着说："外实而内虚，烟多而焰少，请损之（你的木材外表是干的，里头却是湿的，燃烧起来，会浓烟多而火焰小，请降些价钱吧）。"卖柴的人因为听不懂秀才的话，于是担着柴就走了。

（资料来源：百度文库）

为什么才华横溢的秀才最后连一担柴都没有买下？怎样掌握语言沟通的技巧呢？

基础知识

语言沟通通常是指建立在语言文字基础上的沟通方式，它可以分为口头沟通和书面沟通。口头沟通也就是我们通常所说的交谈，是人们最常用的交流方式。常见的口头沟通包括演说、正式的一对一讨论或小组讨论、非正式的讨论以及传闻或小道消息传播。书面沟通包括信件、电子邮件、传真、备忘录、组织内发行的期刊、布告栏及其他任何传递书面文字或符号的手段。

一、口头沟通

在现实生活中，绝大部分的信息都是通过口头传递。口头沟通的方式是灵活多样的。它既可以是正式的商谈，也可以是非正式的闲聊；既可以是群体中的雄辩，也可以是两人之间的谈心；既可以是有备而来，也可是即兴发挥。

口头沟通是所有沟通形式中最直接的方式。口头沟通的最大优点是传递速度快，并且能即时反馈。也就是说，这种沟通方式可以使信息在最短时间内被传递，并且能够在最短时间内得到对方的回复。所以，这种沟通方式可以立即澄清信息传递中的含糊之处，即如果接收方对发送方所传递的信息有所怀疑时，可以迅速反馈给发送方，使发送者及时检查其中表达不够明确的地方并予以改正。这样，可以将误会发生的可能性降至最低。同时，口头信息沟通可以使沟通者清楚地看到对方的面部表情，听到语调的变化，从而提高沟通的效果。此外，在上级与下属的面谈中，这种沟通方式也可以使下属感到被尊重、被重视。由此可见，口头信息沟通有助于对问题的了解。

但是，口头沟通也并不是完美无缺的，它自身也存在着缺陷。比如，在信息"接力"中每个人都可以根据自己的偏好增删信息，以自己的方式诠释信息。所以，当信息从其发送者经过一站站地传递到达终点时，其中内容往往与最初的含义存在着重大偏差，偏离信息发送者的初衷。由此可见，口头信息沟通中，信息失灵的可能性相当大。另外，口头沟通通常无法留下书面记录，有时还会浪费时间甚至很不方便。

二、书面沟通

书面沟通能保持长久的书面记录，书面记录具有有形展示、长期保存、法律保护依据等特点，对于现在日益增加的诉讼问题和广泛的政府、组织的工作来说，这类沟通都是必需的。因为一般情况下，信息的发送者与接收者双方都有沟通记录，沟通的信息可以长期保存下去，如果双方对信息的内容有疑问，过后完全可以查询。书面信息沟通的方式，还可以使沟通者对自己所要传达的信息更加认真地思考，精心组织，在正式发表之前还可以反复修改，以减少情绪干扰，使所要表达的内容更加周密，逻辑性更强，条理更清楚。这样，所要表达的信息能被充分、完整地表达出来。

当然，书面沟通也有自己的缺陷。首先是准备起来比较麻烦。这需要良好的写作技能，而这些技能又不是天生的，需要沟通者通过学习来掌握。其次，书面沟通需要精心准备，并对信息的接收者、沟通可能出现的预期结果保持高度的敏感性。这又增加了准备的复杂性。相对于口头信息沟通而言，书面沟通的另一个缺点是不能及时提供信息反馈，也无法确保发出的信息被接收到，即使接收到，也无法确保接收者对信息的解释正好是发送者的本意。发送者往往要花很长时间来了解信息是否已被接收并被准确地理解。

针对高职高专学生的就业需求，在此特以简历和求职信为例说明书面沟通的重要性。

（一）简历的制作

一份完整的简历一般包括如下项目：个人资料、求职目标、任职资格、学历、工作经历、专长与成就、学术论著、课外活动、外语技能、社团职务、推荐人等。就具体的个人简历而言，项目的取舍应视求职者个人的情况及简历用途酌情选用或增补，各项内容的详略应因人、因事而异。下面对一些重要的项目加以简要介绍。

1. 个人资料

简历的第一部分是个人资料，一般应列出自己的姓名、性别、年龄、政治面貌、毕业院校、院（系）及专业、获得何种学位及概括自己的愿望等。

2. 教育背景

目前，随着教育体制改革的深入，学校及学科名称变化很大，适当地介绍学校和专业便于用人单位尽快地了解你的学历背景。专业包括自己所学的专业和业余所学的专业及特长，具体学的课程，自己所受教育阶段，各种证明材料、证书等级等教育背景的陈述。此外，要突出与招聘工作密切相关的论文、证书及培训课程等内容。

（1）教育经历。列出你所接受的教育过程，提交你的主要学习成绩，你所得到过的各种奖励、荣誉及在学校曾经担任过的职务。注意，如果你的学习成绩并不是很优秀，或在校期间没有担任过什么职务，最好不要笨拙地暴露自己的缺点。

（2）有关课程和知识体系。这里有两种情况：如果你的简历并没有什么特殊的针对性，在这部分应尽可能列出你所学过的全部课程，包括主修课、辅修课，因为你不知道哪一门课是用人单位最感兴趣的；如果你的简历是有针对性的，就可以只列出学过的、能使用人单位感兴趣的课程。

（3）列出你受过的其他教育或训练。内容包括你在工作、生活及个人兴趣方面发展而来的能力。例如，现在一些大学生求职者都接受过汽车驾驶训练并获得了驾驶执照，或是有外语口语证书及计算机等级证书，或是曾获得某项体育比赛的冠军、亚军等，这些情况均可列入简历。

3. 工作经历和社会阅历

简历的第三部分可简述自己的社会活动和阅历、工作经历。这一栏是对你以前工作的记录，是简历中很重要的部分。用人单位尤其是外商独资、中外合资企业非常注重求职者的工作经历。

4. 工作经历的内容

如果是应届毕业生，这部分内容包括在学校和班级所担任的职务、在校期间所获得的各种奖励和荣誉、业余爱好和特长、社会实践和实习情况等。

对于有工作经历的求职者来说，这部分内容应以说明自己的工作经历和能力为主，尤其是与求职目标相关的工作经历是最主要、最有说服力的。

5. 工作经历的写作技巧

没有针对性的简历上的工作经历要全面。如果你的简历并没有什么特殊的针对性，应尽可能列出所从事过的所有工作。即使你工作的时间还不长，从事的工作也不多，也要把你的经历一一列出，写明公司名称、工作职称、职能、业绩。辞职的原因可以不写，但假如这个问题一定要谈的话，也最好延至面试时再提。

针对特定岗位的简历，工作经历要分主次。如果你的简历是针对某一特定岗位的，与应聘岗位相关的经历，无论工作的时间长短，都一定要写在简历上。介绍工作经验时，一般是先写近期的，然后按照年代的逆序依次写出，因为最近的工作经验对于用人单位来说显然更为重要。在每一项工作经历中要先写工作日期，接着是工作单位和职务。当未来的雇主对你整个工作史感兴趣时，他将特别注意最近的那份可能显示了你的最高水平的工作，因此最近的工作应介绍得最详细。

工作成果要尽可能地数字化。如果只是平铺直叙过去的工作内容，你的简历便难以从数十封乃至数百封角逐同一职务的简历中脱颖而出。因此，有必要清楚地陈述成就，即一定要提一提你过去对雇主的贡献。为了让阅读者产生客观的概念，应尽可能地将工作成果用具体的事例或数字来表示。

此外，说明简历时语气要坚定、积极、有力，要提供具体工作能力等的证明材料。在这部分还要注意的是，陈述了个人的资格、能力、职业经历之后，不要太多提及个人的需求、理想，这些应适可而止。

6. 求职目标

求职目标用于表达求职者的愿望、目标与动机。求职者要将所申请的职位作为一个独立项目列出来。有人建议，应迟一些讲求职目标，甚至可延至面试过程中。事实是如果连面试机会都没有争取到，这种建议就没有什么价值可言。在求职信中提出一两个职位或求职倾向作为求职目标，可表明你求职的诚意和目的性，从而更能获得招聘单位的信任。

7. 结尾部分

简历的最后多是提供证明自己的资历、能力以及工作经历的材料，例如学历证明、学术证明和证书、专业技术和职业证书、专家和教授的推荐信等。这些材料可以列在附件上，如有必要，可以附加证明人一项。但需要说明的是，在证明人栏中要说明证明人的姓名、职务、工作单位与联系方式。当你同时向多个单位发出简历，而难于提供对方熟悉且有说服力的证明人时，也可以在简历的结尾处注明“一经需要，即提供证明人”的字样。

附：简历制作实训

一、简历制作的 4 个步骤

1. 按照简历基本内容，对自身基本条件进行总结归类（见表 2-1）

表 2-1　简历基本内容

自身基本条件	关　键　词
个人信息	通信地址、联系方式
教育背景	在读学校、主修专业、主修课程、辅修专业、专业培训、专业排名
实践经历	实习经历、社团活动、社会实践、科技创新活动、兼职促销
获奖情况	学习类、文体类
个人技能	专业技能、外语能力、计算机能力、其他能力
自我评价	爱好特长、性格特征

2. 按照招聘信息，对 HR（人力资源）的“显性需求”和“隐性需求”进行分析（见表 2-2）

表 2-2　显性需求和隐性需求

	关　键　词
显性需求	学校层次（国家示范性高职院校、省级示范院校）……
	专业、外语能力、计算机能力、专业能力……
	生源、性别、身高……
隐性需求	形象气质佳……
	良好的团队精神和挑战精神……
	良好的职业道德……

3. 按照自身基本条件，对 HR 的“显性需求”和“隐性需求”进行匹配（见表 2-3）

表 2-3 匹配条件

岗位胜任素质	自身基本条件
岗位工作内容	通过自身工作或实习经历反映
岗位所需知识	通过自身教育或培训课程以及所取得的成绩反映
岗位所需技能	通过自身工作、社会实践经历或相关技能证书反映
岗位所需职业素养	通过自身描述价值观、兴趣、爱好等反映

4. 按照匹配情况，“量职量身”定制个人简历（见表 2-4）

表 2-4 个人简历

个人基本信息
求职意向
教育背景
实践经历
个人技能
获奖情况
自我评价

二、制作简历的 9 个关键

1. 简历篇幅最好控制在 A4 纸 1 页

HR 筛选简历的平均时间为 8~10 秒左右，最好将简历控制在 A4 纸 1 页。在初次简历投递时，一般没有必要在简历后附上一大堆证明材料（用人单位要求除外）。证明材料通常是在通知面试时提供，用以供面试人员仔细查阅。

2. 简历制作要实事求是

简历制作要诚信为先，不要说自己无所不能，脱离自身实际能力进行虚夸，更不能虚构教育背景、实践经历、个人技能和获奖荣誉，要坚持实事求是。

3. 简历中要明确求职意向

要根据用人单位发布的招聘信息在简历中明确求职意向或目标，不要让 HR 揣摩你的求职意图，在一份简历中求职意向最多不能超过 2 个。在双选会等很难确定具体的应聘岗位时，应明确求职目标范围，按照意向求职岗位分别准备相应的简历，或将简历中的求职意向暂时不写，等确定好具体的职位后，再手写填写。

4. 简历表述要简练扼要

简历制作过程中要对重要信息点进行简练表述，省略没有实质性内容的无效信息（见表 2-5 和表 2-6）。

表 2-5 **个人简历原稿**

个 人 简 历
姓名：张三　　性别：男　　籍贯：内蒙古　　政治面貌：团员
身高：170cm　　体重：80kg　　出生年月：1986.11.2　　身体状况：良好
联系电话：138××××××49　　010-8238××××　　邮箱：zhangsan1986@163.com
通信地址：北京市海淀区北京××大学××信箱（100083）
教育背景
2012.9—2015.7　内蒙古海拉尔市××中学
2015.9—至今　北京××大学工商管理专业
自我评价
具有吃苦耐劳的精神，创新能力强，十分善于沟通与交流！
作为一只雄鹰就应该用生命去搏击长空！

表 2-6 **修改后的个人简历**

张 三
（男，内蒙古人）
北京市海淀区北京××大学××信箱（100083）
138-××××-××49　　010-8238-××××　　zhangsan1986@163.com
教育背景
2015.9—至今　北京××大学（全国重点，211）　工商管理专业
自我评价
吃苦耐劳，具有较强的创新能力，善于沟通交流。

5. 简历要采用计算机程序式版面

HR 喜欢计算机程序式版面的简历（见表 2-7），每一行说明一个核心内容，一眼就能看出所要表达的重点信息，整体版面一目了然，从而阅读起来比较方便和快捷。

表 2-7 **计算机技能**

计算机技能
■ 计算机技术与软件专业技术资格（水平）（电子商务设计师）合格证书
■ 国家计算机等级考试二级网络技术，能用 Dreamweaver 进行网页制作
■ 熟练使用 EXCEL、WORD、PPT
■ 掌握电子商务、C 语言、数据库、网页制作、UML 建模语言、网络安全等相关知识

6. 每份简历都应“量职量身”定做

针对性越强的简历越容易得到 HR 人员的青睐。每份简历都要依据特定的应聘单位、特定的职位（见表 2-8），结合自身的优势和不足，进行“量职量身”制作（见表 2-9），对自身条件进行整合和挖掘，突出自身竞争优势的重点信息。

表 2-8　　职位信息

招聘职位：发行助理 **职位描述**：维护期刊销售渠道，协助发行、订阅部门完成销售指标 **招聘要求**： 1. 热爱销售工作，市场营销专业优先； 2. 积极活跃，形象亲和，协作性强； 3. 吃苦耐劳，较强的执行力。

表 2-9　　简历制作

求职意向	
发行助理	
教育背景	
河北工业职业技术学院（国家示范性高职）　市场营销	2014.9 至今
实践经历	
河北工业职业技术学院绿苑文艺社　编辑部	2014.10—2015.10
➢ 负责绿苑文艺社《绿苑》刊物的编辑，共出刊 3 期，发行量 1 500 册	
➢ 协助外联部成功为活动拉赞助 3 次，获取赞助费 3 000 元	
➢ 组织部员完成部门改制，组建 3 个项目部	
促销兼职	2014.10 至今
连续 2 个暑期在苏宁电器做冰箱促销员，销售冰箱 50 台，被评为优秀促销员	

7. 简历要充分体现自身独特的竞争优势

每份简历都要在有限的篇幅内展示自身独特的竞争优势，因此需要用最有效的信息进行表述和说明。简历中要突出关键词、采用动词表述、突出工作成果、多用数字说话。

简历中要突出关键词（关键词是描述实践经历或实践成果的表示技能的名词或动词词组，见表 2-10），让 HR 在短短的几秒钟之内就能认为你符合应聘条件。

表 2-10　　实践经历（1）

实践经历	
2015.7—2015.8	河北工业职业技术学院赴平山暑期社会实践队　调查员
	◆ 深入平山县调查中小学生上学情况，走访 100 名学生家庭
	◆ 撰写长达 15 页调查报告，获学院一等奖
	◆ 适应艰巨的工作任务

简历中描述实践经历时，应该把重点放在对工作成果的陈述上（见表 2-11），运用具体的数字或百分比量化成果和业绩，使 HR 人员更为信服。

表 2-11 实践经历（2）

实践经历 2014.10—2015.10 河北工业职业技术学院成功创业者协会 会长 • 创建了成功创业者协会，填补了创业类社团在全院的空白 • 负责社团整体的管理和对外交流事务 • 社团 2015 年被评为院级“十佳”社团

8. 重要信息点要进行逻辑分类

简历制作中最好将凸显应聘岗位胜任能力的重点信息写上，并且要有一定的逻辑顺序，层次分明，关键信息明显，体现应聘者良好的逻辑思维能力（见表 2-12 和表 2-13）。

表 2-12 获奖情况

获奖情况 ◆ 2014 年 10 月获学院一等奖学金、国家奖学金 ◆ 2015 年 10 月获学院一等奖学金、国家奖学金

表 2-13 修改后的获奖情况

获奖情况 ◆ 学院一等奖学金（2 次，每年全校 1.5% 的学生获此荣誉） ◆ 国家奖学金（2 次，每年奖励全校 15 名品学兼优的学生）

9. 简历要杜绝细节错误

杜绝一切低级的细节错误，如拼写、语法、习语等错误。简历做好以后，务必仔细检查，自己发现不了错误时请他人帮忙检查，一定要做到准确无误。

三、常用条框式简历样本（见表 2-14）

表 2-14 简历样本

<table>
<tr><td colspan="5">个人基本信息</td></tr>
<tr><td>姓名</td><td></td><td>性别</td><td></td><td rowspan="6">照片</td></tr>
<tr><td>年龄</td><td></td><td>出生日期</td><td></td></tr>
<tr><td>学历</td><td></td><td>专业</td><td></td></tr>
<tr><td>联系电话</td><td></td><td>手机</td><td></td></tr>
<tr><td>联系地址</td><td colspan="3"></td></tr>
<tr><td>电子邮箱</td><td colspan="3"></td></tr>
</table>

续表

<table>
<tr><td rowspan="3">教育背景</td><td>时间</td><td>学校</td><td>职务</td><td>专业</td></tr>
<tr><td></td><td></td><td></td><td></td></tr>
<tr><td></td><td></td><td></td><td></td></tr>
<tr><td colspan="5">（可说明所学主要学科）</td></tr>
<tr><td rowspan="3">社会实践</td><td>时间</td><td>单位</td><td colspan="2">内容</td></tr>
<tr><td></td><td></td><td colspan="2"></td></tr>
<tr><td></td><td></td><td colspan="2"></td></tr>
<tr><td colspan="5">（详细介绍实践成果和学习经验）</td></tr>
<tr><td rowspan="3">职业技能</td><td colspan="4"></td></tr>
<tr><td colspan="4"></td></tr>
<tr><td colspan="4"></td></tr>
<tr><td rowspan="3">个人荣誉</td><td colspan="4"></td></tr>
<tr><td colspan="4"></td></tr>
<tr><td colspan="4"></td></tr>
<tr><td>自我评价</td><td colspan="4">（描述个人个性、特长、应聘优势、阶段职业定位目标等）</td></tr>
<tr><td>备注</td><td colspan="4"></td></tr>
</table>

（二）求职信的撰写

不同类别的求职信，其内容、侧重点和行文语气也各有不同。

根据有无明确求职目标划分，求职信可以分为两类：一类是具有高度针对性的求职信，它是针对某一单位的某一具体职位而写的，表示希望面谈的要求；第二类是具有普遍适用性的求职信，它可以投向不同的单位，但不如第一类更具有针对性。

根据有无实践经验划分，求职信可分为毕业者求职信与有工作经验者求职信两种。

根据求职者是否获得了招聘信息划分，求职信可分为自荐求职信和应聘求职信两种。前者是指求职者在未获得准确用人信息的情况下，主动向自己感兴趣的单位写的带有自荐性质的求职信，以投石问路；后者则是求职者根据用人单位在新闻媒体上刊登或播发的招聘广告，有针对性地写给用人单位以谋求某一特定职位及反映自身条件的求职信。前者可能会留给求职者更多的展示才华的空间，因为竞争者少；而后者则会面对众多的竞争者。

根据求职的方式划分，求职有托人求职与求职推荐两种，与此相应的求职信也有托人求职信和求职推荐信两种。

1. 求职信的基本结构

求职信的基本格式与书信无异，主要包括对收信人的称呼、正文、结尾、署名、日期和附录六个方面的内容。一般来说，求职信不宜过长，以 500 字左右为好（不包括附件）。否则，煞费苦心所写的洋洋洒洒的几页内容，招聘人员很难仔细去看。但如果确实有值得一提的亮点内容的话，可以作为求职信的附件。求职信也不能太短，这样会显得仓促、没有诚意，自然也就缺乏说服力。下面主要说明正文、结尾、署名、日期和附录的内容。

（1）正文。求职信的中心部分是正文，形式多种多样，但内容都要求说明求职信息的来源、应聘职位、个人基本情况、工作成绩等事项。

首先，要写出信息的来源渠道。例如，“您好！从网上获知贵公司的招聘信息，我不敢说才高八斗，但相信具备的知识与能力可以胜任贵公司总经理助理或销售经理的职位！万分感谢您在百忙之中浏览我的求职信！”记住不要在求职信中出现“冒昧”“打搅”之类的客气话，因为他们的任务就是招聘人才，何来打扰之说？如果目前公司没有公开招聘人才，即不知道该公司是否需要招聘新人时，这种情况下可以写一份自荐信去投石问路，这时用“冒昧”二字就显得很有礼貌。

其次，在正文中要简单地介绍自己与应聘职位有关的学历水平、经历、成绩等，令对方阅读完毕之后就对你感兴趣，但是这些内容不能代替简历，较详细的简历应作为求职信的附件。最后，应说明能胜任职位的各种能力，这是求职信的核心部分，其目标无非就是表明自己具有专业知识和社会实践经验，具有与工作要求相关的特长、兴趣、性格和能力。总之，要让对方感到，你能胜任这个工作。在介绍自己的特长和个性时，一定要突出与所申请职位有联系的内容，千万不能写上那些与职位毫不沾边的东西。

（2）结尾。结尾一般会表达两个意思：一是希望对方给予答复，盼望能够得到面试机会；二是表示敬意、祝福。同时更要认真写明自己的详细通信地址、邮政编码和联系电话，如果需要亲朋好友转告，则要注明联系方式、方法、联系人的姓名以及与你的关系，以方便用人单位与之联系。

（3）署名。按照中国人的习惯，直接签上自己的名字即可。

（4）日期。日期应写在署名的下方，应用阿拉伯数字书写，年、月、日需全都写上。

（5）附件。附件中最基本的就是个人简历，将一份完整的与招聘职位相结合的个人简历放在求职信之后，供用人单位详细了解求职者的个人资料。附件还包括其他一些对应聘职位有帮助的有效证件，如学历证书、学位证书、英语等级证书、驾驶证、获奖证书、身份证等复印件。这类附件可以等到面试时再提供。

2. 求职信的写作技巧

只有能体现个人才智的求职信，才能帮助你顺利地谋求到一份理想的工作。你需要仔细考虑这一封信的目的及其所可能产生的影响。一封平庸的私人信件根本起不到什么作用。信件要引起读者的兴趣，要反映出你的目的，要符合特定的环境要求。要写好一封令人满意的求职信，必须注意以下几点。

（1）求职信切忌空洞。求职信的内容要全面具体，同时又必须是相互关联的一个整体，这样的求职信才能真正对你的事业起到推动的作用。文字通顺、简明扼要、有条理。要用简练的语言把求职者的求职欲望及相应的个人条件和特点表达出来，切忌堆砌辞藻。因为，求职信的读者不会把很多时间浪费在阅读长篇的文章上，刻意地卖弄文采，想方设法堆砌华丽和时髦辞藻的做法只会弄巧成拙。

（2）确定自己的求职目的。参与竞争之前，应对自己的实力作一个明确的估价，然后再确定应聘哪种水平的职位，只有摆正了自己的位置，确定了合理的目标，求职信才能有的放矢，才能提高应聘的成功率。

（3）对你自己的知识水平、能力和价值做出恰当的评估，陈述你的兴趣和动机。要把握好自我展示和谦虚之间的平衡，要想求职成功就必须推销自己，强调自己的价值，这就少不了要自我展示一番，但是这种展示一定要避免浮夸。

（4）书写要清晰、简单明了，避免使用术语和过于复杂的复合句。求职信不是显示文学才华的地方，最好用平实、稳重的语气来写，但这并不排除以独特的思维方式给对方造成强烈印象的方法。

（5）争取面试机会，莫提薪酬问题。求职信所要达到的目的是建立联系，争取面试机会。在求职信的最后要特别注意提醒用人单位留意你的简历，并请求给予回音，以争取进一步联系的机会，获得面试的资格。关于薪水的要求可以放在面试阶段去讨论。

3. 撰写求职信的注意事项

（1）格式和内容。求职信格式和一般书信格式大致相同，即由称呼、正文、结尾、落款等几个部分组成。如果知道阅信人姓名和称呼，就在开头写上："×××经理：您好"等字样，如果不知道称呼就应写明用人单位领导，如"尊敬的×总：您好"等字样。结尾写上"祝工作顺利"等祝愿性的话，并表达热切希望有一个面试机会。最后应写明自己的通信地址、姓名、联系方式和时间。在篇幅上应注意不能过长，因为求职信很多，用人单位没耐心去阅读几千字的长篇大论，但又不能过短，以致表达不清楚，给人以马虎之感。求职信内容，应写明自己的专业、毕业院校、学习主要课程与成绩，你的特长与在校期间表现及你所能从事的工作等，应表明自己乐意同将来的同事合作，并愿意为事业而奉献自己的聪明才智。

（2）字迹工整，言简意赅。求职信文字整洁美观很容易引起用人单位对求职者的好感。相反，如果字迹潦草，龙飞凤舞，则会给用人单位留下不好印象。现在绝大多数毕业生求职信是用计算机打印出来的，但如果你钢笔字很好，建议你还是工工整整地用手写，这样能给人以亲切之感，同时也向用人单位展示了自己的特长。不管是手写还是打印，都应该言简意赅，废话连篇不但会浪费阅读者时间，也会引起反感。可在写出草稿后反复推敲，意思是不是清楚，用词是不是得当，甚至读给同学老师听，看是不是有需要改进的地方，力求做到完美。

（3）富于个性、针对性强。求职信首要目的是吸引对方，引起对方兴趣。有同学喜欢用许多客套话、空话来开头，事实上这并不好，在开头用一两句富于新意的话去吸引读者就行了。比如一位在外地求学的毕业生在给家乡所在地一家单位写求职信时写道："我的故乡，请接受一名游子对您的问候"，一开始就拉近了与用人单位的距离。或者直接切入主题，比如写："从××处得到贵单位招聘人才信息"，也能使用人单位主管感到单位名声在外，或者是广告费没白花，无形中增加了求职信分量。求职信核心部分是自己胜任工作的条件，求职信中应客观表明你的经历、知识、专业技能和特长，但是不能说大话。在动笔之前应着眼于现实，对应聘单位情况有所了解，以事实和成绩来恰如其分地介绍自己，有针对性地突出自己的特长。

（4）杜绝错别字。求职信中字词选择能反映出一个学生做事是不是仔细、严谨，一篇内容很好的求职信常常会因为错别字而起到不好效果。从实践来看常常会出现"别字"现象，比如将"出'生'在农村"写成"出'身'在农村"，"自己"写成"自已"，"简历"写成"简厉"等，所以说，毕业生在寄求职信前应仔细审阅内容，发现错别字及时纠正，但不应在信上涂改，最好重写一份，不应因小失大。

附：撰写求职信实训

实训1：一封求职信的修改

A. 原文

求 职 信

××大学人事处负责同志：

我是一个渴望得到用武之地的在职人员，女22岁。一年前我从A大学教育系学校管理专业毕业，由国家分到本市，后由市教委分配到市直机关幼儿园当了幼儿教师。一年来，在用非所学的岗位上已耽误了许多宝贵时光，这对国家对个人无疑都是损失，故本人渴望要寻找一个能发挥自己所长的地方。

现将本人情况略作介绍：

本人能力方面长于语文学科，高考语文成绩为108分，在校期间曾在省报发表过小说两篇，在《光明日报》发表大学生暑假调查报告一篇，曾获学校硬笔书法赛二等奖（正楷）。以前曾被市直××机关借用，做文字工作，写过多种计划、总结、报告，为××

副市长的电视讲话写过讲稿。另外，我的英语学科一直是中学大学期间的强项，成绩名列前茅。大学三年级时在省级刊物上发表过翻译作品两篇。大学四年级时通过了国家英语四级考试。基于以上情况，本人适合担任秘书工作或外语公共课教学工作。

负责同志，我完全有把握地说，如果你们能让我担任以上两个方面的工作，定会让你们满意。我自己也定将珍惜这来之不易的工作，奋力做出自己的贡献。

此致

敬礼！

求职者：×××

××××年××月××日

（资料来源：麻友平. 人际沟通艺术. 北京：人民邮电出版社，2012）

B. 学生分组讨论：分析上面的求职信，并提出修改建议。

C. 教师总结：求职信的修改。

上面的求职信存在以下问题。

（1）标题不规范。求职信标题需放在第一行正中间，用较大字体标明“求职信”。

（2）称呼不规范。求职信的称呼往往比一般书信的称呼正规一些，在实际写作时要区别对待，如果写给国家机关事业单位的人事领导，则用“尊敬的××司长（处长、负责人等）”；如果是对企业，则用“尊敬的××董事长（总经理、人力资源部部长等）”。这封求职信是写给某大学的，故称呼应为“尊敬的××大学人事处负责同志”。

（3）正文部分不规范。

① 正文第一部分应写明个人基本情况和你申请的职位及你是如何得到该职位的招聘信息的。该范文正文第一段中没写明应聘什么职位和如何得到招聘信息的；第一段后半部分“在用非所学的岗位上已耽误了许多宝贵时光，这对国家对个人无疑都是损失，故本人渴望要寻找一个能发挥自己所长的地方”是多余的，写求职信的一个忌讳是不写原来所在单位的“坏话”，以免给招聘人不好的印象（你是一个爱抱怨、心胸狭窄的人）。

② 正文第二部分应写明你如何满足岗位的要求：陈述个人技能和个性特征。该范文写了自己的能力，发表的文章（复印件）和获奖证书（复印件）最好以附件形式附上，并在正文中写明；写英语能力时写到“大学三年级时在省级刊物上发表过翻译作品两篇。大学四年级通过国家英语四级考试”，有言过其实之嫌，众所周知，非英语专业的学生，即使过了国家英语六级考试，也未必能翻译出有水平的作品来，而该作者在没过国家英语四级考试时就在省级刊物上发表翻译作品两篇，让人难以相信；外语公共课教学对英语口语水平要求很高，该求职信没写明英语口语水平；“基于以上情况，本人适合担任秘书工作或外语公共课教学工作”，一句与上下文重复，可略去。

③ 正文第三段中“我完全有把握地说”一句多余；“如果你们能让我担任以上两方面的工作”一句中，“你们”一词把招聘者和应聘者的距离拉开了，又因为上段略去一句，此句可改为“如果让我担任秘书或公共外语教学工作”。

④ 该求职信没提希望得到面试的机会和具体的联系方式。

⑤ 句子不简练、不规范。正文第二段中，“能力方面长于语文学科”，有歧义，也

不够通顺，不如直接改成："语文是本人的强项"。"高考以108分单科成绩为高校录取"也有歧义，这似乎说因为单科就被高校录取，不如直说："高考时考出108分"。"以前曾被市直××机关借用作文字工作"一句中"以前"可略去，第一个"作"应为"做"；第三段中"我自己也……"一句中"自己"可略去。

(4) 结尾（或尾文）格式不对。敬礼应顶格写。

(5) 署名和日期位置不对。署名和日期应放在正文的右下方。

(6) 标点符号使用错误。

正文第一段中，"女22岁"中间应有逗号，结尾"敬礼"后不应有感叹号。

试修改如下：

求 职 信

尊敬的××大学人事处负责同志：

我是一个渴望得到用武之地的在职人员，女，22岁，一年前从临江大学教育系学校管理专业毕业，由国家分到本市，后由市教委分配到市直机关幼儿园当了幼儿教师。我从网上看到贵学校招聘信息，想应聘秘书或外语公共课教学职位。

现将本人情况略作介绍：

语文是本人的强项，高考时考出了108分。在校期间曾在省报发表过小说两篇，在《光明日报》发表大学生暑假调查报告一篇，曾获学校硬笔书法赛二等奖（正楷）（发表作品及证书复印件见附件）。曾被市直机关借用做文字工作，写过多种计划、总结、报告，为××副市长的电视讲话写过讲稿。另外，我的英语学科一直是中学、大学期间的强项，成绩名列前茅，大学四年级时通过了国家英语四级考试（证书复印件见附件），口语方面可以自如地进行交流。

负责同志，如果让我担任秘书或公共外语教学工作，我肯定能胜任，定会让你们满意。我也定将珍惜这来之不易的工作，奋力做出自己的贡献。

期待您的面试。联系电话：×××××××××××。

感谢您百忙之中阅读我的信，衷心地祝愿贵校蒸蒸日上！

此致

敬礼

求职者 ×××

××××年××月××日

实训2：一封值得借鉴的求职信

A. 原文

经理

IBM公司销售部

尊敬的莱文先生：

爱迪思·温特丝小姐告诉我贵公司缺一位秘书，我想申请这个职位。

我知道你需要一位速写很快，又能处理大量信件的秘书。我毕业于富特黑专科学校，专学速写。毕业后先后在一家干货零售公司、一家保险公司做过秘书。我的书写速度每分钟145个字。在我现在的工作中，我每天要处理40到60封信件。不论是富特黑专科学校求学时还是在现在的工作中，我都训练自己不用他人指导而能独立处理日常信件。

我在现在的西南人寿保险公司的工作也干得不错。但我最近刚拿了学位，想干一份有挑战性的收获不菲的工作。爱迪思·温特丝小姐对工作的热情更让我确信我会喜欢这份工作。内附的简历有助您做决定。

如果您方便，每天下午我都有时间可以到洛杉矶面谈，愿我有机会来与你面谈！

真诚的

劳拉·爱德蒙

（资料来源：田宝贵.真诚感人，朴实自然——一封值得借鉴的求职信.写作旬刊，2007（23））

B. 学生分组讨论：分析上面的求职信值得借鉴之处。

C. 教师分析总结：

这封求职信的最大优点就是真实感人。首先，它表现在求职者的态度真诚。劳拉·爱德蒙针对公司的招聘需要，真诚地表明了自己的求职意愿："我想申请这个职位"，"想干一份有挑战性的收获不菲的工作"；特别是信末那句"如果您方便，每天下午我都有时间可以到洛杉矶面谈"，显得很真诚。这远比我们常见的"给我一片蓝天，我将还你一份惊喜，我真切地盼望您的回音""如果需要，我很乐意接受贵公司的进一步面试""我期待好消息的早日传来""恭候佳音"之类的显得主动、热切、真实。其次在于内容的真实。也就是说，求职者如实地写出了自己想从事速写工作所具备的条件以及选择这份工作的原因。她说自己的专业、专长是速写，而且用具体的事实来说话（如书写速度和每天处理信件的数量、独立处理日常信件的能力以及相关工作经历）。而不像我们有些求职信，在讲到自己的应聘条件时夸夸其谈、信口开河，可谓"奖项满天飞、能力一大堆、特长随便吹"。这让招聘方一看就觉得不真实。再次，这封求职信显得真实，还在于作者巧妙地利用了一个中间人：温丝特小姐。"温丝特小姐对工作的热情更让我确信我会喜欢这份工作"，这句话真是"一箭三雕"：一是表达了对给她提供求职信息的温丝特小姐的感谢之意；二是讲了她对温丝特小姐热情工作的崇敬之情，间接表达了自己的敬业品德以及对这份工作的真诚热爱和求职若渴；三是向招聘者表明一个信息，一个正在该公司干得很好的温丝特小姐所认识的并且对其崇敬有加的求职者，绝对比一般求职者真实可信。

这封求职信的第二个优点就是"朴实自然"。全文简短明快，没有面面俱到，没有夸夸其谈。整封求职信基本上是叙述性的语气，没有议论、抒情之类的渲染、炫耀性的语句，甚至连一个华丽的形容词也没有。全信紧紧围绕招聘单位的所需，投其所好，集中讲自己的相关条件、能力、工作经历，以事实说话，以能力说话，朴实自然。另外，求职者的求职意愿贯穿全文。求职信的目的就是求职意愿。这是求职信的主旨和灵魂。这封求职信始终把握这一点。信一开头就直接说"我想申请这个职位"，中间是"想干一份有挑战性的收获不菲的工作"，信末则有"如果您方便，每天下午我都有时间可以到洛杉矶面谈"。全信在求职意愿这根"红线"的贯穿下，讲自己想得到这份工作，谈自己为什么喜欢这份工作，然后向对方证明想获得这份工作自己具备什么样的条件和能力，仿佛在与对方说话，自然顺畅，一气呵成。而我们有些求职信，从前到后，从介绍个人的基本情况、学业成绩再到不厌其烦地讲社会实践经历、工作能力、兴趣爱好、性格特征、求职意愿等，面面俱到，内容堆砌，条块分割，矫情造作。显然，这种千人一面、千篇一律的求职信，如同一台复印机上复印出来的枯燥单调的表格，有谁愿意看呢？这样的求职信又怎么能打动别人、引起别人对求职者的“另眼相看”呢？

求职信是一位传递信息、表达意愿的“使者”。它为你和用人单位搭起一座桥梁，让用人单位重视你、走近你、接纳你。要达到这一目的有很多因素，但其中最重要的就是信息必须真实，意愿必须真切，行文必须自然顺畅、朴实无华。

三、语言沟通的原则

人与人之间存在着各种各样的关系，我们在说话和处理问题时必须因人而异，学会“见什么人说什么话”。要进行有效的语言沟通，培养良好的口才，要遵循语言沟通的基本原则。

（一）面向的群体及对象的原则

话总是说给人听的。人与人之间存在着各种各样的关系，我们在说话和处理问题时必须因人而异，正所谓“射箭要看靶子，弹琴要看听众”，语言表达要看对象，要受对象的身份、职业、经历、文化教养、思想、性格、处境、心情等因素的制约。

1. 根据对象的身份不同，运用的语言不同

试想，一个姑娘指着自己的男朋友笑着说：“你真坏。”这可能是一种亲昵的表示。而如果这个姑娘在大庭广众之下指着自己的领导说：“你真坏。”虽然相同的话，其含义却大为不同，其结果很可能使这位领导十分尴尬。

2. 根据亲疏关系、年龄、性别和尊卑关系的不同，运用不同的语言

对于女同志，要注意避免讲那些有损女性尊严的话。在话题上也要注意男女同志的不同兴趣爱好的特点，与女孩子说话，要针对她们单纯、天真活泼的特点，用讲故事、打比方等方式，使交谈得以深入。

尊卑关系是指沟通双方在地位高低、职业优劣、年龄长幼、收入多少等方面存在差距。位尊者面对位卑者时表达上更为自由，领导在下属面前、老板在员工面前、老师在学生面前、父母在孩子面前，除了考虑到社会道德规范以及沟通对象可能有的特殊情况外，用不着为彼此之间的尊卑关系费太多的心思，对地位高的人应称呼其职位名称，或姓加职位名称，例如：“局长”“王经理”等；不能用“你”相称而应用“您”。在语气和句式上，位卑者面对位尊者时应更多使用疑问句或商讨的口气。

对于谈话对象的亲疏关系也应该注意。对于关系密切、交情深厚的人，尽可能坦率些，开门见山，过分客气的话反而使双方变得疏远、隔膜；而对初次见面、关系较远的人谈话，如果一见面就显得过分亲密，甚至随便，则会使对方感到不舒服或不可信。

（二）目的性原则

人与人之间之所以进行语言的沟通，总是有这样或那样的目的：或告诉别人一件事情，或请求别人帮忙，或令对方去行动，或打听某方面的消息，或沟通双方的心灵，或

改善双方的关系，或增进双方的关系，等等。这种种目的都是通过具体的话语表达的。因此，在语言交流中，话语不过是充当信息交流的手段。说话人通过话语来表达自己的意图，听话的则透过话语来领悟其真实意图。例如：为了提醒某人注意某个问题不要发生，就要防患于未然，即问题未出现的时候就要说出来；为了赞扬某一个人做了一件好事，应当及时说，只有及时，才能起到鼓舞士气的作用。但对某个问题做评价的话，则应当在事件结束之后才说，不能过早下结论。

（三）适用性原则

在人际沟通过程中，接受者的心理状态对于信息的接受具有极大的制约性。因此，言语行为必须适应言语对象的处境和心情。引起心境变化的原因是很复杂的，工作的顺逆，事业的成败，人际关系、健康状况及自然环境，甚至无意间的浮想，都会影响心境。如果你说话的对象的心境不好，决不能说些让她更为扫兴的话，即使对方有不足，也要等她平静之后。如果非要即说不可，也要先说一些能使她心境向好的方面转化的话。语言运用要符合特定环境：生活中有无数不同的场合，这是多种关系的综合，它包括时间、地点和听众。既然每一个生活场合各不相同，那么每一个说话的场合也不相同，要有好口才，第一步就要接受每次谈话具体环境都不同这个事实，以不同的语言去适应。同一席话，在这个场合讲可能赢得满堂喝彩，但在另一种场合讲则可能一败涂地。一个口才优秀的人应当像滑翔机驾驶员善于捕捉上升气流那样，善于抓住各种不同的场合，从而使自己的话发挥更大的效力。因此，墨守成规是不可取的，要时时刻刻注意场合的变化。

（四）得体性原则

人际沟通的言语行为既在特定的人际关系中展开，又起着建立或发展人际关系的作用。如果不顾接受者和自己的关系，人际沟通就可能出现障碍。

《民间文学作品·朱元璋的故事》载：朱元璋做了皇帝，一个从前的穷朋友跑到朝廷去拜见朱元璋。见面的时候，他对朱元璋说：“我主万岁！当年微臣随驾扫荡泸州府，打破罐州城，汤元帅在逃，拿住豆将军，红孩儿当关，多亏将军。”朱元璋听得高兴，也隐约记起他的话里包含一些从前的事情，就立刻封他做了御林军总管。另一个当年的穷朋友得知这一消息，也跑去求见，见了面就对朱元璋说：“我主万岁！还记得吗？从前，你我都替人家看牛。有一天，我们在芦花荡里，把偷来的豆子放在瓦罐里煮，还没等煮熟，大家都抢着吃，把罐子打破了，撒了一地的豆子，汤都泼到泥地里。你只顾着从地上抓豆子吃，却不小心连红草叶子也送进了嘴里。叶子哽在喉咙里，苦得你哭笑不得，还是我出的主意，叫你用青菜叶子吞下去，才把红草叶子带下肚子里去的。”朱元璋还没听完，就命令：“推出去斩了！”

【案例】

扁鹊见蔡桓公

我国古代春秋战国时期有一位著名的医生，他叫扁鹊。有一次，扁鹊谒见蔡桓公，站了一会儿，他看看蔡桓公的脸色，然后说：“国君，你的皮肤有病，不治怕是要加重了。”蔡桓公笑着说：“我没有任何病。”扁鹊告辞后，蔡桓公对他的臣下说：“医生就喜欢给没病的人治病，以便显示自己有本事。”

过了十几天，扁鹊又前来拜见蔡桓公，他仔细看看蔡桓公的脸色说：“国君，你的病已到了皮肉之间，不治会加重的。”桓公见他尽说些不着边际的话，气得没有理他。扁鹊走后，桓公还没有消气。

又过了十多天后，扁鹊又来朝见桓公，神色凝重地说：“国君，你的病已入肠胃，再不治就危险了。”桓公气得叫人把他轰走了。

再过十几天，蔡桓公出宫巡视，扁鹊远远地望见桓公，转身就走。桓公很奇怪，派人去追问。扁鹊叹息说：“皮肤上的病，用药物敷贴就可以治好；皮肉之间的病，用针灸可以治好；在肠胃之间，服用汤药就可以治好；但是病入骨髓，那么生命已掌握在司命之神的手里了，医生是无能为力了。如今国君的病已深入骨髓，所以我不敢去谒了。”蔡桓公听后仍不相信。

五天之后，桓公遍身疼痛，连忙派人去请扁鹊，这时扁鹊已经逃往秦国躲起来了。不久，蔡桓公便病死了。

（资料来源：百度文库）

【案例简析】

在这个案例中，扁鹊的主要问题就在于忽视了语言沟通的重要性，没有选择易于接受的提问方式。为了更好地了解患者的情况，医务人员说明病情应有针对性，让患者易于接受，以利于进一步的诊治。扁鹊见到桓公不是先旁敲侧击地询问，而是近乎诅咒式地说桓公有病，不治就会严重，最终落得适得其反的结果。患者对医生这种过分关心疾病而很少关心患者的现象是很反感的。

能力训练

1. 独立制作一份简历。
2. 撰写一份格式正确的求职信。

思考与练习

阅读下面的一则故事，分析纪晓岚幸免一死的原因。

相传，清朝进士纪晓岚很有才学，说话风趣，能言善辩。有一次，他背后称乾隆皇帝为“老头子”，恰好被乾隆皇帝听到了，便生气地问：“纪晓岚，你叫我老头子是何道理？知罪吗？”纪晓岚答道：“皇帝息怒，听臣解释。群臣称皇上为万岁，岂不为‘老’？头为万物之首，皇上乃一国之首，岂不为‘头’？皇上乃真龙之子，岂不为‘子’？三字合称，乃‘老头子’也！”乾隆皇帝听这么一解说，气也就消了，当然也不会判纪晓岚死刑了。

模块三　非语言沟通

知识目标

1. 了解非语言沟通的类型、特点及作用。
2. 了解非语言沟通的主要形式及含义。

能力目标

1. 熟知各种非语言沟通的情绪表露方式。
2. 掌握各种非语言沟通方式的运用技巧并学会根据非语言判断其真实含义。

子模块一　非语言沟通的特点与作用

情境模拟

小王是新上任的经理助理，平时工作主动积极，且效率高，很受上司的器重。一天早晨，小王刚上班，电话铃就响了。为了抓紧时间，她边接电话，边整理有关文件。这时，有位姓李的员工来找小王。他看见小王正忙着，就站在桌前等着。只见小王一个电话接着一个电话。最后，他终于可以与她说话了。小王头也不抬地问他有什么事，并且一脸的严肃。然而，当他正要回答时，小王又突然想到什么事，与同室的小张交代了几句，这时的老李已是忍无可忍了，他发怒道："难道领导就是这样对待下属的吗？"说完，他愤然离去。

（资料来源：百度文库）

1. 这一案例的问题主要出在谁的身上？为什么？
2. 如何改进其非语言沟通技巧？
3. 假如你是小王，你会怎么做？

基础知识

一、非语言沟通的特点

（一）文化习俗性

不同的文化习俗和文化背景产生不同的非语言沟通方式及特点。在各自的社会成长环境中，人们接纳自己所在的文化群体的特性和风格。当人们第一次相遇时，中国人通过点头或是轻轻握住对方的手来传递信息，美国人把目光接触看得很重，身体接触局限在有力地握手上，然而波兰男子在第一次接触一位女子时可以吻她的手。在大多数文化中，男女语言沟通也是有区别的。在公共场所，男人坐姿比较松散，有几个男人时，男人与男人常是分开的；女人坐姿是女性化的，两腿是并着的，若是几个女人时，是挤在一起的。

（二）真实性

当人的大脑进行某种思维活动时，他的大脑会支配身体的各个部位发出各种细微信号，这是人们不能控制而且也是难以控制的。人的体态举止，除了有意识的之外，更多的是无意识的，这就使得非语言沟通比语言沟通更具真实性。由于体态动作、音调等非语言信息发自内心深处，因此极难压抑和掩盖。比如，做了亏心事或偷了东西的人总显得心神不定、六神无主或鬼头鬼脑；听到好消息时，脸上总会露出笑容；听到批评时脸色总会显得很不自然；发怒时总要青筋暴起；等等。因此若想分辨人心的真伪，应首先注意观察他的身体信号。

（三）持续性

语言由声音从口而出时开始，到声音停止结束。而非语言沟通则是只要人们出现在交往场合，它就持续存在着。你是大步快走还是小步慢行，你同别人讲话时声调的高低、语速的快慢，你微微一笑，你叹了一口气，你挠了一下头发，你把身体斜靠在桌角，所有这些语言的信号，都是无声的信息，都在有意无意地传递着你的心声，影响着别人对你的理解。

（四）情境性

与语言沟通一样，非语言沟通也展示于特定的语境中。情景左右着非语言符号的含义。相同的非语言符号，在不同的情境中也会有不同的意义。同样是流眼泪，在不同的沟通情境中可以表达悲痛与幸福、生气与高兴、委屈与满足、仇恨与感激等完全对立的情感。只有联系具体的沟通情境，才能了解其确切的含义。

（五）可信性

非语言沟通是非常根深蒂固和无意识的，许多时候，语言信息和无意识表露的非语言信息是相互矛盾的。人的真实本意往往可用语言信息掩饰，然而在非语言沟通中却很难掩饰。为什么非语言符号比较具有可信性呢？一方面，由于语言信息受理性意识的控制，容易作假，而形体语言大都发自内心深处，极难压抑和掩饰，因而，人们常说不光要“听其言”，还要“观其行”；另一方面，一个人的非语言行为是整体性格的表现以及个人人格特性的反映，更多的是一种对外界刺激的直接反应，很难掩饰和压抑。正如弗洛伊德所说，没有人可以隐藏秘密，假如他的嘴唇不说话，则他会用指尖说话。因此，当语言信息与非语言信息不符或发生冲突时，我们宁愿接收非语言信息。

（六）沟通性

在一个互动的环境中，非语言符号总是不停地沟通着。只要参与者双方开始进行沟通，自始至终都有非语言沟通在自觉或不自觉地传递着信息。可以这样说，参与沟通的双方一见面，他们的穿着打扮、使用器物就透露出行为者的有关信息，站着或坐下沟通的时候，距离、方位、身体动作、姿态表情和伴随着的言语始终在沟通着种种信息。在沟通过程中，有意识的语言在沟通，无意识的非语言行为也在连续不断地沟通着特定的信息。

二、非语言沟通的作用

非语言沟通有表达和传递信息和情感的作用，它能使有声语言表达得更生动、更形象，也更能真实地体现心理活动状态，使一个互动中的双方能有效地分享信息。

（一）信息和情感表达作用

非语言沟通的首要功能是感情和情绪的表达作用，它可表现个人很多感情，如愤怒或快乐、软弱或坚强、振奋或压抑等。

（二）调节互动作用

与情感表达一样，调节互动常体现于眼、面部及头部等体态动作。如谈话时向对方点头则表示：说下去，说完你想说的一切。又如，看着谈话者意味着可继续谈话，而看别处则意味着谈话该结束了。简言之，调节动作可帮助交谈者控制沟通的进行。

（三）替代语言作用

许多有声语言所不能传递的信息，身体语言却可以有效地传递。另外，形体语言作为一种特定的形象语言，它可以产生有声语言不能达到的交际效果。在日常工作中，我们也都在自觉和不自觉地使用各种形体语言来代替有声语言，进行信息的传递和交流。这样，既省去过多的“颇费口舌”的解释和介绍，又能达到“只可意会，不可言传”的效果。

采取适当的形体语言，能够达到“无声胜有声”的效果。这种效果在哑剧表演中最为突出。在表演时，完全凭借手、脚、体形、姿势、表情等形体语言，就能够准确地传递特定的剧情信息。

（四）强化作用

形体语言不仅可以在特定情况下替代有声语言、发挥信息载体的作用，而且在许多场合，还能强化有声语言信息的传递效果。例如，在率领起义的工人、士兵攻占冬宫后，列宁快步登上讲台，面向台下群众发表演讲。在演讲结束时，他的身体动作表现就像一个庞大乐队的指挥：身体稍向前倾，双目眺望远方，右手掌向前果断有力地推出。这时，沸腾的冬宫立刻鸦雀无声，伟大的导师列宁的声音传向世界，列宁的这个姿态，充分体现了一位伟大的无产阶级革命家勇往直前的坚强意志和宏伟气势。

（五）辅助和添意作用

人们运用语言行为来沟通思想、表达情感，往往有词不达意或词难尽意的感觉，因此需要同时使用非语言行为来进行帮助，或弥补言语的局限，或对言辞的内容加以补充，使自己的意图得到更充分、更完善的表达。例如，当别人在街上向行走的你问路时，你一边告诉他怎么走，一边用手指点方向，能帮助对方领会道路方向，达到有效信息沟通的目的。

（六）表露或验证真意作用

形体语言大多是人们的非自觉行为。他们所载的信息往往都是在交际主体不知不觉中显现出来的。他们一般是交际主体内心情感的自然流露，与经过人的思想进行精心构织的有声语言相比，身体语言更具有显现性。另外，身体语言在交际过程中可控性较小，它所传递的信息更具真实性。正因为身体语言具有这个特点，因而身体语言所传递的信息常常可以印证有声语言所传递信息的真实与否。

子模块二　非语言沟通的主要形式

情境模拟

传说春秋时候郑国的著名大夫子产曾经破过这样一个疑案：有天清晨，他正坐车去上朝，经过一个村庄时，听见远处传来一个妇女的哭丧声，他按住赶车人的手要他把车停下，仔细听了一会，就通知官府把那个哭丧的妇女抓来审问。那妇女很快就承认了亲手绞死丈夫的罪行。过了几天，那个赶车人问起子产怎么会知道那个妇女是罪犯的？子产回答说：“人们对于他们所爱的亲人在刚有病的时候就会感到忧愁，知道亲人将死的时候就会感到恐惧，亲人去世了就会感到哀伤。那个妇女在哭他已经死去的丈夫，可是她的哭声却让人感到不是哀伤而是恐惧，因此肯定是内心有鬼。”

（资料来源：新浪博客）

当人们面对面沟通时，信息传递通过三种方式：语言（文字）传递（7%），声音传递（38%），表情及肢体动作传递（55%）。所以，人们不只是听你说的内容，更重要的是会感受你的表情和声音。此案例中有哪些非语言沟通形式？

基础知识

一、表情

表情是指凭借眼、嘴及颜面肌肉等的变化表现在面部的思想感情及信息，人们对现实环境和事物所产生的内心体验以及所采取的态度经常会有意无意地通过面部表情显示出来。古人说：“人身之有面，犹室之有门，人未入室，先见大门。”人与人相识，第一印象往往是在前几秒形成的，良好的第一印象不仅来源于人的仪表谈吐，也会通过人体相应的表情呈现出来。

（一）眉毛

眉和目总是相连在一起来传递信息的，眉毛的运动可以帮助眼神传递信息，可以传递问候、惊讶、恐惧等。

眉毛皱起：表示不愉快、迷惑、讨厌，不赞成，有时表示为难、陷入困境。

眉毛上扬：表示妒忌、不信任。

紧锁眉头：表示沉思问题。

双眉倒立、眉尾下拉：表示极端愤怒，异常气愤。

眉毛下垂且嘴唇紧绷，头及下颚向前提起和对方怒目相视：表示冲突、挑战、敌对。

（二）鼻子

虽然鼻子很少表现，而且大都用来表现厌恶、戏谑之情，但若用得恰当，也能使话语生辉。比如，愤怒时，鼻孔张大、鼻翼翕动，感情会表达得更为强烈。在沟通活动中，当你内心对某事物不满时，应理智地处理它，或委婉地说出来，千万不能向对方皱鼻子。

（三）嘴

嘴的动作也能从各方面反映人的内心。嘴的表情是通过口型变化来体现的。

嘴角上翘：表示豁达、随和、容易被说服。

嘴角下撇：表示性格固执、刻板、非常计较，不好说话。

撅着嘴：表示不满意或准备攻击对方。

唇角向后缩：表示对你说话感兴趣，在倾听。

掩口而笑：表示性格内向。

向上吐烟：表示比较自信，有主见，地位优越。

向下吐烟：表示沮丧、犹豫、心情不佳、信心不足。

（四）头部

点头：表示对（赞同）。

摇头：表示错（不赞同）。

低头听：表示审视地听对方的话、多倾向于否定。

垂头：表示苦恼或丧气。

（五）微笑

微笑是没有国界的语言，对每一个人来说是均等的，我们若把它运用到日常工作中去，会带来意想不到的成功。正是因为如此，不少企业，特别是在服务行业，开始对其员工进行微笑培训，让他们学会微笑。善于交际的人在人际交往中的第一个行动就是面带微笑。一个友好、真诚的微笑会传递给别人许多信息。微笑能够使沟通在一种轻松的氛围中展开，可以消除由于陌生、紧张带来的障碍。同时，微笑也显示出你的自信心，表示你希望能够通过良好的沟通达到预定的目标。

二、目光

目光接触是示意动作交际的方式之一。目光既能穿透他人的心灵，又能展示自己的心灵，它是无声的语言。人们常说眼睛是心灵的窗户。眼睛睁的大小，眼神光彩程度，可以准确地传递信息。瞪眼瞠目，表示愤怒和反抗的情绪；目光柔和，流波顾盼，饱含着内心的柔情蜜意。眼睛神采的变化，甚至可以反映一个人心灵的发展变化。《史记》上有一则“鸿门宴”的故事。项羽要杀掉刘邦，范增与项羽商议行动暗号，饮酒间，“范增数目项王，举所佩玉玦以示之者三”。范增以目视项羽，又举起所佩之玉再三，可见他杀刘邦的决心。只是由于项羽未做反应，所以没有杀之。我们接触别人，首先要观看对方的眼神变化，因为眼睛是面部表情中最灵活、最富于传神的器官，目光是最有吸引力的。一个良好的交际形象，目光是坦然、亲切、和蔼、有神的。特别是在与人交谈时，目光应该是注视对方，不应该躲闪或游离不定。人际交往中诸如呆滞的、漠然的、疲倦的、冰冷的、惊慌的、敌视的、轻蔑的、左顾右盼的目光都是应该避免的，更不要对人上下打量、挤眉弄眼。

（一）注视时间

与他人交谈时，必须根据所观看到的对象和场合把握好注视时间，不可长时间地凝视对方。一般情况下，眼睛有 50% 的时间注视对方，另外的 50% 的时间注视对方的脸部以外的 5~10 厘米处。对东方人也可只保持 1/3 时间注视对方，自始至终地注视对方是不礼貌的。在社交场合，无意中与别人的目光相遇不要马上移开，应自然对视 1~2 秒，然后慢慢离开。与异性目光对视时，不可超过 2 秒，否则将引起对方无端的猜测。

（二）注视的部位

用目光注视对方，应自然、稳重、柔和，而不能死盯住对方的某个部位，或不停地在对方的身上上下打量，这是极失礼的表现。注视对方的什么位置，要依据传达什么信息、造成什么氛围而异；要依据不同场合、不同对象而选择具体目光所及之处和注视的区间。一般来说俯视表示爱护、宽容，正视表现理性、平等，仰视表示尊敬、期待；不应东张西望，东瞟西看，否则让人觉得你心不在焉；不应居高临下地侧面视或斜视，否则会让人产生被瞧不起而受辱的感觉。

人们在普通的社交场合采用的注视区间是社交注视区间。这一区间的范围是以两眼上线、以下颌为顶点所连接成的倒三角区域。由于注视这一区域最容易形成平等感，容易营造良好的社交氛围，人们常在茶话会、舞会、酒会、联欢会以及其他一般社交场合运用。公务员凝视则在洽谈、磋商、谈判等正式场合用，给人一种严肃认真的感觉。这种凝视注视的位置在对方脸部，以双眼为底线，上到前额的三角部分。谈公务时，如果你注视对方这个部位，就会显得严肃认真，对方也会感觉到你有诚意，你就会把握说话的主动权和控制权。亲密凝视是亲人之间、恋人之间、家庭成员之间使用的注视方式。凝视的位置在对方双眼到前胸之间。它主要是看着对方的眼睛、嘴部和胸部。恋人之间，至爱亲朋之间，注视这些区域能激发感情、表达爱意。

（三）不同民族、不同文化的差异

不同国家、不同民族、不同文化习俗对眼神的运用也有差异。如，在美国，一般情况下男士是不能盯着女士看的，两个男士之间也不能对视得时间过长，除非是得到对方的默许；日本人对话时，目光要落在对方的颈部，四目相视是失礼的。大部分国家的人们忌讳直视对方的眼睛，甚至认为这种目光带有挑衅和侮辱的性质。

（四）敢于正视对方

在交谈中敢于礼貌地正视对方，是一种坦荡、自信的表现，也是对他人尊重的体现。谈话中眼睛往上、往下、眯眼、斜视、闭眼，目光游离不定、涣散，漫不经心等，都是在交际中忌讳的眼神。当别人难堪时，不要去看他；交谈休息时或停止谈话时，不要正视对方。如在交际场合演讲时应不时地用眼光与不同角度的听众进行沟通，时而用扫视全场的环视法，时而用凝视一方的点视法；讲到兴奋时，让眼神发出兴奋的光芒，讲到哀伤时，眼睛低垂，让眼神呆滞一会儿等。

三、手势和腿足部体态

（一）手势

人们在讲话时常配以手势表意表情。例如，高兴时，手舞足蹈；愤怒时双拳紧握或拍案而起；表示敢做敢当时，用手拍胸脯；表示懊悔时，拍大腿；手指轻敲桌面是由于内心烦躁不安；手指发颤是内心不安、吃惊的表现；手臂交叉可能是一定程度上的警觉或对抗的表示。在社会生活中，人们还常常用一些约定俗成的手势来代替语言行为，比如：招手表示让对方过来；摆手表示不要或禁止；挥手表示再见或致意；竖起大拇指表示第一或称赞；伸小指表示最小或厌恶；摊开双手表示无能为力；鼓掌表示赞扬或欢迎等等。若男性喜欢夹杂着手势说话，说明这个人多少有点骄傲自持；一旦别人持相反的意见，便容易生气。若是女性喜欢用手势表达，则意味着她个性活泼，喜欢照顾别人。

1. 背手

有地位的人都有背手的习惯，当他们站起来或走路时，双臂背在背后并用一只手握住另一只手，表示的往往是一种优越感和自信。不仅如此，背手还可以起到镇定的作用，双臂背在身后，表现出自己的胆略。学生背书，双手往后一背，的确是能缓和紧张的情绪。但要注意的是，若双手背在背后，不是手握手，而是一只手握另一只手的腕、肘、臂，则成为一种沮丧、不安并竭力进行自我控制的动作语言，暗示了当事者心绪不宁的被动状态，而且握的部位越高，沮丧的程度越高。

2. 搓手

冬天搓手掌，是防冷御寒。平时搓手掌，正如成语“摩拳擦掌”所形容的跃跃欲试的心态，是人们表示对某一事物的急切期待的心情。运动员起跑前搓搓手掌，表示期待胜利；国外的餐馆服务员在你桌前搓搓手掌，问：“先生，还要点什么呢?”这实际上是对消费和赞赏的期待；在商务谈判中这种手势表示你告诉对手或对手告诉你期待着什么。

3. 双手搂头

将双手交叉放在脑后，这是由权威、占优势地位或对某事抱有信心的人经常使用的一种经典的表示高傲的动作，这也是一种暗示拥有权力的动作，表明当事者对某地、某物拥有所有权。如若双手支撑着脑袋，或者双手握拳支撑在太阳穴部位，双眼凝视，这是脑力劳动者的一种帮助思考的手势。

4. 握手

这是人们经常用到的一种手势，由于交际背景不同，彼此关系的性质不同，同样是握手却传递着不同的信息。比如，主动伸出手，显得热情大方，是性格外向的人，可以认为他不仅有丰富的社交经验和交际能力，而且有较强的自信心；相反，慢出手则表示不情愿、冷漠或者害羞。紧握对方的手，眼睛看着他的脸，对方会感到你从心底尊敬他、欢迎他；相反，如果轻轻握着对方的手，眼睛又看着其他人，如此漫不经心的握手则显得轻狂、不真诚，对方会感到难受、不满。握手十分用力，而其时间较长，表明双方感情很深，或者是有某种需要。通过握手传递某种微妙的信息，有时甚至胜过有声的语言，具有很强的感染力。比如，朋友的亲属去世了，你前去探望，虽然彼此相对无言，但两手相握（有时甚至是两双手紧紧地握在一起），彼此心照不宣，你对于死者的怀念，对朋友的安慰之情，你心底的感情激流，对方已经心领神会了。再如，与好友离别时，彼此握住对方的手，叮咛、话别，直到列车开动了才依依不舍地松手，这样很自然地就把自己惜别的深情注入了对方的心田，留下了永难忘却的美好回忆。

（二）腿足部

把腿搁在桌上：表示意欲扩大势力范围，有占有欲和支配欲，待人往往傲慢无礼。

张开腿部而坐：是开放型动作，有自信，欲结束谈话之意。

标准式架腿动作：是封闭式动作，有保护自己势力范围，拒绝对方之意。

两人（或男女）并排架腿：表示两人在封闭圈内，关系密切。

频频交换架腿姿势：代表情绪不稳定，急躁、不耐烦。

自然架腿的女性：代表对自己的容貌及身体有自信，但动作不雅。

男性足踝交叉坐式：代表警惕，防范；压制自己的表面及紧张、恐惧情绪。

女性足踝交叉坐式：代表女性含蓄、委婉地拒绝。

女性膝盖并拢坐式：代表防御心理。

小幅度抖动或摇动腿部：表示不安、紧张、急躁。

摇晃架在另一条腿上的足部：表示心情轻松，有时具有挑逗、诱惑之意。

用脚拍打地板或摇动足部：急躁，不安，不耐烦，摆脱紧张感。

鞋底的磨损程度：性格外向、生活积极，脚尖外侧容易磨损；脚尖内侧磨损较多，则表示性格内向；脚尖两侧都磨损，属温和平稳型。

脚尖的指向：两人脚尖互相成直线，表示两人关系亲密。

四、时间与空间

任何人际沟通总是在一定的时间和空间内进行的，因此时间和空间也就成为沟通过程中不可分割的组成部分，而且人们总是自觉地利用时空因素来沟通有关信息。

（一）时间

沟通时间的选择，交往间隔的长短，沟通次数的多少，以及赴约的迟早，往往显示行为主体的品性和态度。如一个学生上课经常迟到或早退，老师会认为他学习不认真。对于时间的控制反映了沟通对象的地位、长幼和态度。情侣约会时女方让男士略等一会，以使自己更具吸引力和有价值；上司可故意让下属等候，表示地位优越或对下属的不满和惩罚；一般人可以运用及时答复朋友来信的方式，表示对于友谊的重视。

（二）空间

如果说时间的利用主要是表达行为主体自身方面的信息，那么空间的利用则主要显示着双方彼此间的关系。在人际沟通中，空间的利用除了作为沟通情境构成因素的环境外，还包括沟通者与接受者之间的距离和朝向。

空间距离亦传递信息。空间距离的沟通意义在于它显示了人的地位和亲密程度。人的地位明显地体现在总经理的办公空间和班台的大小，人的亲疏程度可以用空间距离来衡量。人际交往的空间距离有四种：亲密距离、私人距离、社交距离和公众距离。亲密距离或私人距离（个人交谈）为0.5~1.2米，社交距离为1.2~3.6米，公众距离（讲者与听众的距离）为3.6米以上。空间距离为零就是身体接触，比如握手、手挽手、抚摸、拥抱、接吻等。一般来说，在沟通活动中，西方人比中国人有更多的身体接触，尤其是异性之间。

空间距离十分必要。一个人需要多少空间领域，情况千差万别，不能一概而论。但每个人在心理限定上的空间感觉，必然成为自己与他人之间的一种物理距离。即使再拥挤，也需要距离。界域观念是人潜在的一种愿望，是人类出于“防卫”的潜在需要而产生的以自己的身体支配周围空间的欲望。大到国家的疆界，小到庭院的篱笆，并具体到每个人对空间领域的本能的需要。例如，学生在集体宿舍中失去了各自的隐私，这是他们需承受的最大压力，唯一的缓解方法是尊重相互对隐私的需要和对私人物品的保护。

空间距离是沟通手段。空间距离之所以成为一种沟通手段，就是因为不同的沟通距离、不同的空间方位不仅标志着人们不同的情感关系，而且影响着人们的情感表达。一般来说，交往双方在相近的距离内，可以通过视觉密码、热量密码、嗅觉密码、嗓音密码传递信息，产生情感共鸣，有助于情感的沟通。

视觉密码指面对面地直视时，在目光接触中，双方能更清楚地看到对方的容貌和表情，产生一种新的视觉感受。

热量密码指双方相距甚近时，能相互感受到对方身上散发的热量，给人一种强有力的情感刺激，产生新的触觉感受。

嗅觉密码指两个人靠近时，相互之间可以嗅到对方身上的气味，产生嗅觉感受，有助于双方感情的同化。

嗓音密码指两人接近时，不但能听清语言而且还能听到发音时的嗓音、呼吸声，产生微妙的听觉感受，有助于感受到语言的情感。

总之，在近距离内，人们相互之间能给予对方强烈的情感刺激，于是产生一种近体效应，越是身体接近，就越能激发情感、密切关系。当然，近体效应的产生要以一定的情感关系为基础，而且需要恰当的情境及其他相关条件。

空间距离的运用很重要。美学原理告诉我们，距离能够产生美。人际距离是人际关系密切程度的一个尺码，人与人之间的关系与相互间在空间位置上保持的距离存在着某种联系。距离近表示交往双方亲密；但陌生人距离太近，也会使人感到轻浮；距离稍远，则表示自尊和文雅；距离过远，也会使人有冷淡之感。交谈双方的距离可保持在 1 米左右，因为双方传递信息，不仅凭借语言，而且还靠体态语言、表情变化等。因此，与人交谈时一定要首先选择一个最佳位置和最佳距离。

【案例】

小王问小杨：“人家都说沉默是金，你说，沉默真的是金吗？”小杨说：“不一定。那次我和小白一起在西安带团，我们向客人推荐‘贵妃宴’。介绍完了，问客人吃不吃的时候，20 多位客人都一声不吭——沉默！我一看苗头不对就溜了。小白看在地陪的面子上，又去问客人吃不吃。结果呀，被客人骂了一顿。客人说：‘让我们掏钱的事，你们怎么这么积极！’你看，沉默是什么？”小王说：“照这么说，沉默有时不是金，而是暴风雨来临前的宁静啊！可是，如果客人把话说出来你就一定能明白他的意思吗？”小杨说：“那要看客人怎么说。比如，他对你说‘你真好’，你知道这是什么意思吗？”“如果他把重音放在‘你’字上，我想他是真的说我好。如果他把重音放在‘好’字上，那就不好说了，可真可假。如果他把重音放在‘真’字上，而且把声音拖长，说成‘你真——好’，那就基本上可以肯定他是在讽刺我。”

小王说："我也注意到了，客人要强调什么的时候，是会用重音来强调的。比如，你问他要不要增加某一个景点，他如果明确表态，就会在说'我们不去'的时候，把'不'字说得重一点，或者干脆一字一顿地回答：'我—们—不—去'！"小杨说："是啊，恐怕有时候客人哼一声、出口长气，你都要想想那是什么意思！"小王问道："这哼哼声到底是什么意思呢？"小杨说："那就要看具体情况了。比如说，客人走着走着，突然'哎哟'一声，你又看到他一个踉跄，那大概是把脚扭了。如果客人在'哎哟'的同时，还拍着脑门，那多半是忽然想起了什么或者是发现自己遗忘了什么。"小王问道："如果客人出一口长气呢？"小杨说："那也得具体分析，那次登上长城，远眺北国，风光无限，我就听到一位老华侨长出了一口气，再看他那一脸的自豪。那意思肯定是：'啊——，祖国真美啊！'不过也有相反的。去年股票大跌，我团里的一位上海客人不停地长吁短叹。后来一问，果然他已经损失了将近一半。"

小王感慨道："看来要想当一个好导游，首先应该当一名好观众，要善于通过观、听、悟，来把握客人的各种心理啊！"

（资料来源：百度文库）

【案例简析】

本案例中包含着非语言沟通的方式。导游员们所讨论的主要是非语言沟通在旅游交际中的各种含义和作用。

能力训练

1. 购物时，观察服务员的眼神和态度之间的关系。

2. 与不同年龄、不同职业、不同性别、不同性格、不同情境的人交流，大胆尝试使用不同的眼神，并考察社交效果如何。

思考与练习

阅读下面一则故事，说说非语言沟通在人际沟通中的重要作用。

一个人走进饭店要了酒菜，吃罢，摸摸口袋发现忘记带钱了，便对老板说："店家，今日忘记带钱，改日送来。"店老板连声说："不碍事，不碍事。"并恭敬地把他送出了门。

这个过程被一个无赖看到了，他也进饭店要了酒菜，吃完后摸了一下口袋，对店老板说："店家，今日忘了带钱，改日送来。"

谁知店老板脸色一变，揪住他，非翻他衣服不可。

无赖不服，说："为什么刚才那人可以赊账，我就不行？"

店家说："人家吃菜，筷子在桌子上找齐，酒一盅一盅地喝，斯斯文文，吃罢掏出手绢擦嘴，是个有德行的人，岂能赖我几个钱。你呢？筷子往胸前找齐，狼吞虎咽，吃上瘾来，脚踏上条凳，端起酒壶直往嘴里灌，吃罢用袖子擦嘴，分明就是个居无定室、食无定餐的无赖之徒，我岂能赊你！"

一席话说得无赖哑口无言，只得留下外衣，狼狈而去。

（资料来源：麻友平．人际沟通艺术．北京：人民邮电出版社，2012）

模块四　沟通策略与技巧

知识目标

1. 信息发送与接收策略。
2. 信息处理与渠道策略。
3. 文化背景策略。

能力目标

1. 掌握沟通的策略。
2. 掌握人际交往中的技巧。

现代管理之父德鲁克曾说："一个人必须知道该说什么，一个人必须知道什么时候说，一个人必须知道对谁说，一个人必须知道怎么说。"沟通是一个生死攸关的问题，这绝不是夸大其词。在世界各地的公司办公室、法庭、国会等场所，"误解"作为一个问题已经逐步显现出来，它是经济危机、工作绩效降低、销售额下降、诉讼、关系破裂甚至死亡的主要原因之一。

在考虑沟通问题时，有些人认为自己已经非常成功，因为他们拥有外向的性格。但是，实际情况并非如此。外向的、善于交际的性格并不意味着一定能体谅他人，这只是表达善意的基础。无论是内向性格还是外向性格，人们都需要具体的沟通技能。

子模块一　沟通的障碍

情境模拟

李强在完成 3 年的模具设计专业研究生学习之后，进了一所北方的大型国有企业。企业老总对他很器重，希望他能留在总经理办公室工作。但李强经过再三考虑，还是主动申请到一线车间去实习一段时间积累一定的一线工作经验。令他苦恼的是，由于讲的是一口南方普通话，常用专业术语表达问题的他却一直不能被一线工人真正接纳；车间中层领导也总是用"上级派来的""飞鸽牌"来为他定位，并不让他真正介入工作。

（资料来源：百度文库）

李强与同事之间产生沟通障碍的原因是什么？

基础知识

所谓沟通障碍，是指信息在传递和交换过程中由于信息意图受到干扰或误解，而导致沟通失真的现象。

沟通是信息的传递和理解。完美的沟通应是经过传递之后被接受者感知到的信息和发送者发出的信息完全一致。然而，沟通中的障碍总是影响沟通的有效性。一般来讲，沟通中的障碍主要有主观障碍、客观障碍和沟通方式的障碍三个方面。

一、主观障碍

信息的发送者与接收者由于自身条件、所处地位、个人感受、表达能力、判断力等因素的影响，往往导致沟通联络出现障碍。其具体表现为以下几种情况。

（一）信息编码不准确或信息传送不全

【游戏】

请 A 同学上讲台，当信息的发送者：10~20 名同学参与游戏。

游戏过程：

① 主持人向参与游戏的同学每人发 4 张一样大小的纸张；

② 主持人让 A 同学和其他同学将纸组成类似图 4-1 所示的图形组合（参与游戏的同学不能看）。

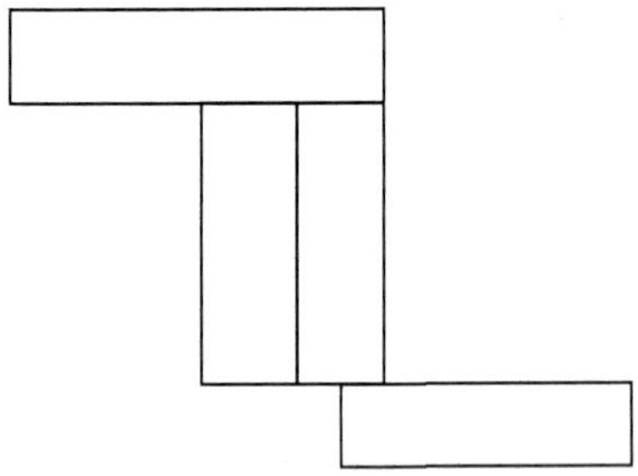

图 4-1　组合图

③ 主持人要求 A 同学，根据图的形状（最好不要用教材里的图），用口头语言进行编码；参与游戏的同学，根据 A 同学的编码信息，进行译码和反馈，参与游戏的同学可以提问，A 同学可以不断说明；最后看看同学们是否在一定的时间内摆出了符合要求的图形。

注意：A 同学在编码的时候只能用口头语言，不能用其他形式的“语言”（如手势等）；主持人或参与游戏的同学如不满意 A 同学的编码（听不懂），可以换 B、C……同学来当信息的发送者。

结果：游戏进行了几分钟？

思考：游戏说明了什么？

（二）信息译码不准确

【案例 1】

阿伯看病记（用闽南话和普通话阅读）

阿伯脚扭到了，媳妇听闻后，就叫阿伯去看医生。阿伯看了医生，护士给了一包药说："药效 12 小时。"阿伯领了药就坐在门口……

过了 4.5 小时媳妇察觉不对劲，就赶紧跑到医院，见了他在那儿，哈哈哈一直笑，就问他在做啥？

阿伯生气回答："别吵啦，医生说要笑 12 小时，我才笑 4 个小时！"

又有一次护士给了药后，顺口说了一句："吃百三粒。"

阿伯回到家翻箱倒柜，媳妇见状，就问他在找什么？阿伯说："找药，护士要我'吃百三粒'（吃 130 粒），不过她只给了我三粒，快帮我找啦！"

两天后阿伯回诊，这次医生没开药，只说了一句："多喝水。"阿伯一回到家，就躺在床上，一动也不动。媳妇一看，大事不妙，便上前询问。他说："医生要我多喝水（倒好势）。"

阿伯吃完喜宴回家时不小心被车子撞倒，被送到附近医院时，护士小姐看他有点神志不清，就帮他填写病历资料。知道阿伯姓林后，于是问他："阿伯，你林啥？"（闽南语）

阿伯答："我喝两罐白兰地。"（闽南语）

"不是啦！我是问你叫啥？"（闽南语）

阿伯答："我叫海带配卤蛋啦！"（闽南语）

护士：?

（资料来源：百度文库）

【案例简析】

沟通过程中阿伯作为发出信息的一方和护士译码不对称，造成沟通的障碍。

（三）个体差异

由于信息的发送者与信息的接受者在经验水平、个性及知识结构上存在一定的差距，一些在发送者认为很简单的、不需要多加以说明的信息，在接受者那里确实很复杂、需要加以解释才能理解，因而产生沟通障碍。对信息的态度不同，或是认知水平有限，或是不感兴趣等，也会使信息的发送者和接收者忽视对自己不重要的信息，造成传播沟通障碍。此外，文化背景不同、风俗习惯不同，也可能造成沟通误会与沟通阻塞。

（四）心理障碍

人际沟通与机器之间的沟通不同，因为双方都是有思想、感情，有心理活动的个体，如果他们的心理活动产生了一定的障碍，必然会影响沟通的效果。认知偏差、情绪失控、态度不妥，如对人有成见、胆怯、急躁、固执、蛮横等都是不利于沟通的心理障碍。每个人在组织中的地位不同，也容易造成心理上的差异，形成心理隔阂，而不愿进行有效的沟通，或不能进行有效的沟通；如在上级与部属谈话中，如果这个上级平时比较严厉，而下属又比较内向，可能会出现下属虽然在认真听上级讲话，但由于心情紧张，信息接收率大打折扣的现象。

（五）角色障碍

在组织结构中，由于管理级别的不同而在员工中产生了一些地位、等级感。地位感指员工根据管理者的职位而产生的态度 。如在公司总经理和部门经理之间，在部门经理和员工之间存在着地位差异，这种地位的差异可能造成严重的沟通障碍；主管人员和下级之间的相互不信任，下级人员的畏惧感等也会造成沟通障碍。

二、客观障碍

信息的发送者和接收者如果空间距离太远、接触机会少，就会造成沟通障碍。

社会文化背景不同，种族不同而形成的社会距离也会影响信息沟通。

组织机构过于庞大，中间层次太多，信息从最高决策层到下级基层单位的传递过程中可能失真，而且还会浪费时间影响其及时性。

外部干扰：信息沟通过程中经常会受到自然界各种物理噪声、机器故障的影响或被其他事物干扰，影响沟通效果，称之为外部干扰。

沟通的漏斗（见图 4-2）：沟通的漏斗原理是指信息在沟通过程中呈现的一种由上至下逐渐减少的趋势。漏斗的特性就在于“漏”。对沟通者来说，如果一个人所传达的信息是 100%；当你用语言表达时，说出来的就只剩下了 80%；当这东西进入别人耳朵时，只有 60%；实际上，真正被别人理解了、消化了的东西大概只有 40%；等到这些人遵照领悟、具体行动时，已经变成 20% 了；最终被记住的，也许只有 10% 了。

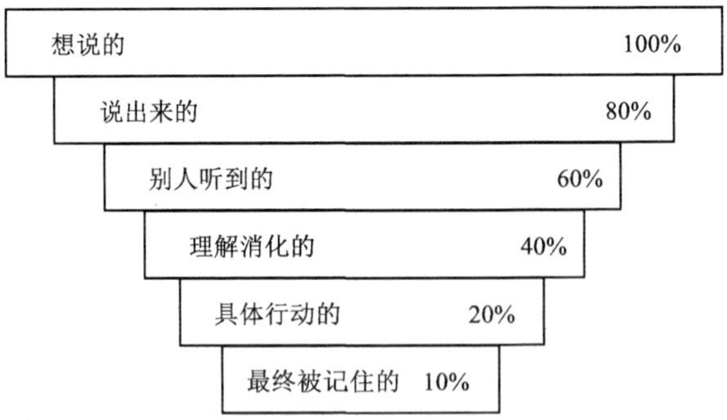

图 4-2 沟通的漏斗

三、沟通方式的障碍

（一）语言系统障碍

比如说粤语的广东人与说吴语的苏州人连对方在说什么都听不懂，就更谈不上相互沟通了。除了语音之外，用词不当、专业术语太强、语义不明、表达不清也是语言障碍的重要方面。

【案例 2】

一山东人在北京乘公共汽车到“建国门”，拿出一张 50 元钞票给售货员说“见过没”，闹出一场笑话；厦门人到上海饭店吃饭，点菜时对服务员说“青菜”（随便的意思），结果上了一桌青菜。

（二）表达技巧障碍

如“讨厌”、“你好啊”之类的词语，用不同的副语言来表达，会产生完全不同的效果。

【案例 3】

有一个小孩语文考了 50 分，回到家里，妈妈就叫了起来：“怎么搞得，才考了 50 分。”“妈，后面还有 28 个人！”这就是表达的技巧。

（三）沟通渠道障碍

沟通渠道障碍主要表现在以下几个方面。

1. 沟通渠道扭曲

图 4-3 是两条直线，一条竖的，一条横的，哪一条比较长？

图 4-3 直线比较

看起来，竖的线长一些。其实这两条线一样长。那为什么会认为竖的线比较长呢？这叫做错觉，是一种渠道扭曲。

再看图 4-4，有两条线，X 线和 Y 线。

图 4-4 X 线和 Y 线比较

这两条线也是一样长的。为什么看起来 Y 线比 X 线要长一点呢？因为 X 线的两头是封起来的，Y 线的两头是开放的。在日常生活中，也有这样的错觉，如同样大小的房子，如果有落地窗，会觉得这个房子比较大；如果满是墙壁，这个房子看上去会比较小。

2. 选择沟通媒介不当

比如对于重要的事情，口头传达效果较差，因为接收者会认为“口说无凭”、“随便说说”而不加以重视。

3. 几种媒介相互冲突

当信息用几种形式传送时，如果相互之间不协调，会使接受者难以理解传递的信息内容。如领导表扬下属时面部表情很严肃甚至皱着眉头，就会让下属感到迷惑。

4. 沟通渠道过长

组织机构庞大，内部层次多，从最高层传递信息到最低层，从低层汇总情况到最高层，中间环节太多，容易使信息损失较大。

四、沟通障碍的克服

对于上述沟通障碍，可以从以下三方面采取相应对策。

（一）利用反馈

很多沟通问题是由于误解或理解不正确造成的。在沟通过程中使用反馈回路，则会减少这些问题的发生。这里的反馈可以是言语的，也可以是非言语的。

当信息发送者问接受者："你明白我的话了吗？"所得到的答复代表着反馈。但反馈不仅包括"是"或"否"的回答。为了核实信息是否按原有意图被接收，可以询问有关该信息的一系列问题，但最好的办法是让接收者用自己的话复述信息。如果听到的复述正如本意，则可增强理解与精确性。

当然，反馈不必一定以言语的方式表达，有时行动比语言更为明确。比如，销售主管要求所有下属必须整理好上月的销售报告，当有人未能按期上交报告时，管理者就得到了反馈；当你面对一群人演讲时，你总在观察他们的眼睛及其他非语言线索以了解他们是否在接收你的信息。

（二）简化语言

1. 讲话要有重点

简化语言的重中之重就是讲话要有重点。很多人讲话的时候，若后背贴在椅背上，这表示他没有兴趣，从心理学上来看，这表示他的态度无所谓。但是一旦讲到他感兴趣的地方，他会突然将身体从椅背上移开，移向你这个方向，这表示他在注意。但这种注意时间是有限的。在这关键的时间内，如果你讲得不好，他的后背又靠在椅背上了。所以，与人沟通时要先准备一下，你想要讲什么，一定要简明扼要，要有重点。比如，如果有人问你卖的是什么车子，你说劳斯莱斯。她说只准讲一句话，"每一个零件都是手工打造的"无疑是重点的一句，因为世界上所有的汽车只有劳斯莱斯的每一个零件都是手工打造的。

2. 善用比喻

即使很复杂的问题，也可以用简单的比喻讲出来。所谓善用比喻，就是举例子给人家听。例子因为生动，真实可信，非常容易触动别人，使听众一听就明白了。

爱因斯坦有一次参加一个晚会。有一位老太太跟他说："爱因斯坦先生，你真是不得了啊。得诺贝尔奖了。"爱因斯坦说："哪里，哪里。""爱因斯坦先生，我听说你得诺贝尔的那篇论文叫什么相对论，相对论是什么东西啊？"什么叫做相对论呢？问他这话的是一个 70 岁的老太太，爱因斯坦要怎么样回答呢？能量等于质量乘以光速的平方，这种相对论的公式，她能听懂吗？而爱因斯坦马上用比喻的方法告诉了她："亲爱的太太，当晚上 12 点钟，你的女儿还没有回家，你在家里面等她，10 分钟久不久？""真是太久了。""那么亲爱的太太，如果你在纽约大都会歌剧院听歌剧《卡门》，10 分钟快不快？”“真是太快了。”“所以太太，你看两个都是 10 分钟，相对不同，这就叫做相对论。”“哦，我明白了。”

（三）主动倾听

我们在前面已经表述了倾听的重要性。在与别人沟通的时候，应当注意沉默在前，发表言论在后。我们常说言多必失，话讲多了就有漏洞。找准对方的“软肋”，最简单的方法就是先听他讲，然后抓住他的漏洞；等我们反问他的时候，他就词穷了，这时无论说什么，他都会听得下去，而不是一开始就打断人家讲话。

主动倾听，还要做到与对方沟通的时候，要不断地提出问题去澄清你的想法。大部分的问题都是“纸老虎”，越问越狭窄，越问越无处藏身，问题的答案就自然而然浮现出来了，很多人都不喜欢问问题，喜欢闷不吭声，这是不对的。所以一个人在听话和问话的时候，很快就会找到问题的答案。

【案例 4】

对话一

王皓正在紧锣密鼓地准备通信行业的大客户可定制产品新功能的展示会，忙得一塌糊涂。这天，胡总来问他：“怎么样？准备好了吗？”

王皓回答：“差不多了。”

胡总说：“这回只许成功，不能失败，没问题吧？”

王皓回答：“我尽力。”

胡总说：“嗯，好好干。”

对话二

杨总问：“王皓，行业展会准备得怎么样了？”

王皓回答：“差不多了。”

杨总问：“具体还有哪些没有准备好？”

王皓想了想，说：“有两个重点客户还没有最后确定来不来，研发部那边的展示大纲还没有给我们。”

杨总问：“你们是怎么跟那两个重点客户联络的？”

王皓说：“我亲自给他们打的电话，也发了邀请函的邮件，但是他们说可能没有时间。”

杨总问：“你有没有上门拜访，当面邀请他们？”

王皓说：“还没有，正在联系，准备明后天去拜访他们呢。”

杨总说：“很好。研发部的展示大纲为什么还没给你们？”

王皓说：“胡总去催过了，纪总说还得等两天，他们那边最近事也多，有点忙不过来。”

杨总：“晚两天会对你们的筹备有影响吗？”

王皓：“我也有点担心，我怕展会的宣传册来不及印刷，到时候就只好发复印件了，效果肯定没那么好。”

杨总：“我知道了，我去和纪总说说。”

王皓："谢谢杨总。"

（资料来源：道客巴巴）

【案例简析】

两段对话一比较，差距就出来了。同样是领导询问下属的工作进展情况，前一段对话只是表面上的关心，后一段才是真正有效地交流与沟通。你发现了吗？杨总使用了大量的"提问"，把交流中漏掉的信息和可能被扭曲的情报都找到并澄清，真正解决了王皓工作中的难点问题。

所以说，没有提问就没有有效的交流。

知识拓展

提问是避免步入交流误区的最好方法。近年来风靡全球的神经语言程序（Neuro-Linguistic Programming，NLP）告诉我们，潜意识的身份定位如同装在人脑中的软件程序，会对人的思想和行为模式产生深刻的影响。

既然我们在语言交流中容易出现障碍，那该怎么办？有一个既好用又简单的方法——提问。提问是澄清事实的重要手段。借助"提问"与"确认"，可以找回漏掉的信息，也可以"校正"和"澄清"被扭曲的情报，最大限度地丰富交流传递的信息量，使对话双方脑海中的"图像"趋于一致，从而达到有效沟通、解决问题的目的。也是NLP假设前提之一——"沟通的意义在于得到的回应"的内涵所在。

子模块二　沟通方式分类

情境模拟

张某刚刚从名校管理学硕士毕业，出任某大型企业的生产部门经理。张某一上任，就对生产部门进行改造。张某发现生产现场的数据很难及时反馈上来，于是决定从生产报表上开始改造。借鉴跨国公司的生产报表，张某设计了一份非常完美的生产报表，从报表中可以看出生产中的任何一个细节。每天早上，所有的生产数据都会被及时地放在张某的桌子上，张某很高兴，认为他拿到了生产的第一手数据。没过几天，出现了一次大的品质事故，但报表没有反映出来，张某这才知道，报表的数据都是随意填写上去的。为了这件事情，张某多次开会强调认真填写报表的重要性，但每次开会后，在开始几天可以起到一定效果，过不了几天又返回到原来的状态。张某怎么也想不通。

（资料来源：百度文库）

张某在处理生产报表这件事情上哪里做错了？

基础知识

伯恩把人们之间的交流沟通方式分成三大类：互补沟通、交错沟通和隐藏沟通。

一、互补沟通

所谓互补沟通也叫平行沟通，是指当刺激和反应在两个人之间平行而无交叉或冲突的沟通，这样的交流中给出刺激的一方可以得到他预期的反应。互补沟通遵循了正常的人际关系法则。

交流的第一定律是：只要人与人的交互作用保持互补状态，这样的交流就可以持续平稳地进行下去，直到不想继续这个话题为止。

（一）两个成人自我状态之间的互补沟通

甲：我们可以为改善环境做些什么吗？

乙：当然，我们目前至少可以做以下这些事情……

这种成人与成人之间的对话会很顺畅，双方都能满足对方的期待。如果愿意，这种对话可以一直持续下去，直到大家决定终止这个话题为止。类似的互补对话我们常常会在参会者都感觉收获颇丰的会议中看到，会在家庭就重大事件达成共识的时候看到。两个人在交流中都愉快地感觉到自己得到了想要了解的信息。

美国人亨利·马丁·罗伯特首倡的“罗伯特议事规则”是一个非常棒的成人对成人（A 对 A）的沟通范例，这个规则的宗旨是：在尊重每位参会者平等权利的前提下，使会议有效地进行，形成有行动效力的会议决议。提倡大家在正式的对话、讨论与意见交流中充分调动自己的理性，用术语说就是要使用成人自我状态交流和沟通。在这种健康的成人与成人的互补沟通中，人们所预期的问题得到了妥善解决，人们之间的感情因此得到了安抚，而人们之间的关系也因为这种交流而变得更为健康和持久。

（二）父母自我状态与儿童自我状态之间的互补沟通

甲：我真累呀。

乙：那休息会儿吧。

在这个平行的沟通模式中，甲方以儿童自我状态提出安抚要求，乙方以父母自我状态给予及时准确的回应，双方都因此而感到满意。

以下是欧嘉瑞、安妮卡和罗南在其著作中基于伯恩理论，又提出了两种互补沟通模式。

（三）儿童自我状态与儿童自我状态之间的互补沟通

甲：这个真好玩。

乙：我们一块玩儿！

这是两个自由型儿童之间的互补沟通，他们对“好玩”的定义达成共识，从而在一个他们认为好玩的事上一拍即合，他们的沟通给他们带来了十分愉悦的体验。

两个适应型儿童的交流沟通也一样是互补的，都是听话的乖孩子，沟通起来自然很容易且顺畅。

甲：我们出去玩会儿吧？

乙：我的作业还没做完呢。

甲：噢，那我等你，别着急，你慢慢做。

（四）两个父母自我状态之间的互补沟通

甲：现在的工作、生活节奏太快了，很多人都处于亚健康状态。

乙：是啊，我们得自己放慢节奏，要学着自己照顾自己啊！

这样的沟通在彼此牵挂、相互关心的亲朋之间、在老友聚会之时、在看望病人的床边是常常都能够看到的。

当然，两个控制型父母也一样可以形成互补沟通，比如他们共同声讨社会不公正现象、共同谴责贪官污吏的时候。

二、交错沟通

交错沟通是指交流者的两个自我状态不是平行的，或说进行反应的自我状态不是对方所期待的自我状态。交错沟通一旦发生，交流就会中断。沟通的第二定律是：当交流呈现交错状态时，沟通就会被打断，这时一方或双方需要改变自我状态，才能继续沟通下去。

交错沟通有两种类型：一种是指当一方的成人自我状态向另一方的成人自我状态发出刺激时，对方却以其儿童自我状态回应刺激方的父母自我状态；另一种是指当一方的成人自我状态向另一方的成人自我状态发出刺激时，对方却以其父母自我状态回应发出刺激者的儿童自我状态。

类型一：

甲：我们明天去看话剧吧？

乙：话剧有什么意思，有什么可看的！

甲：你穿这件衣服真好看！

乙：你是说我穿别的衣服不好看？

甲：请问售货员，这个品牌的相机和那个有什么区别？

乙：我不知道，你自己看吧！

甲：抽烟对身体不好！

乙：抽烟让我高兴，人高兴了身体就好！

类型二：

甲：我们在这个问题上有分歧，我们来讨论一下好吗？

乙：你就该听我的才是！

在这个对话中，甲以成人自我状态发出刺激，而乙却回应以父母自我状态。

甲：今天上班时忘带月票了。

乙：你什么时候才能不再丢三落四的？

甲：我还在准备明天的面试呢。

乙：你什么时候才能不这样总是临时抱佛脚！

在婚姻、恋爱、友情、工作情境和社会生活中发生的大多数问题都是由交错沟通引发的。伯恩提出：“临床案例中，由交错沟通引发的问题是很典型的现象，事实上，交错沟通也许可以说是心理治疗技术的主要目标。”

伯恩曾经计算交错沟通的可能性，他发现从理论上看，交错沟通可以有 72 种组合，但常见的则是他上述罗列的两种。欧嘉瑞、安妮卡和罗南在两种常见交错沟通类型之外，又提出了另外两种常见的交错沟通类型。

类型三：

甲：今天单位有很多事要处理，我都担心做不完。

乙：我才不管呢，到点我就走人。

甲：你喜欢读什么书？

乙：读书有什么好玩的？

甲：孩子刚才说了，老师让开家长会。

乙：又开家长会，真烦！

在这些交流中，双方各说各话，虽然看起来是平行的，但根本没有达到交流的目的，相反都会有不舒服甚至愤怒的感觉。

类型四：

甲：你要对自己的作业负责。

乙：做作业不好玩。

甲：你做不到的事就不要答应别人。

乙：我喜欢帮助别人啊。

甲：社会角色规范其实就是游戏规则，做游戏就得守规则。

乙：谁管它呀，我喜欢走到哪算哪儿，过一天是一天。

从上述例子可以看出，人际关系中的很多痛苦与麻烦，往往都是由交错沟通造成的。形象地说，交错沟通就是我们中国成语中的“鸡同鸭讲”，两个交错者使用不同自我状态的人进行对话，无疑就像使用两套不同语言体系的人，根本无法沟通。交错着的自我状态就如两套不同的语言，即使双方都有沟通的意愿，并且也为此做了努力，但是因为各说各话，无法协调，使沟通中断，于是人们就可能退缩甚至逃避，结果自然常常会陷入误会甚至曲解之中而使关系出现问题。

以下是四个交错沟通的实例，很能够说明问题。

【案例 1】

我看到身边很多女生朋友在恋爱时都会有想要得到安抚却不直接表达的情况。我的好朋友会打电话给他男朋友说：“今天考试又没有考好，我很难受。”其实她只是希望听到男朋友说“没关系”“下次好好努力”这样安慰的话，可偏偏她男朋友说了一些“怎么会没考好啊”“是哪里没学会还是哪里不明白啊”“之前是不是没有发现问题啊”“下次好好复习，提前发现问题，提前解决就好了”这样的话。最后女生很生气，觉得自己没考好已经心情很不好了，男生还不懂得安慰，好像还怪她没有好好复习一样。

【案例简析】

这就是一种典型的交错沟通。女生用儿童自我状态对男生索取安抚，而男生却用成人自我状态来回应女生想替她解决问题。现实生活中，如果我们给对方发出的信息得到的回应却并非是我们预料中的，这样就会出现交错沟通，它往往会导致人与人之间的矛盾。为了避免矛盾，我们应该学会更加正确直接地表达我们的意思，案例中的女生如果直接告诉男生希望得到安慰，那么男生就有了很明确的方向，知道女生需要的是安慰而不是解决这个问题的方法，这样的沟通才是互补沟通，即我们向对方发出信息，对方顺应我们的期待并还我们以期待，这样双方在沟通上才能非常顺畅。

【案例2】

交错沟通就是沟通时发出信息得到的却不是预料中的反应。这一点我的感触很深，我每周坐车回家时都经过北京站，那站一定会上来很多拿着包裹行李的人，车上顿时就会变得很拥挤。有一次，我不小心被挤到门边，门开时我的脚就被夹住了。回家后，我十分委屈地告诉了妈妈，我渴望的是在她那里得到温柔的安慰，这是我的儿童自我状态。但我妈妈却给了我另外一种回应。她很严厉地说："你就不能小心点吗？被夹到为什么不马上说啊！"虽然我知道这也是妈妈关心、安慰我的一种方式，但我要的并不是责备，而是温柔的安慰。当时我就很委屈地哭了，就像一个要不到糖吃的孩子。如果经常发生交错沟通，沟通就会产生阻碍，无法继续沟通。所以，现在，如果我希望得到什么回应我就会直接说，不然如果发生交错沟通，心里就会更加难受。

【案例简析】

但是交错沟通并非都不好。人有时可能会被困在一种无效的互补沟通模式中，此时如能改变自我状态或引导到另一个自我状态，使交错沟通产生，就可以引发有益的想法、看法来面对问题，并促使下次的沟通有意义。

【案例3】

甲、乙双方各以儿童自我和父母自我沟通。

甲："我好差！"

乙："振作起精神来啊！"

甲："我没办法。"

乙："试试看嘛！"

甲："我不行！"

乙："你真是无药可救了。"

甲："我早就说过了，不是吗？"

【案例简析】

以上对话是一种无效的沟通，但如果这时换一种方式，比如乙以成人自我去应对甲的儿童自我，用交错沟通去打断甲的逻辑：

甲："我好差！"（这是儿童自我对父母自我）

乙："你所谓的差是什么意思？"（这是乙的成年自我在邀请甲的成人自我）

乙的这个提问就比前面的那个反应更容易调动甲的成人自我状态。

【案例4】

在心理治疗中，为了促进患者改变看法，有时也有必要用交错沟通。例如当来访者表示不知所措时，他是在以他的儿童自我状态企图抓住父母型自我状态，使他能够以有利于他成长的自我状态面对问题。

来访者：我知道这样不好，可是我不知道该怎么办。（儿童自我对父母自我）

咨询师：办法总比问题多，我们可以一起来思考解决这个问题的方法。（成人自我对成人自我）

或咨询师：你不要再漠视自己，把你的成人自我调动出来！（父母自我邀请成人自我）

再或咨询师：（以开玩笑的语气）天哪，你该不是又要让我当你的父母吧？（当然是要在医患关系很好的前提下）

【案例简析】

以上三种反应中的任何一种都有可能使原本的沟通中断，使来访者产生不一样的想法，这时的交错沟通就打破了原来的无效沟通而成为有效。因此，一种沟通是否有效不是绝对的，而取决于沟通时的具体情境。

三、隐藏沟通

隐藏沟通通常包括两个以上的自我状态，并且同时传达两种信息，一种是公布的、社交层面的信息；另一种是隐藏的、心理层面的信息，即所谓话里有话。

通常社交层面的信息都是成人自我对成人自我的内容，看起来很合理，但实际上在心理层面的信息，却蕴藏着不同的动机和目的。心理信息的形式通常是成人自我对儿童自我，或儿童自我对儿童自我的内容。心理层面的信息常常是对心理游戏与负面感觉的邀请，因此，如果我们想要了解别人的行为，就必须注意沟通中心理层面的内容。

社交层面的信息通常是通过语言来表达的，而心理层面的信息则往往是通过非语言来表达的，如语气、声调、手势、姿势和面部表情等。在此引出交流的第三定律：隐藏沟通会有什么结果，取决于其心理层面而非社交层面的交流。换言之，隐藏沟通中社交层面的交往无法预测交往的结果，能够预测交往结果的是我们对心理层面交往知识的了解。此外，虽然表面上看，隐藏沟通是成人自我状态处于主动地位，但实际上在大多数时候，交流的结局是由儿童自我状态决定的。隐藏沟通分为以下两种主要类型：

类型一：角型沟通

【案例5】

甲：祝贺你呀，你得奖了。（挤眼、笑）听说你有个叔叔是评委？你真是好运气呀。

乙（紧张不安地）：哦，谢谢。不过这事和我叔叔没有关系，我是先评的奖，我叔叔是后来才当上评委的。

在社交层面上，甲似乎在祝贺乙，但在心理层面上，甲却是在暗暗讽刺甚至指责乙。

再如：

父母：隔壁阿毛报了四个课外班呢！你怎么才报了一个？（心理层面：你看你，比

人家差远了）

孩子：他报了四个班和我有什么关系？（心理层面：又来了，就想拿别人压我）

类型二：双重沟通

【案例 6】

老师（斜眼看着大家）：这次又是只有张三同学一个人考得最好。（这句话中，在社交层面上，老师似乎只是在做客观陈述，但在心理层面上，老师却是在责备其他同学）

李四：老师，张三是天才，我们比不了。（李四表面上是在夸张三，实际上则是在责备老师偏心）

老师：谁说张三是天才，你们就是太懒！要不一样拿好成绩。（老师也像小孩子一样和学生较起劲来）

【案例 7】

甲（表情暧昧，勉强堆出笑脸）：我和你没法比，你们家条件那么好。（心理层面：你是靠你们家，有什么了不起的！）

乙（小心翼翼然而又很坚定）：我觉得其实人最终还是靠自己努力才行。（心理层面：我不是靠家里才有今天的，我是靠自己的努力。你自己努力不够，却总找外界的原因）

和交错沟通一样，隐藏沟通也未必都不好，比如和敌人斗智斗勇时常常就会用上隐藏，京剧《沙家浜》中阿庆嫂与刁德一智斗的那场戏，就可以作为隐藏沟通的正面例子。

【案例 8】

京剧《沙家浜》是根据真人真事创作的一个抗日传奇，讲的是 1939 年秋，新四军第六团为主的抗日义勇军离开苏常地区后，留下数十名伤病员。面对日伪顽匪相互勾结、下乡“扫荡”的险恶环境，在地方党组织和群众的支持帮助下，不畏艰险重建武装、坚持抗日的斗争事迹。下面这段唱词就是地下党阿庆嫂与汉奸刁德一智斗的片段，刁德一在听土匪头子胡传魁说阿庆嫂曾在日本人手下救过他的命的事后试探阿庆嫂，话里充满了隐藏沟通。

刁德一：阿庆嫂！（唱）适才听得司令讲，阿庆嫂真是不寻常。我佩服你沉着机灵有胆量，竟敢在鬼子面前耍花枪。若无有抗日救国的好思想，焉能够舍己救人不慌张！

阿庆嫂：（接唱）参谋长休要谬夸奖，舍己救人不敢当。开茶馆，盼兴旺，江湖义气第一桩，司令常来又常往，我有心背靠大树好乘凉。也是司令洪福广，方能遇难又呈祥。

刁德一：（接唱）新四军久在沙家浜，这棵大树有阴凉，你与他们常来往，想必是安排照应更周详！

阿庆嫂：（接唱）垒起七星灶，铜壶煮三江。摆开八仙桌，招待十六方。来的都是客，全凭嘴一张。相逢开口笑，过后不思量。人一走，茶就凉。有什么周详不周详！

【案例简析】

有时候并非由于需要，而仅仅是由于文化使然，比如在国际政治中，我们中国人用的隐藏沟通就比较多。下面举中美关系史上的例子，是美国著名政治家基辛格讲道的："当年（1960年代末），中国领导人虽已有重启中美关系的想法，却苦于没有有效的沟通渠道。毛泽东主席在国庆21周年时邀请美国记者斯诺登上天安门城楼，就是向美国释放缓和信息。不过美国人并没有读懂这一层深意。我们不像中国人那样善于用隐晦的方法婉转地表达，也不善于从一张照片的顺序去猜测对方的深意。斯诺对中国人太友好了，我们当时只把这解读为宣传手段。那时中美两国就像是待在同一房间的两个盲人，互相摸索着想找到对方。"

在今天这个互联网高度发达的世界，隐藏沟通虽然已开始其式微的历程，但它在中国人的人际沟通中的润滑作用仍然是存在的。

子模块三 沟通的技巧

情境模拟

红军长征后，陈毅带领部分红军战士留在苏区坚持斗争。由于形势险恶，党的一些经费由几个负责人缠在腰里小心保管着。有些战士不了解情况，便在背后议论，怀疑经费已落入个人腰包。陈毅听后，立即把队伍召集在一起，然后从腰上解下布袋，哨啷啷，把钱全部倒在桌上，诚恳地说："同志们，这是党的钱，只有这么多，是准备特殊情况下应急用的。党要我保管，我一个都没敢乱用。我有责任通知大家，万一我被敌人一枪打死了，尸首可以不要，钱无论如何要拿回来。"

陈毅的真诚，打动了在场的所有同志，在革命最低潮时期，大家更加团结一致了。

陈毅处理此事的过程中有哪些沟通技巧？

基础知识

一、真诚待人和关怀对方

人们通常会信任那些对自己表现出关心的人。当人们面临困难时，他们希望其他人与自己一起同困难抗衡。在面临危机时，即使是企业也必须对员工表现出关心，而不是只关注自身利益。

在百事可乐公司注射器针头事件的报道期间，你会想起关于该企业处理危机的评论文章。当公众询问是否存在召回产品的可能性时，百事公司转而求助于这样的推理：装罐是在国内不同地区的工厂中完成的，不存在所谓篡改事故的可能。因此，公司绝不会召回，这是一个符合逻辑的决策。但是，百事公司遭到批评的原因并不是它所传达的信息，而是他没有传达的信息，即有些人认为百事公司无视公众安全。同样，人与人之间也是如此。人是感情的动物，在做事情时，往往是由感性来支配理性的。在听到你的话语之前，人们需要感受到你的关爱。因此，我们很有必要在与别人交谈时表露出我们的真诚，以达到相互信任的效果。现代社会，无论做什么事情，我们都希望获得双赢甚至多赢的结果，那么，真诚与关怀他人，必将会对此有着巨大的帮助。

真诚，从物理学的角度看，作用力与反作用力总是同时出现的；从人作为感情动物的特性而言，你真诚地关怀我，我也会真诚地为你着想。如果你对对方悉心关照，处处首先为其设想，他必然也会懂得做点什么，作为对你的回报，此所谓“来而不往非礼也”。

二、对每个人感兴趣

对别人不感兴趣的人，他一生中的困难最多，对别人的伤害也最大。所有人类的失败，都出自于这种人。

例如，你是一位推销员，你是不是在为找不到顾客而发愁呢？不用着急，只要你对别人真心地感兴趣，那么，你在接下来的两个月里所得到的顾客，会比一个要别人对他感兴趣的人在两年内所结识的人还要多。

最会说话的人，往往是最善于说对方感兴趣的话的人。最会办事的人，往往是做了让对方感激和感动的事的人。

被公认为“魔术师中的魔术师”的郝万·哲斯顿，在他那个时代里，用精彩的表演让超过 6 000 万人买票进场看他的演出，其成功的秘诀就是懂得如何从关怀观众出发，懂得表现人性。哲斯顿对每个人都真诚地感兴趣。他说：“许多魔术师会看着观众，而对自己说：‘坐在台下的那些人都是一群傻子和笨蛋，我可以把他们骗得团团转。’”而哲斯顿的方式不同，他每次上台，就会对自己说：“我很感激，因为这些人来看我的表演，就是我的衣食父母，是他们让我能够过上很舒适的生活，因此，我要把我最高明的手法表演给他们看。”

说话也一样，只有从关怀对方的角度出发，才能赢得对方。

三、学会聆听和批判性思考

聆听是我们首要的沟通行为。一项针对大学生的研究发现，聆听占用超过半数的沟通时间。图 4-5 呈现了大多数人是如何分配日常沟通时间的。

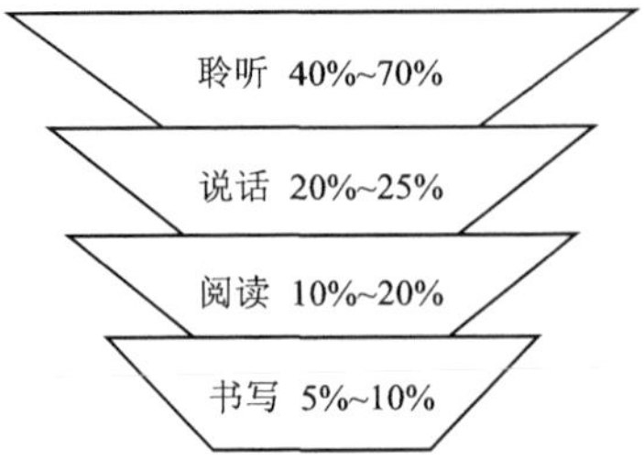

图 4-5 沟通中花费的时间

你能多有效地聆听？

我们常常认为聆听理所当然，并高估（相比实际情况）自己是善于聆听的。事实上，我们说话的速度大多是每分钟 120～180 个字，思想的速度却要快四五倍。所以我们的注意力分散，常把别人所说的话只听进了一半。例如，在刚听完一段简短的讲话后，大多数人很难正确复述出 50% 的讲话内容，而且，我们所记得的内容中 25% 是歪曲的或不正确的。

（一）聆听的类型

在不同的情境中需要不同类型的聆听。例如，在听一场政治辩论时，你可能需要使用分析式聆听技巧；然而，如果你看一场搞笑的电影，你将撇开分析式聆听，而只进行娱乐享受。这些不同类型的聆听并不奇怪，每一个类型都需要配合独特的聆听技巧。

1. 辨别式聆听

辨别式聆听是能够准确区分听觉刺激和视觉刺激的聆听。它还描述了你对于非口语信息的关注，诸如一个微笑、一声叹息或是耸肩膀等。如果你不能有区别地听闻，你肯定会错过区分特定词汇及其含义的声音暗示。如果你分心了或被比赛的嘈杂声干扰，你可能无法听清两个发音相似的单词。或者因为没有听清声音的变化而搞不懂含义的变化。例如：当他说很愿意这样做的时候，他是认真的还是讽刺的？如果你听不清楚升调或降调的音符，你将不能以欣赏的态度去聆听歌手演唱；如果你没听到或没辨别出一个人声音中的忧伤，你可能没办法移情地聆听。

2. 综合聆听

你借助综合聆听以理解口语的和非口语的信息含义。例如，某人在会议报告中陈述购买的新车的好处，或者是一场听证会上代表公众利益发表演说。

如果你没有理解某人的意思，你就不能做出适当的回应。为了确保领会别人说话的内容，可以使用以下策略。

（1）准备一个问题计划。确保你知道要通过聆听获得什么，以及你需要问哪些问题。

（2）确保问题简明，以此提一个问题，并确保它是适合的。

（3）不问攻击性的问题，诸如“你为什么不……”或“你怎么能……”为开头的提问。评判性的问题会疏远对方，也会疏远任何无意中听到这个问题的人。

（4）获得许可再提问。如果是敏感话题，在继续提问前解释你为什么要问这个问题，并询问对方是否许可。“你说你为汤姆近来的行为感到担心，你是否介意告诉我……”

（5）避免操控性提问。引诱别人给出你想要的答案会破坏信任。在“当你开车经过学校时车速是多少”和“当你赶到学校是用了多快的车速”之间，存在很大的区别。

（6）等待答案。在提出一个好的问题后，给他人一些思考问题的时间，然后等待回答。

3. 移情的聆听

即使你能理解别人说的每一个字，但如果不是投入感情地去听，你还是会错过说话者声音中蕴含的愤怒、热情或是沮丧。移情的聆听要求你不去判断信息的好坏与对错，而是了解和认同别人的感受和经验。移情的聆听者的面部表情往往反映了对方的情绪，你也许会微笑、会点头或是以表情传达关心和情感支持。

聆听，包括学习如何搁置我们当前的情绪，而随后收获真情的回报。此外，如果你投入真情地去听，你将听得更有效，并能记住更多的信息。

4. 分析式聆听

当你进行分析式聆听时，你将根据自己对他人的信息评估做出判断。发言者说的是对是错，有无逻辑？我应该认同还是拒绝他的观点和意见？分析式聆听者的思维是开放的。当他们分析所听到的内容时，为了得出合理结论或决定，他们会抛弃任何关于对说话者及信息的偏见或成见。

5. 欣赏式聆听

欣赏式聆听描述了某人的聆听是为了欣赏和评价他人的某种能力。当某人的言语、故事或是幽默感使我们感到愉悦的时候，我们就是在进行欣赏式聆听。欣赏式聆听是非常个人化的。当听一名歌手演唱时，你和某位朋友可能会使用辨别式聆听，并认为歌手弄错了几个音符。然而，作为欣赏式聆听者，你们中的一人可能觉得这音调可爱，而另一个人却可能认为他无趣。

（二）聆听的策略

听别人讲话实在是一门艺术。怎样提升聆听的能力呢？

1. 全心全意聆听

在与人沟通时，要设法撇开令你分心的一切，眼睛要看着对方，点头示意或打手势鼓励对方说下去，以此表示你在用心倾听。要是你轻松地坐着，全神贯注，不用说话也能清楚表示你听得津津有味。

轮到你发言时，别以为你必须一直说下去。要把说话的机会奉还别人。

我们按照常识会认为，说话越多，在社交圈子里便越成功。一位外交官的太太细述她丈夫初入外交界，带她出去应酬时，她在那些场合多么受罪。她说："我是个小地方的人，而满屋子都是口才奇佳、曾在世界各地住过的人。我拼命找话题，不想只听别人说话。"一天黄昏，她终于向一位不太说话但深受欢迎的资深外交家吐露了自己的问题。他告诉她说："每个人说话都要有人听。相信我，善于聆听的人在宴会中同样受欢迎，而且难能可贵，就好像撒哈拉沙漠中的甘泉一样。"

善于聆听的人，会使对方觉得自己是世间最重要的人。这正是一个善于聆听的人所具有的强烈的感染力。

2. 协助对方说下去

使用一些很短的评语或问题来表示你在用心听，即使你只是简短地说"真的？"或"告诉我多一点"也行。

例如你和一个老朋友吃午饭，他说因为夫妻大吵了一顿，他整个星期都睡不好。要是你像大多数人一样，怕听别人私事，则可能说："婚姻生活总是有苦有乐。你吃鱼还是五香牛肉？"你这样说，是间接叫他最好别向人发牢骚。

假如你不想浇他一头冷水，那就不妨说："难怪你睡不好，夫妻吵闹一定令你很难受。"他有纾解心中抑郁的机会，心情便会好得多。我们当中很少人能够自我开解，有时需要把自己的烦恼告诉善于聆听的朋友。

3. 要学会听出言外之意

一位生意兴隆的房地产经纪认为，他成功的原因在于不但能细心聆听顾客讲的话，而且能听出没讲出来的话。他讲出一套房屋的价格时，顾客说："哪怕琼楼玉宇也没有什么了不起的。"可是说的声音有点犹豫，笑容也有点勉强，那经纪便知道顾客心目中想买的房子和他所买得起的显然有差距。

经纪练达地说："在你决定前，不妨多看几套房子。"结果皆大欢喜。那顾客买到了他能买得起的房子，生意成交。

即使听自己最喜爱的人说话，也容易只听到表面的含意，而忽略了话中有话，所以在聆听的时候要注意对方话中隐含的意思。

4. 用心听，但不急于判断

我们总是用是非的标准，判断谁是谁非，但只判断而不用心听，便会切断许多心灵沟通的途径。

加州大学精神病学家谢佩利医生说，向你所关心的人表示你可能不赞成他们的行为，但欣赏他们的为人，这是非常重要的。仔细聆听能帮助你做到这一点。

例如，一个十来岁的孩子深夜回家，心焦的父母不易记住聆听是多么重要，孩子刚要解释，做父母的便喝："我不要听出了什么事！"这种反应破坏了双方的沟通，更严重的是，令孩子的自尊心受到打击。一定要告诉他你们如何为他操心："我们又担心又害怕。"然后让他说明一切。心理学家警告：父母如果不听孩子说，孩子长大了，往往要经过许多年治疗才能恢复自尊。

在沟通中，如果我们过早地下判断，会影响沟通，甚至于做出错误的判断。

（三）批判性思考

当有效聆听时，你所做的不只是听信息和辨识其中的词句。不管你的聆听是综合的、分析性的、移情的还是欣赏的聆听，你都需要对所听到的内容保持批判性思考。批判性思考是你的思考过程，用以分析你所读到、看到或者听到的内容，从而得到一个合理的结论或决定。这是一个有意识的过程，当其有效运作时，可以形成结论、决定、意见或行为。他同样可以导向更有意义的谈话、小组讨论或陈述。优秀的批判性思考者知道如何基于某个议题发展观点并维护其立场，他会询问探测性问题，并虚心地得出合理结论。批判性思考使你的思维关注处理复杂的沟通问题——从申请工作职位晋升到解决家庭危机，从有效的课堂演示到批评政客的涉商活动。最优秀的和最聪明的沟通者，往往同时也是最卓越的批判思想家。

1. 关于声明的批判性思考

声明是一份在特定问题或主题上识别你的信念或立场的陈述。例如，声明回答了"我在试图解释或证明什么"的问题。声明有几种类型，你可以声明某事是真是假、可能或不可能、好或坏、合理或不合理等，如图 4-6 所示。

2. 关于事实和推论的批判性思考

除了理解不同类型的声明，批判性思考者还知道如何从推论中区分出事实声明

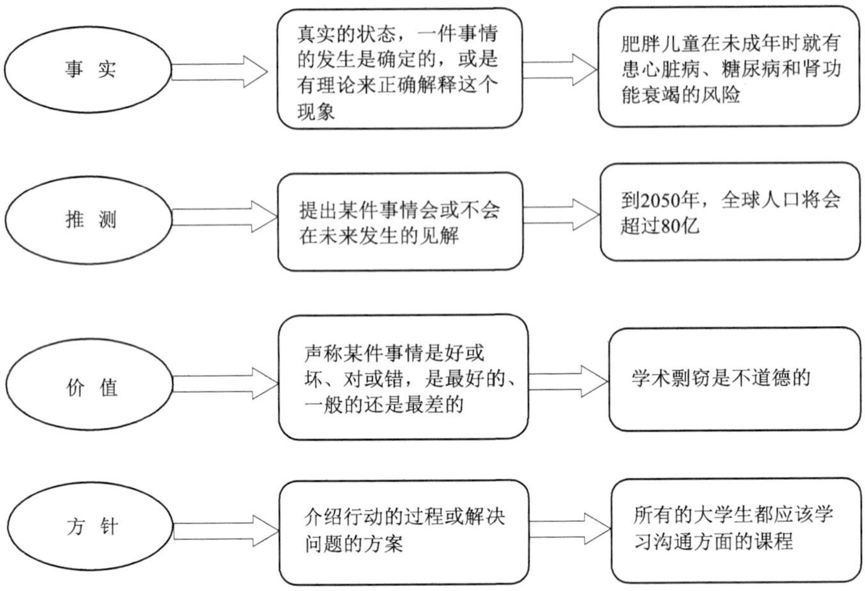

图 4-6 声明的类型

（一个可以被证明真或假的陈述）。推论是一个基于事实声明所做出的结论。例如：“朱莉娅参加过去三个项目会议时都迟到了”是一份声明。你可以这么陈述这个事实。然而，“朱莉娅对我们团队项目不太关心”则是一个推论。

批判性思考帮助你从可疑的推论中区分出可证实的事实。当你接受一个推论作为事实时，你就可能未经证明地、过早地下了结论。当你假定一个推论真实时，可能导致你做出一个糟糕的决定。朱莉娅的迟到也可能是因为她的车子出了故障、她孩子的托管出了问题或是年迈父母有事需要她。合理的推论需要更多的事实。

3. 关于论证的批判性思考

假设有人走过来问你是否该严格控制手枪的销售、持有时，你知道该如何有效地论证或反驳这些政策吗？

一些人认为，论证就是两个人之间面对面争吵或是对立。更确切地说，我们把论证定义为用证据支持或反对一项声明。例如，“拉丁文化俱乐部明年应该获得更多的资助，因为它的规模增加了一倍；不增加资金，就无法保证稳定它的会员数量或保障其节目质量”。

四、拒绝的艺术

在日常交往中，帮助别人是重要的。尤其是主动的和心甘情愿的帮忙更会受到欢迎。但是，如果您是被某种心理的压力所迫，对一切都点头答应，实际上是在屈服于另一种性质的某些动机，例如，需要得到别人接受或赞扬、害怕给别人带来不快和麻烦、希望别人对你感恩、有朝一日得到报答等。

（一）懂得自重，就应该学会说“不”

在不同场合如何应对，我们接下来介绍几种情况。

1. 当有人试图让您代替完成其工作时

例如，儿子为挣点零用钱而干些外活，你偶尔帮助他按时完成任务，这是正常的。条件是这次迟误是因为被正事耽误了，而不是他个人的什么错误。因为他既然承担了某种契约，就应该要么实践约定，要么放弃。每当他不能完成任务时都为他分担责任，这样您就束缚了他的自信心，而且他可以轻松地承诺他无力完成的事情，因为他总是会找到可以指望的人。

2. 当有人想干扰歪曲您的某种信念时

您永远不要认为有义务为他人说谎，比如，孩子没有完成作业，要您给老师写一张表示歉意的字条时，不想违心地办事，就要敢于说“不”。

3. 当所期待的帮助欠考虑和不合适的时候

假如你的朋友想请你开车送她到30公里外的机场，那么他肯定有其他交通手段可以选择，你完全有权利认为这一要求欠考虑，可以拒绝。相反，如果她是接到紧急通知，奔赴病危母亲的床前，那么，我敢肯定，你会主动提出送他到医院。

（二）如何拒绝，才不会使人际关系陷入僵局

1. 努力以一种平静、庄重的方式讲话

对于一种客气的拒绝，人们是不能非议的。一旦你学会说“不”，就会发现过去很多积怨都会消失。你就可以从容地、放心地拒绝一切不适当的要求。

2. 立即答复，不要使对方抱有不能实现的希望

要打消为避免直接拒绝而寻找脱身之计的念头。请不要说：“我再想想看”，或“我看看到时候行不行”等。明确地告诉对方：“实在抱歉，这是不行的。”

3. 如果您想避免生硬的拒绝，就提出一个反建议。

假如妹妹打电话问道：“今天早晨你能帮助我照看一下孩子吗？我有好多东西要去买。”也许你会本能的回答：“哎呀，今天上午可不行。”

为了慎重对待，或许你应该这样客气地说：“我很愿意帮你的忙，但实在不凑巧。我能帮你干点别的吗？比如说我买东西时顺便给你带些什么？”

4. 不要以为每次都要说明理由

有很多时候，你的拒绝会比提出的要求更明确有力，这一点对孩子们尤为有效。比如，你答应带孩子们到森林去游玩，但刚坐上车，他们就改变了主意，想去看电影。这时，你可以停下汽车，说：“如果想去森林玩，我就继续开，但想干别的，我们就开车回家。”对这种坚决的态度，大多数人的反应是好的。

知识拓展

养成教育

一、养成修己敬人的好态度

案例：献上一束玫瑰花

有一天，一位中午妇女从对面的福特汽车销售店出来走进了乔吉拉德的汽车展销室。她说自己很想买一辆白色的福特车，就像她表姐开的那辆，但是福特车行的推销商

让她过一个小时之后再去，所以先过这儿来瞧一瞧。

“夫人，欢迎您来看我的车。”乔吉拉德微笑着说。妇女兴奋地告诉他：“今天是我55岁的生日，想买一辆白色的福特车送给自己作为生日的礼物。”“夫人，祝您生日快乐！”乔吉拉德热情地祝贺道。随后，他轻声地向身边的助手交代了几句。

乔吉拉德领着夫人从一辆辆新车面前慢慢走过，边看边介绍。在来到一辆雪佛莱车前时，他说：“夫人，您对白色情有独钟，瞧这辆双门式轿车，也是白色的。”就在这时，助手走了进来，把一束玫瑰花交给了吉拉德。他把这束漂亮的花送给夫人，再次对她的生日表示祝贺。夫人感动得热泪盈眶，非常激动地说：“先生，太感谢您了，已经很久没有人给我送过礼物。刚才那位福特车的推销商看到我开着一辆旧车，一定以为我买不起新车，所以在我提出要看一看车时，他就推辞说需要出去收一笔钱，我只好上您这儿来等他。现在想一想，也不一定非要买福特车不可。”

后来，这位妇女就在乔吉拉德那儿买了一辆白色的雪佛莱轿车。

分析总结：卖汽车，人品重于商品。一个成功的汽车销售商，肯定有一颗尊重人的爱心。尊重，是礼仪的核心，它应该包括两个方面：一是自重，爱惜自己的身份，保有一颗真诚善良的心；二是敬人。吉拉德没有像福特汽车推销员那样以貌取人，功利第一，而是做了一个推销员该做的，尊敬地对待每一位顾客，所以就像那句“赠人玫瑰，手留余香”的话一样，他尊敬地对待客人，而顾客也回报了他想要的。

思考：你在公交车上让座，可是没人跟你说谢谢，下次你还让座吗？

二、养成诚实守信的好品德

案例：罗活活用信用撬动了自己的人生

1986 年，香港领带大王、金利来集团公司董事局主席曾宪梓赞助了一次“宪梓杯”足球比赛。作为省体委的体育记者，罗活活参与了这一活动并负责夜宵安排和纪念品发放工作。

球赛结束后，罗活活把剩余的 600 元钱和 6 条领带交还给了组委会。对罗活活来说，这是一件再正常不过的事，但曾宪梓却从中看到了她的品德。而且，通过几天的接触，罗活活过人的组织能力和干练的工作作风都给曾先生留下了深刻的印象。尤其当他了解到罗活活的家境之后，更加感觉到此人可用。另外，当时的“金利来”打入内地市场出师不利，也急需本土经营人才。于是，曾宪梓力邀罗活活加盟“金利来”。

1987 年罗活活正式进入了金利来（中国）服饰皮具有限公司，出任总经理。后来的事实证明，曾宪梓给了罗活活一个支点，罗活活撬动了整个金利来王国。8 年中，她把金利来公司的营业额整整提高了 500 倍！

分析总结：人际关系的发展要有一个社会准则，这就是法制纪律和伦理道德。只有把这两者作为人际交往的界定线，才能使人际关系健康发展。伦理道德是发展人际关系的重要行为准则。它的直接作用对象就是人们的社会交往，对人际关系起直接的指导和约束作用。

诚实守信是伦理道德的一个重要表现形式。诚实，就是待人真诚，实事求是，不弄虚作假，不口是心非，不坑人骗人，不搞阴谋诡计。信用，就是言而有信，恪守诺言，说话算数。诚实是信用的基础，信用是诚实的表现。诚信是人类的高尚美德，也是维系良好人际关系的基本原则之一。本例中的罗活活就是严格遵守诚实和信用的原则，因此她不仅赢得了曾宪梓先生的关注，更重要的是为自己赢得了人生的大转机。

思考： 如果你是那个男孩……

古代有位国王，要从民众当中选一位未来的继承人。他发给众多候选人每人一些花籽，让他们回去种植，并当众宣布几个月后，谁种的花开得最美，谁就可以继承王位。于是，人们纷纷回去精心种植，期望培育出最美丽的花朵。其中有一个小男孩，他在花籽种下去后，无论怎样浇水施肥都不见发芽，看到别人种下的花籽都开了花，他很沮丧。到了规定的日期，候选人们个个捧着鲜艳欲滴的花朵来到国王面前，只有那个小男孩低着头，手捧空花盆走了进来。国王把他叫到面前，问他为什么没有种出美丽的花。小男孩很难过，如实诉说了事情缘由。国王面对众多捧着鲜花的人们宣布，这位小男孩就是未来的国王，众人愕然。国王解释说，那些花籽都是煮过的，永远不会发芽，只有小男孩最诚实，其他的人都换了花籽，都是不诚实的。而诚实正是力量的体现，不诚实的人是不可能取信于民、治理好一个国家的。

三、养成注重细节的好习惯

案例： 细节决定成败

我有一个表哥在一家大型外贸公司当部门经理。去年下半年，本地一所高校的几个外贸专业毕业生到公司实习。实习结束时，请示总经理后，表哥把一个叫王明辉的同学留了下来。表哥为什么独独把他留下来呢？原来，这个小伙子几个特别的细节之处打动了表哥的心。

正式实习的那一天，表哥向同学们介绍部门的成员和同学们的分工。其中老陈是公司的老业务员，年龄偏大，其他同学都跟着员工喊他“老陈”，而小王一直很尊敬地称他“陈老师”。还有小王不像其他同学那样无所事事，他主动见事做事，跟着同事跑银行，商检交单，到海关报验，即使大热天乘公共汽车去也毫无怨言。他说：“我多跑一个地方，哪怕只是一个简单的交接单的过程，也会让我熟悉这个工作的环节。出了差错，请示老师后，现场改正也是一种学习的机会。”

有好几次，老陈接国际长途，小王就默默地坐在一边“旁听”，细心地揣摩他如何同外商交谈。有时则悄悄地给老陈递一支笔，或续上水，或记录一些数据。这些细小之处，既给老陈带来了工作上的便利，也表现出新人对“前辈”的尊重，表哥他们看在眼里，都对他产生了好感。小王刚一毕业，表哥就委托公司人事部为他办好了手续，从而使他顺利地完成了实习——毕业——求职的“三级跳”。

分析总结： 这就是细节的魅力。一位管理学大师说过，现在的竞争，就是细节的竞争。细节影响品质，细节体现品位，细节显示差异，细节决定成败。在这个讲求精细化的时代，细节往往能反映专业水准，突出内在的素质。所以，无论做人、做事，都要注重细节，从小事做起。我们的古人就提倡“天下大事，必作于细；天下难事，必成于易”；已故的总理周恩来就一贯提倡注重细节，他自己也是关照小事、成就大事的典范。

四、养成勤奋坚持的好作风

案例：“每桶 4 美元”

在美国标准石油公司里，有一位小职员叫阿基勃特。他在远行住旅馆时，总是在自己签名的下方写上“每桶4美元的标准石油”字样，在书信及收据上也不例外，签了名，就一定写上这几个字。因此被同事叫做“每桶4美元”，而他的真名倒没有人叫了。

公司董事长洛克菲勒知道这件事后说：“竟有职员如此努力宣扬公司的声誉，我要见见他。”于是邀请阿基勃特共进晚餐。后来洛克菲勒卸任，阿基勃特成了第二任董事长。

这是一件谁都可以做到的事，可是只有阿基勃特一人去做了，而且坚定不移，乐此不疲。嘲笑他的人中，肯定有不少人才华、能力在他之上，可是最后，只有他成了董事长。

分析总结：有这样一个等式：成功=机遇+勤奋+社会关系，如果机遇和社会关系的数值很小的话，那么勤奋必将需要更大的数值。我们常说的“勤能补拙”就是这个道理。许多老板心目中最理想的员工，不是最聪明、最能干的员工，而是最勤奋的员工。

勤奋工作，其实正是一种等待，一种积蓄，一定要学会在勤奋工作中耐心地等待，等待他人的信任和赏识，才能使自己的努力得到回报，才能迈向更高的目标。所以，勤奋工作的过程也是等待机会的过程。

学生思考：勤奋高于天赋

人们有一种错误的观点，以为天才不需要勤奋与苦干，这种思想断送了不少人的大好前途。有些年轻人以为，天才能干出惊天动地的大事，于是，只要自己也是天才的话，不费吹灰之力就会成为伟人。他们认为，天才不需要刻苦学习，在不经意中，就能取得巨大成绩；或者为生活所迫，才偶尔拿起笔来挥舞一番，只要生活境况稍一改善，就重新贪图享乐起来；或者作息毫无规律，要么到处游荡，要么在火炉边胡思乱想。他们甚至认为，天才生来就对规则和体制深恶痛绝，反对束缚，要求“潇洒自如”，对纠缠细节、辛勤劳动不屑一顾。只要轻松一跃，成功就唾手可得。

这真是些幼稚的看法，根据英国画家雷诺兹的理解：“天才除了全身心地专注于自己的目标，进行忘我的工作以外，与常人无异。”

一位法国作家写道：“我见过米开朗基罗，他60岁的时候身体已不是那么强壮了，但他仍然在大理石上飞快地挥舞刻刀，弄得石头的碎屑四处飞溅，他一刻钟干的活比三个棒小伙一小时干的都多。没有亲眼见过的人简直难以置信，他工作起来真是精力充沛、生龙活虎，让人担心他会把石头劈碎，他的每一刀都会劈下三四指厚的碎片。”很多人知道，做雕刻工作就怕分寸把握不好，有时多削一根头发的厚度都不行，在一般人眼里，米开朗基罗的做法可真够悬的，他手里是一块石头，又不是可以修修补补的泥巴或石膏。

而米开朗基罗这样评价同时代的天才拉斐尔：“他是有史以来最杰出的人物之一，他的成就更多得益于他的勤奋而不是他的天才。”当有人问拉斐尔怎么能创造出这么多奇迹般的作品时，拉斐尔回答说：“我很小就养成了一个习惯——从不忽视任何事情。”这位艺术家去世的时候，整个罗马都为之悲痛，罗马教皇利奥十世痛哭流涕。拉斐尔终年38岁，留下287幅绘画作品、500多张素描，每一幅都价值连城。对那些懒惰散漫、游手好闲的年轻人来说，这是个多好的榜样啊！

另外一位英籍荷兰著名画家阿尔玛·埃德马说："没有艰辛就没有成就。如果你想取得成功，除了努力工作别无他途。"

关于成功，牛顿是怎么说的呢？他说："如果说我为人类做出了贡献的话，这些成绩的取得，归功于我的勤奋工作和耐心思考。"

当有人称爱迪生是个"天才"时，他却解释说："天才就是百分之二的灵感加上百分之九十八的汗水。"

如果你觉得自己是个天才，如果你觉得"一切都会顺理成章地得到"，那真是太不幸了。你应该尽快放弃这种错觉，一定要意识到：只有勤奋的工作才会使你获得自己想要的东西，在有助于成功的种种因素中，勤奋工作总是最有效的。

能力训练

1. 熟悉非语言沟通中信息资料效果构成。
2. 熟悉标准的沟通与解决问题的程序。

思考与练习

情商测试问卷——欧洲流行的情商（EQ）测试题

可口可乐公司、麦当劳公司、诺基亚分司等众多世界500强企业，曾以此为员工EQ测试的模板，帮助员工了解自己的EQ状况。共33题，测试时间25分钟，最大EQ为174分。如果你已经准备就绪，请开始计时。

第1—9题：请从下面的问题中，选择一个和自己最切合的答案，但要尽可能少选中性答案。

1. 我有能力克服各种困难：________。

A. 是的　　B. 不一定　　C. 不是的

2. 如果我能到一个新的环境，我要把生活安排得：________。

A. 和从前相仿　　B. 不一定　　C. 和从前不一样

3. 一生中，我觉得自己能达到我所预想的目标：________。

A. 是的　　B. 不一定　　C. 不是的

4. 不知为什么，有些人总是回避或冷淡我：________。

A. 不是的　　B. 不一定　　C. 是的

5. 在大街上，我常常避开我不愿打招呼的人：________。

A. 从未如此　　B. 偶尔如此　　C. 有时如此

6. 当我集中精力工作时，假使有人在旁边高谈阔论：________。

A. 我仍能专心工作　　B. 介于A、C之间　　C. 我不能专心且感到愤怒

7. 我不论到什么地方，都能清楚地辨别方向：________。

A. 是的　　B. 不一定　　C. 不是的

8. 我热爱所学的专业和所从事的工作：________。

A. 是的　　B. 不一定　　C. 不是的

9. 气候的变化不会影响我的情绪：________。

A. 是的　　B. 介于 A、C 之间　　C. 不是的

第 10—16 题：请如实选答下列问题，将答案填入右边横线处。

10. 我从不因流言蜚语而生气：________。

A. 是的　　B. 介于 A、C 之间　　C. 不是的

11. 我善于控制自己的面部表情：________。

A. 是的　　B. 不太确定　　C. 不是的

12. 在就寝时，我常常：________。

A. 极易入睡　　B. 介于 A、C 之间　　C. 不易入睡

13. 有人侵扰我时，我：________。

A. 不露声色　　B. 介于 A、C 之间　　C. 大声抗议，以泄己愤

14. 在和人争辩或工作出现失误后，我常常感到震颤，精疲力竭，而不能继续安心工作：________。

A. 不是的　　B. 介于 A、C 之间　　C. 是的

15. 我常常被一些无谓的小事困扰：________。

A. 不是的　　B. 介于 A、C 之间　　C. 是的

16. 我宁愿住在僻静的郊区，也不愿住在嘈杂的市区：________。

A. 不是的　　B. 不太确定　　C. 是的

第 17—25 题：在下面问题中，每一题请选择一个和自己最切合的答案，同样少选中性答案。

17. 我被朋友、同事起过绰号、挖苦过：________。

A. 从来没有　　B. 偶尔有过　　C. 这是常有的事

18. 有一种食物使我吃后呕吐：________。

A. 没有　　B. 记不清　　C. 有

19. 除去看见的世界外，我的心中没有另外的世界：________。

A. 没有　　B. 记不清　　C. 有

20. 我会想到若干年后有什么使自己极为不安的事：________。

A. 从来没有想过　　B. 偶尔想到过　　C. 经常想到

21. 我常常觉得自己的家庭对自己不好，但是我又确切地知道他们的确对我好：________。

A. 否　　B. 说不清楚　　C. 是

22. 每天我一回家就立刻把门关上：________。

A. 否　　B. 不清楚　　C. 是

23. 我坐在小房间里把门关上，但我仍觉得心里不安：________。

A. 否　　B. 偶尔是　　C. 是

24. 当一件事需要我做决定时，我常觉得很难：________。

A. 否　　B. 偶尔是　　C. 是

25. 我常常用抛硬币、翻纸、抽签之类的游戏来预测凶吉：________。

A. 否　　　　　　　　　　B. 偶尔是　　　　　　　　　C. 是

第26—29题：下面各题，请按实际情况如实回答，仅需回答“是”或“否”即可，在你选择的答案下打“√”。

26. 为了工作我早出晚归，早晨起床我常常感到疲惫不堪。是________，否________。

27. 在某种心境下，我会因为困惑陷入空想，将工作搁置下来。是________，否________。

28. 我的神经脆弱，稍有刺激就会使我战栗。是________，否________。

29. 睡梦中，我常常被噩梦惊醒。是________，否________。

第30—33题：本组测试共4题，每题有5个答案，请选择与自己最切合的答案，在你选择的答案下打“√”。

答案标准如下：1—从不，2—几乎不，3——一半时间，4—大多数时间，5—总是

30. 工作中我愿意挑战艰巨的任务：1、2、3、4、5。

31. 我常发现别人好的意愿：1、2、3、4、5。

32. 能听取不同的意见，包括对自己的批评：1、2、3、4、5。

33. 我时常勉励自己，对未来充满希望：1、2、3、4、5。

参考答案及计分评估：

计分时请按照记分标准，先算出各部分得分，最后将几部分得分相加，得到的那一分值即为你的最终得分。

第1—9题，每回答一个A得6分，回答一个B得3分，回答一个C得0分。计____分。

第10—16题，每回答一个A得5分，回答一个B得2分，回答一个C得0分。计____分。

第17—25题，每回答一个A得5分，回答一个B得2分，回答一个C得0分。计____分。

第26—29题，每回答一个“是”得0分，回答一个“否”得5分。计____分。

第30—33题，从左至右分数分别为1分、2分、3分、4分、5分。计____分。总计为____分。

点评：

近年来，EQ——情绪智商，逐渐受到了重视，世界500强企业还将EQ测试作为员工招聘、培训、任命的重要参考标准。

看我们身边，有些人绝顶聪明，IQ很高，却一事无成，甚至有人可以说是某一方面的能手，却仍被拒于企业大门之外；相反地，许多IQ平庸者，却反而常有令人羡慕的良机、杰出不凡的表现。

为什么呢？最大的原因，在于EQ的不同！一个人若没有情绪智慧，不懂得提高情绪自制力、自我驱使力，也没有同情心和热忱的毅力，就可能是个“EQ低能儿”。

通过以上测试，你就能对自己的EQ有所了解。但切记这不是一个求职询问表，用不着有意识地尽量展示你的优点和掩饰你的缺点。如果你真心想对自己有一个判断，那

你就不应施加任何粉饰。否则，你应重测一次。

测试后如果你的得分在 90 分以下，说明你的 EQ 较低，你常常不能控制自己，你极易被自己的情绪所影响。很多时候，你容易被激怒、动火、发脾气，这是非常危险的信号——你的事业可能会毁于你的急躁，对于此，最好的解决办法是能够给不好的东西一个好的解释，保持头脑冷静，使自己心情开朗，正如富兰克林所说：“任何人生气都是有理的，但很少有令人信服的理由。”

如果你的得分在 90~129 分，说明你的 EQ 一般，对于一件事，你不同时候的表现可能不一，这与你的意识有关，你比前者更具有 EQ 意识，但这种意识不是常常都有，因此需要你多加注意、时时提醒。

如果你的得分在 130~149 分，说明你的 EQ 较高，你是一个快乐的人，不易恐惧担忧，对于工作你热情投入、敢于负责，你为人更是正义正直、同情关怀，这是你的优点，应该努力保持。

如果你的 EQ 在 150 分以上，那你就是个 EQ 高手，你的情绪智慧是你事业有成的一个重要前提条件。

模块五　职场关系沟通

知识目标

1. 了解与上级、下级、同事、客户及团队五个方面的沟通。
2. 领会本模块中的案例，并用心加以体会。

能力目标

1. 掌握五个方面沟通的原则和技巧，并在实际中加以运用。
2. 掌握案例分析法、课堂讲授法、角色扮演法、单项实训。

子模块一　与上级的有效沟通

情境模拟

爱华在一家公司做销售工作，自从上班的第一天起，她就踏踏实实地工作，工作能力也很强。但她一直停在那个位子上，没有获得提升，原因是她不善于主动与老总进行沟通，许多事都等着老总亲自来找她。后来由于工作上的竞争，她被同事“踩”在了脚底下。

爱华吸取了失败的教训，积极总结经验，又以全新的面貌到另一家公司上班。一个月后，她接到一份传真，上面说她花了两个星期争取到的一笔业务出现了问题。如果在以前，她会等老总来找她，再向老总汇报。但现在她马上就去找老总。老总正准备用电话同这位客户谈生意，她就在此之前将情况向老总做了汇报，并提出了具体的建议和意见。老总掌握了这些材料后，与客户交谈时顺利地解决了出现的问题。

此后，爱华常常主动向老总汇报工作，及时进行良好的沟通，并在销售和管理方面提出一些不错的方案，不断得到老总的认同。不久，她被提升为了业务主管。

（资料来源：薛明．NLP 实用职场沟通技巧．北京：北京理工大学出版社，2014）

此案例对你有何启示？

基础知识

一、与上级沟通的原则

在人际沟通中，与上级的沟通对日常工作具有极其重要的作用。人力资源大师皮鲁克斯说：“一个人必须要精通与领导相处的策略，才能以最完善的方式通向成功之路，因为每个人都不是孤立的，都是处在一定的等级关系之中。”在一个单位里，直接决定你命运的就是顶头上司。因此，面对上级，唯唯诺诺、唯命是从并不是最佳表现，借助沟通，展现个性，凸显才能，方可游刃有余、平步青云。

在工作环境中，上级对员工来说是关系重大的。他能使你节节高升，也可以给你小鞋穿，甚至炒你的鱿鱼。为了自己的事业有个良好的发展方向，一定要学会如何与上级沟通，并能在沟通中让双方的关系正常、健康地发展。

要想使上司对你另眼相看，最实际的就是在工作尽责之外，还要学会沟通策略。

（一）了解你的上司

一个精明强干的上司欣赏的是能深刻了解他，并知道他的愿望和情绪的下属。例如，上司没有上过大学，你可能怀疑他会嫉妒你的学位，但事实上，他很可能为有硕士当自己的下属而感到骄傲。因此，不要武断地下结论。

（二）积极主动工作

成功的领导大都希望下属和他一样，都是乐观主义者。积极的作风并非只是一种策略，而且是一种态度。一位干练的下属很少使用“难题”、“危机”或“挫折”等字眼，而把他的困难称为“考验”、“挑战”，并制定出解决的办法迎接挑战。

（三）说要简洁，听要仔细

时间是上级最宝贵的东西，所以言简意赅至为重要。办事简洁利索，是每名工作人员的基本素质。如果必须提出详尽报告，能使上司在较短的时间内明白你报告的全部内容，最好附上一页摘要。

善于倾听的人不仅能听见上司说些什么，而且能听懂他的意思。如此才能够把握重点，回答得体中肯。必要时做一点笔记，用心体会他的意思。也可提出一两个问题，真正弄懂其意图。切记：上司赏识的是那些不必反复叮嘱的人。

（四）关系远近有度

既不要使关系过度紧密，以致卷入他的私人生活之中；也不要因为想跟上司维持良好的关系而过分操心，以致妨害你的创造能力与生产能力。所以尽量做好自己的工作乃是对待上司的最佳办法。当然，良好的关系有助于增进双方的工作效率，双方受益。

（五）诚实守信

诚实守信是一个人品质修养的重要体现，能力可以慢慢培养，即使哪些方面做得不尽如人意，上司也会容忍你，但要通过后期努力尽可能达到上级的预期效果。他最不能容忍的是言而无信的人，如果你表示能完成某项任务而结果没有做到，你的上司便会怀疑你是否能守信用。

（六）维护上司的形象

在学会赞美上司的同时，要牢记赞美得法、适当，要实事求是、发自内心，不能有溜须拍马的嫌疑，否则会遭到上级反感或厌恶。良好的形象是上司经营管理的核心和灵魂，你应经常向他介绍新的信息，使他掌握自己工作领域的动态和现状，在提出建议和意见时要讲究方式方法，选择合适的时间和合适的地点。

二、与上级沟通的几个技巧

在现实工作状态中，很多员工都害怕与上级领导进行交流和沟通，原因主要有两方面：一是因为领导一般都有威严，易让员工产生胆怯心理；二是员工可能缺乏一些同领导沟通的技巧。这里我们向大家介绍一些与领导实现良好沟通的技巧。

（1）有自信，做好充分准备。在决定去和领导沟通之前，首先要将要汇报的事项仔细准备好或者调查研究清楚，这样使你有充分的自信应对领导的提问，便于沟通的顺畅。

（2）领导给你布置任务时，不要把某件事不会做当成拒绝的理由。例如，当领导安排工作时，某些下属会面带愁容，说“这个我不会呀”或者“我不了解情况呀”等来推辞，也许确实是不会或不了解工作所需的背景情况，但绝不可当成拒绝的理由。不会就去学，不了解情况就去了解。

（3）领导有突发的任务分配给你，不要把没时间作为借口。有的时候，领导会突然让你完成一项紧急任务，这个时候你手里通常是有工作的，但不要因为这个原因就告诉领导自己手里有事，无法帮他解决难题。因为你要知道，在这种情况下，领导既然仍然坚持安排，只能说明两件事情，第一，这件事是你职责内的事情，而且比较紧急；第二，这件事只有你能够胜任，领导信任你。你能够做的是，和领导沟通事情的优先级，沟通任务交付的时间，而不是首先想到拒绝接受。同时，对于未按期完成任务时的沟通也不要把没有时间或时间不足当成借口。

（4）给领导汇报问题时，不要想当然。一是在汇报情况时要以调研和事实作为依据，不要在没有充分调查的情况下就说“我觉得……”“肯定是……”等，没有调查就没有发言权。二是在领导布置工作时要听清楚任务的内容、时间要求、目标和效果等，不要稀里糊涂地接受任务，然后在最后关头偏离目标十万八千里。

（5）领导交代过的事情千万不要忘记。领导一般都很忙，所以交代给你的事情，你需要牢记并努力去解决，因为一旦忘记领导的安排可能会酿成大错。

（6）领导发现你的错误时，不要把责任推到别人身上，也不要同别的员工比较。

（7）为上级出谋划策。不要以为出谋划策是上级的事，员工只要听从指挥就行了。只要你的意见是可行的、有利于工作开展的，那就不妨提出来，只要能对工作起到促进作用，上级就会对你另眼相看。

（8）不时向自己的上司“请教”，积极出谋划策。事前请教是对上级的尊重，也是赢得上级赏识的关键，有些东西明明你懂得比他还多，但你还是要尊重他的职位，和他讨论某项计划。上司看到你如此尊重他，当然就对你放心了。当遇到工作困难和阻碍时，要迎难而上，勇于承担责任，积极寻求解决问题的方法，并得到领导的帮助和支持。

（9）学会感恩。每个精明能干的领导都希望自己的下属有所发展和作为，他们会创造一切条件和空间让你大展宏图，下属的进步也是上级的能力提升的集中体现。学会感激上级的帮助和支持是做下属的一种重要美德。

（10）讲奉献，谋大局。站在上级的角度谋划全局，站在下属的角度力行工作，多讲奉献，少谈物质，是一种明智之举。当你做到了一切，物质奖励、职位晋升是顺其自然的。

当然，在与上级实际沟通中还会遇到各种各样的情况，需要我们不断思考，做一个有心人，在以后的工作中会大有裨益，在职场上才能够游刃有余。

子模块二　与下级的有效沟通

情境模拟

中关村某科技公司的业务总监许林有一个属下小郭，总不能按照他的要求完成工作，他气急之下就骂了小郭，当时小郭很委屈的样子，也低声地辩解过，但许林是一句话也听不进去。这位属下从此不再表达自己的观点，总是默默无声努力地工作着，甚至许林再骂他的时候，他竟一言不发满眼茫然，但心底认为他的主管很挑剔，许林也认为这个员工太笨，两人合作很不愉快。别扭了2个月，许林发现其他属下也逐渐地疏远他了，能不与他说话就不说话，甚至刻意躲闪。许林预感到与小郭的事情已经如感冒一样传染了别人，这样下去，自己必然与部门所有人都无法顺利沟通了。

（资料来源：道客巴巴）

许林与小郭在沟通中存在哪些问题？

基础知识

与下级沟通最大的目的，就是要通过沟通，充分调动下级的积极性，使他们的潜力得以最大限度地发挥。只有能进行有效沟通的领导，才能真正激励员工，从而成就自己，成就事业。如何才能让属下信服，充分发挥其能力呢？对属下的缺点、短处不必在意，尽量使他的能力得以在毫无牵制的情形下尽情发挥。

一、与下级有效沟通的六个原则

（一）保持平等互敬

领导与下属人格上是平等的，职位的不同，不等于人格上的贵贱。你越是在下级面前摆架子，让下级服从你这位大领导，就越被下级看不起，认为你是“小人得志”；你越是放下架子，尊重他们，你在他们心中就越显得伟大。

（二）与下属要坦诚交流

无论你的公司是否有这种管理制度，关心员工的心理健康已成为现代管理趋势中较重要的一环。要做好这种心理辅导工作，管理者首先应同员工面谈。此外，要将谈话的内容保密，会谈后不与其他同事讨论细节。

不良行为来自各方面：容易生气、悲哀或恐惧，感到孤单、忧郁、情绪不稳，酗酒或吸食药物；亲朋好友的去世，高度的压迫感，无法专心，容易失眠，有自杀的想法，有体重肥胖的烦恼，缺乏自信，害羞，对工作、对自己或对这个世界感到悲观，人际关系不良，缺乏激励自己的欲望，家庭及经济的困扰。领导经常找下属谈心，可以充分了解下属对单位发展的看法、下属的心态、情绪变化、对自己工作的反馈等等，有利于更好地开展工作。

每个职员都想得到上级的重视和能力认可，这是一种心理需要，和下属常常谈谈话，对于形成群体凝聚力及完成任务、目标有着重要的意义。

（三）对下属要宽严相济

上级对于下级，平时关怀备至，犯错误时严加惩罚，恩威并施，宽严相济，这样方可有效开展工作。如果一个上司对部属纵容过度，工作场所的秩序无法维持，则必然培养不出好的人才。对待成绩和失败要奖惩分明，但也要做到适度，原则上是多激励少斥责，少斥责不等于不斥责。奖惩运用得当，都能发挥激励下属积极工作的作用。

切记，积极的激励和消极的斥责，对于下属的影响会是两种不同的结果，更重要的是心理上的影响，这是最根本的东西。

（四）在必要的时刻给予下属帮助和支持

每个员工都存在着这样或那样的不足，表现在工作上就可能出现一定的失误，在工作不到位或考虑问题不详细时，作为上级要及时给予帮助和耐心讲解，此时应充当朋友和教师的双重角色，对于帮助下属较快成长进步、充分调动他们的积极性有着重要意义，同时也会得到下属的感激。

（五）时刻保持沉稳冷静

宠辱不惊、去留无意的确是大将风度。历史上类似这样的故事很多，都能证明领导应具备沉稳冷静这些重要素质。在任何危险困难时刻，上级都要沉着冷静，处事不惊，遇事不慌，如果上级都按捺不住内心的喜悦或失落，下级的积极性就会受影响。

（六）善于听取和采纳下属发表的意见

听取下属的意见是一种大度，采纳下属的意见是一种对下属的认可，在下属看来是对其工作的一种肯定，并从心理上得到一种满足和自豪感。这样就能调动他们的积极性和创造力，在今后的工作中会放开手脚，大胆去做，同时上级更能得到下属的尊重。

作为领导者，你只需为员工指引方向，具体的事情由员工独立思考执行。即使出现一些问题，你的员工也应该像你一样妥善地处理，除非遇到个人解决不了的重大的问题，他们则必须请示和报告。

二、与下级沟通的几个技巧

（一）经常关心下级，主动与其交流谈心

每个人都有自己的尊严，都希望得到别人的认可。而上级对下级的关心，对下级倾注的感情，尤其是对下级生活方面的关怀与照顾，可以使他们的这种尊严得到满足。有许多身居高位的大人物，总会记得只见过一两次面的下级的名字。如果在电梯或门口遇见时，点头微笑之余，叫出下级的名字，就会令下级受宠若惊，感到被重视。

在工作之余要经常与下属谈心交流，谈生活、工作或思想都可以，交流是增进彼此友谊和了解的过程，不仅要经常谈，还要主动谈，这样给下属一种关心体贴的感觉，下属也会坦诚地对待上级，且更加努力地工作。

（二）应正确处理好“亲疏”关系

所谓“亲者”是指与领导观点相近、接触较多者；“疏者”是指反对自己或有不同意见者。领导者要与下属打成一片，赤诚相见，对下属不分亲疏，爱护团结，一视同仁，对下属之间的纠纷要公平、公正处理，不能有远近之分，即“一碗水端平”。因此，与“亲者”保持一定的距离，有利于团结大多数团队成员；更有利于客观、冷静地观察问题，妥善地处理团队内部关系。同时，要正确对待“疏者”。领导应该看到造成对方疏远自己的原因，将“疏者”当作治疗自己各种弱点、缺点的良药。

（三）处理任何事情都要以尊重为前提

上下级所处的不同位置，不应造成人与人之间尊严的差异。每个人在人格上都是相互平等的，要相互尊重。因此，上级在处理事情的时候，应该以尊重为原则，特别是要尊重下属的人格尊严，以礼相待，尊重下级的进取精神。尊重往往可以维护下级的积极性、创造性，使下属对团队更具有归属感，更有利于提高团队的整体作战能力。

（四）诚心接受下级的意见

卡耐基承认，每当有人开始批评他的时候，只要他稍不注意，就会马上很本能地开始为自己辩护——甚至还可能根本不知道批评者会说些什么。卡耐基说，每次这样做的时候，他就会觉得非常懊恼。我们每个人都不喜欢接受批评，而希望听到别人的赞美，也不管这些批评或赞美是不是公正。

领导者应该有足够宽阔的心胸，能够容得下下级的批评，以此来不断促进自己的工作。一个合格的领导者应向他的员工传达批评与自我批评的观念，最有效的方法莫过于当面痛快地承认自己的过错。领导者必须能够勇于接受下级的批评，否则就不可能在批评他人时有说服力。即便是听到那些不很审慎的坏话，也不要先替自己辩护。身为领导者，有必要表现得与众不同，要谦虚、明理，要成为下级们模仿的榜样。只有这样，领导者才能依靠自身，而不是凭权力去赢得别人的喝彩。

子模块三　与同事的有效沟通

情境模拟

天堂和地狱的故事

这是一则关于天堂和地狱的故事。一个人请求上帝带他参观一下天堂和地狱，希望比较之后能选择他将来的归宿。上帝满足了他的要求，先带他看了魔鬼掌管的地狱。进去之后的第一眼让他大吃一惊，他看见所有的人都坐在酒桌旁，面前摆满了美味佳肴，包括水果、蔬菜和各种肉食。但当他仔细看那些人时，却发现他们一个个愁眉苦脸、无精打采地坐在桌子旁，一副营养不良的样子。原来这里每个人的左臂都捆着一把叉，右臂捆着一把刀，刀和叉都有4尺长的把手，根本就不能送到自己嘴边，所以每个人都在挨饿。

随后，这个人又跟随上帝来到了天堂。那里的景象和地狱几乎一模一样，同样的食物、刀、叉以及那些很长的把手，可是天堂里的人们却都笑容满面。

这位参观者开始的时候感到很困惑，但随后就发现了其中的原因。原来天堂的每一个人都是喂对面的人，而且也被对面的人所喂，他们互相帮助，所以非常快乐。而地狱里面的人都试图喂自己，可是一刀一叉以及4尺长的把手使他们根本吃不到任何食物。

（资料来源：薛明．NLP实用职场沟通技巧．北京：北京理工大学出版社，2014）

这个故事告诉我们，如果你想得到别人的帮助，首先要帮助其他人，而且你帮助的人越多，你得到的也越多。只有彼此间的相互协作才能使大家都幸福快乐。

基础知识

同事之间沟通是最为复杂的，相互猜疑、妒忌及竞争都是常有的事，同事之间若处理得当，就能保证队伍团结，促进工作，反之就会严重影响和阻碍工作。因此，必须把握“敬人者人恒敬之”的原则，由自己尊重对方做起，坦诚、友好待人，多琢磨事，少琢磨人，可以在事情上争论对错，但要避免针对个人谈论是非。

一、与同事有效沟通的五个原则

（一）互帮互助

不要错误地认为帮助别人自己就要有所牺牲，别人得到了自己就一定会失去。实际上，帮助别人也就是帮助自己，别人得到的不会是自己失去的，因为付出总会得到回报的。

（二）主动参与集体活动

在团队中，每个成员都应具有奉献精神，贡献自己的聪明才智。如果你不敢抛头露面，不敢大胆地表述自己的观点，或觉得你的观点不如他人的有价值，那么，你就无法培养自己的社交能力，也无法赢得团队中其他成员对你的认识和尊重，更无法对团队的决定施加影响。

（三）在会议或讨论中表述自己的观点

清楚地表达你的观点，并阐述理由；认真地聆听他人的意见，努力了解他人的观点及理由。这些做法可以提高自己在团队中的参与性。

（四）要尊重他人

即使你确信自己比其他同事更有知识、更有能力，也不要太张扬，而要尊重其他人的意见。重要的是，你要让他人充分地表达自己的观点，不要随意打断或表现出不耐烦，做到这些对于团队力量正常地发挥是很必要的。

（五）倾听他人意见

除了提出自己的观点外，你还应该注意倾听其他同事的观点。当他人提出自己的观点时，要做出积极的和建设性的反应。要客观地评价别人的观点，不要过于武断，不要意气用事。即使不同意也不要冷冷地反驳，要平和地表达自己的意见。

二、与同事沟通的几个技巧

（一）认识和了解同事

与同事的沟通若要达到目的，你必须了解同事的秉性、脾气、个人爱好、能力特长、之前的阅历和经历，特别是他最成功的那段经历。这样，就首先使你们有了很多共同的话题，沟通之初就相见恨晚，就一定能够成为谈得来的好朋友，工作上需要支持的沟通也就顺理成章了。

（二）真诚与同事相处

与同事相处，应该真诚，当他工作上有困难时，你应该尽心尽力予以帮助，而不是冷眼旁观，甚至落井下石；当他征求你的意见时，你不要给他毫无意义的称赞；当他在无意中冒犯了你，又没有跟你说声对不起时，你要以无所谓的心情，真心真意地原谅他，如果今后他还有求于你时，你依然要毫不犹豫地帮助他。

有人会问："为什么我要待他这么好？"答案是：因为他是你的同事，你每天白天一大半的时间都是跟他们在一起，你能否从工作中获得快乐与满足，与你经常相处的同事有很大关系。当你在办公室里，没有人理你，没有人愿意主动跟你讲话，也没有人向你倾吐谈心时，你还会觉得你的工作有意思吗？一般来说同事之间有一点竞争、摩擦是很正常的现象，但是我们要懂得如何把这种摩擦降到最低限度，应该学会怎样把这种竞争导向对自己有利的方向。

如果你还是觉得与同事相处很困难，请试试以下办法，相信你一定会有收获。

（1）当同事们聚在一起聊天的时候，你应该暂时放下工作，走过去跟他们很融洽地开些无伤大雅的玩笑，让同事感觉你与他们很合得来。

（2）不能随便把同事对你说的话告诉上司，否则你会很容易招致大家联手反对。

（3）同事有意无意表示自己有多能干，想获得上司的信任时，你切勿妒忌他，而应该诚心诚意地欣赏对方的优点。

无论你跟谁共事，要想创造辉煌业绩，首要条件是双方默契配合，共同合作努力。

（三）多听同事说话

繁体的"聽"字是很有讲究的：要用"耳"朵（左上）、要把说话者当"王"（左下）、要用"十"只眼睛注视着对方（右上）、要"一心"一意（右下）。而现代的"听"字却总是用嘴打断别人，总与人斤斤计较，说人家讲得不对。这又如何与人和睦相处呢？

要知道在与同事的交往中，每个人都希望能得到别人的肯定性评价，都在自觉不自觉地强烈维护着自己的形象和尊严。如果有人向他过分地显示出高人一等的优越感，那么无形之中是对他自尊的一种挑战与轻视，同时排斥心理乃至敌意也就应运而生。

法国哲学家罗西法古说："如果你要得到仇人，就表现得比你的朋友优越；如果你要得到朋友，就要让你的朋友表现得比你优越。"这句话很对。当我们让朋友表现得比我们优越时，他们就会有一种得到肯定的感觉，但是当我们表现得比他们还优越时，他们就会产生一种自卑感，甚至对我们产生敌视情绪。

日常工作中就不难发现这样的同事，他们虽然思路敏捷、口若悬河，但刚说几句就令人感到狂妄，所以别人很难与他们沟通。这种人多数都是因为太爱表现自己，总是想让别人知道自己很有能力，处处想显示自己的优越感，以为这样才能获得他人的敬佩和认可，其实结果适得其反，这样做只会在同事中失掉威信。

在这个世界里，那些谦虚豁达的人总能赢得更多的知己；相反，那些妄自尊大、小看别人、高看自己的人总是令人反感，最终在交往中使自己到处碰壁。

“良贾深藏若虚，君子盛德，容貌若愚”是说商人总是隐藏其宝物，君子品德高尚，而外貌却显得愚笨。这句话告诉我们，平时要敛其锋芒，收其锐气，千万不要不分场合地将自己的才能让人们一览无遗。你的长处和短处被同事看透，就很容易被他们支配。

另外还要谦虚一些，谦虚的人往往能得到别人的信赖，因为谦虚，别人才不会认为你对他有威胁。这样你就会赢得别人的尊重，更好地与同事建立关系。

所以，我们对自己要轻描淡写。我们必须学会谦虚，只有这样，我们才会永远受到别人的欢迎。

（四）怎样与同事竞争

处理同事之间的竞争关系，好比行走在沼泽地一样，稍有不慎就会陷入泥坑里，别慌，解脱你的救星来了。美国斯坦福大学心理系教授罗亚博士认为：人人生而平等，每个人都有足够的条件成为主管，但必须懂得一些待人处事的技巧，他提出如下六条建议：

（1）无论你多么能干，多么自信，也应避免孤芳自赏，更不要让自己成为一个孤家寡人。在同事中，你需要找一两位知心朋友，平时大家有个商量，互通声气。

（2）要想成为众人之首，获得别人的敬重，你要小心保持自己的形象，不管遇到什么问题，不必惊慌失措，凡事都有解决的办法。你要学会处变不惊，从容面对一切难题。

（3）当你发觉同事中有人总是跟你唱反调时，不必为此而耿耿于怀，这可能是你“人微言轻”的关系，对方以“老资格”自居，认为你年轻工作经验不足，你应该想办法获得公司一些前辈的支持，让人对你不敢小视。

（4）若要得到同事的赏识与信任，首先你要对自己有信心，自我欣赏，不要随便对自己说一个“不”字；尽管你缺乏工作经验，但不必感到沮丧，只要你下定决心把事情做好，必定会有出色的表现。

（5）凡事须尽力而为，也要量力而行，尤其是你身处的环境中，不少同事对你虎视眈眈，随时准备找出你的错误，你需要提高警觉，按部就班地把工作做好，这是每一位成功主管必备的条件。

（6）利用时间与其他同事多沟通，增进感情，消除彼此之间的隔膜，有助于你的事业发展。

子模块四　与客户的有效沟通

情境模拟

李小姐是某公司的采购员，每逢建材、家居或文具类的展会她都要光顾，采购一些公司计划中的材料或办公设备。此次出行，李小姐是要为公司选择会议桌椅。在浏览近半个展厅的时候，李小姐驻足到一个很有新意的展厅面前浏览这里的陈列品。

参展人员十分热情，见到李小姐在一款桌前观看时，就走到李小姐面前介绍：“您真的很有眼光。正如您现在所见到的，这套会议桌椅的设计是一流的，而且材料质地上乘，这么豪华的桌子，放在您的公司里，一定可以大大提升您公司的气质。”李小姐轻声答到：“这个，我倒不是很重视。你能给我讲讲它的具体构造吗？比如说高度、边角之类的。”参展人员热情地回答说：“当然可以，这套桌椅设计十分独特，其边角都是采取欧洲复古风格。”李小姐摇摇头，打断了他的话，笑笑说：“你说的这些似乎并不是我最感兴趣的。我比较关心……”还没等她说完，参展人员立刻接过她的话说：“我知道您想说什么！这套家具采取了最典雅的象牙紫色，而且是用上乘的木料，外面还有保护层，我保证它的使用寿命绝对在20年以上。”李小姐很无奈，再次重复道：“你说的这些，我都相信，也可以感觉得到。不过，我想你误会我的意思了，我更关心它的……”显然，李小姐本想说：“我更关心是否适合我所在的企业用，这款桌子所配的椅子有多少把？”然而没等她说完，销售员便抢过她的话说：“我们公司特别为这套桌椅配置了一些茶具。这样，无论是您的员工还是您在会见客户时都可使用。此外，如果您买全套的，我们可以给您优惠价。”李小姐打断了他的话：“对不起，我想我不需要了，谢谢你。”

（资料来源：豆丁网）

为什么这位参展销售员说了那么多好处——质量、价格等，却没能吸引客户，反而还打消了客户的购买热情呢？如何和客户沟通应该说是很多参展人员最头痛的问题，也是最难把握的。而究竟如何做好这一点，当我们面对客人时如何多掌握一点主动，占据有利的位置同客人沟通呢？

基础知识

一、与客户沟通的原则

（一）勿逞一时的口舌之能

与客户沟通最忌讳的就是逞一时的口舌之能，逞一时的口舌之能，虽然会获得短暂的胜利的快感，但你绝对不可能说服客户，只会给以后的工作增加难度。你在与客户沟通时，不要摆出副教人的样子，不要好像若无其事的样子，这样都会引起客户的反感，反而适得其反。真正的沟通技巧，不是与客户争辩，而是引导客户接受你的观点或向你的观点“倾斜”，晓之以理，动之以情。

（二）顾全客户的面子

要想说服客户，你就应该顾全他的面子，要给客户有下台阶的机会。顾全客户的面子，客户才能会给你面子。顾全客户的面子，对我们来说并不是一件难事，只要你稍微注意一下你的态度和措辞就可以。

（三）不要太“卖弄”你的专业术语

千万要记住，平时接触的人当中，他们可能对你的专业根本不懂；在与客户沟通时，不要老以为自己高人一等、什么都知道，拿出愿为人师的姿态。在向客户说明专业性用语时，最好的办法就是用简单的例子、浅显的方法来说明，让客户容易了解和接受，解释时还要不厌其烦；否则客户会失去听你解释的耐心，使得你根本达不到目的。

（四）维护公司的利益

维护公司的合法利益是每一位员工应该做的，也是我们与客户沟通的出发点和基本原则。在与客户沟通时，不能以损失公司的利益为代价博取客户的欢心，更不能以损失公司或他人的利益来换取客户对个人的感谢或牟取私利。

二、与客户沟通的技巧

（一）抓住客户的心

摸透对方的心理，是与人良好沟通的前提。只有了解掌握对方心理和需求，才可以在沟通过程中有的放矢，适当地投其所好。若能让对方视你为知己，那问题才可能会较好地解决或起码已成功一半。

（二）记住客户的名字

记住客户的名字，可以让人感到愉快且能有一种受重视的满足感，这在沟通交往中是一项非常有用的法宝，记住客户的名字，比任何亲切的言语更有用，更能打动对方的心。

（三）不要吝啬你“赞美的语言”

人性最深切的渴望就是拥有他人的赞赏，这就是人类有别于其他动物的地方，经常给客人戴一戴“高帽”，也许你就会改变一个人的态度。用这种办法，可以进一步发挥人的潜能，使被戴“高帽”的人有被重视的感觉。

（四）学会倾听

在沟通中你要充分重视“听”的重要性。你能善于表达出你的观点与看法，抓住客户的心，使客人接受你的观点与看法，这只是你沟通成功的一半，那成功的另一半就是善于听客人的倾诉。会不会听是一个人会不会与人沟通，能不能与人达到真正沟通的重要标志。做一名忠实的听众，同时让客人知道你在听，不管是赞扬还是抱怨，你都得认真对待。客户在倾诉的过程中，会因为你认真倾听的态度所感动，会对你的人格加以认同，这才会为你下一步的解释工作奠定良好基础。

（五）付出你的真诚与热情

人总是以心换心的，你只有对客户真诚，客户才可能对你真诚；在真诚对待客户的同时，还要拥有热情，只有拿出你的真诚与热情，沟通才有可能成功。“真诚”是沟通能否取得成功的必要条件。

（六）看人下菜碟

不同的沟通场合需要不同的沟通方式，对不同人也需要采取不同的沟通方法，要因人而异、随机应变，这样才能保证沟通的效果。

（七）培养良好的态度

只有你具有良好的态度，才能让客人接受你、了解你；在沟通时，要投入你的热情；在沟通时，你要像对待朋友一样对待你的客户。

子模块五　团队沟通与合作

情境模拟

有个副总裁跟同事及其家人一起吃饭，一个同事的小孩问副总裁："叔叔，你是干什么的?"这个副总裁告诉他："叔叔的工作就像是一条大船上的船长。"小孩摇摇头，不明白船长是干什么的。副总裁于是干脆说："叔叔每天的工作就是开会，在过道里见到同事要打招呼，要问一问他们工作进展的情况，有时候要跟客户去谈判，还有的时候要去做一些考核评定等等。"小孩这个时候点点头明白了："你的主要的工作就是谈话。"

（资料来源：豆丁网）

从这个故事中可以体会到一点，管理者相当多的时间是在沟通。各种不同的事情都需要通过沟通才能最后取得解决的方案。

基础知识

对于团队和企业来说，沟通是一个永远的问题，但遗憾的是相当多的团队中最大的隐患还是沟通。很多团队曾经做过调查：成员离职很重要的一个原因就是不良的对待和不良的沟通。其实无论是大型的跨国企业，还是中型企业、新兴企业，尽管花了很多时间进行沟通训练，尽管不断强调沟通，甚至列为重要的企业文化，但永远没办法提高到完美的境界，尤其是跨部门的沟通问题更大。缺乏沟通这个桥梁，团队的任何建设，包括团队合作、凝聚力、培训、开会、定目标都将毫无意义。

不良沟通会给企业带来很多危害，包括人际关系、团队的士气、团队业绩都会受到伤害。好的沟通有助于团队的精神建设，会提升团队成员的士气。

一、什么是团队

（一）团队的定义

目前，对"团队"的定义不一，这里我们把"团队"定义为：团队是由员工和管理层组成的一个共同体，该共同体合理利用每一个成员的知识和技能协同工作，解决问题，达到共同的目标。

（二）团队的构成要素

团队有几个重要的构成要素，总结为5P。

1. 目标（Purpose）

团队应该有一个既定的目标，为团队成员导航，知道要向何处去。没有目标，这个团队就没有存在的价值。

2. 人（People）

人是构成团队最核心的力量。3个以上（包含3个）的人就可以构成团队。

目标是通过人员具体实现的，所以人员的选择是团队中非常重要的一个部分。在一个团队中可能需要有人出主意，有人定计划，有人实施，有人协调不同的人一起去工作，还有人去监督团队工作的进展，评价团队最终的贡献。不同的人通过分工来共同完成团队的目标，在人员选择方面要考虑人员的能力如何、技能是否互补、人员的经验如何。

3. 团队的定位（Place）

团队的定位包含两层意思：一是团队的定位，团队在企业中处于什么位置，由谁选择和决定团队的成员，团队最终应对谁负责，团队采取什么方式激励下属？二是个体的定位，作为成员在团队中扮演什么角色？是制订计划还是具体实施或评估？

4. 权限（Power）

团队当中领导人的权利大小跟团队的发展阶段相关，一般来说，团队越成熟领导者所拥有的权利相应越小，在团队发展的初期阶段领导权是相对比较集中的。

5. 计划（Plan）

“计划”有两层含义：一层含义是指目标最终的实现需要一系列具体的行动方案，可以把计划理解成目标的具体工作的程序；另一层含义是指提前按计划进行可以保证团队工作的进展顺利。只有在计划的指导下，团队才会一步一步地贴近目标，从而最终实现目标。

（三）团队和群体的区别

团队和群体经常容易被混为一谈，但它们之间有根本性的区别，汇总为六点。

（1）在领导方面。作为群体应该有明确的领导人；团队可能就不一样，尤其团队发展到成熟阶段，成员可共享决策权。

（2）目标方面。群体的目标必须跟组织保持一致；但团队中除了这点之外，还可以产生自己的目标。

（3）协作方面。协作性是群体和团队最根本的差异，群体的协作性可能是中等程度的，有时成员还有些消极，有些对立；但团队中是一种齐心协力的气氛。

（4）责任方面。群体的领导者要负很大责任，而团队中除了领导者要负责之外，每一个团队的成员也要负责，甚至要一起相互作用，共同负责。

（5）技能方面。群体成员的技能可能是不同的，也可能是相同的；而团队成员的技能是相互补充的，把不同知识、技能和经验的人综合在一起，形成角色互补，从而达到整个团队的有效组合。

（6）结果方面。群体的绩效是每一个个体的绩效相加之和，团队的结果或绩效是由大家共同合作完成的产品。

（四）高效团队应具备的特征

（1）相互依赖与协同。每个人都需依靠与他人的合作才能完成预定的工作目标，和谐融洽的人际关系氛围将为团队协同提供必要的社会基础。

（2）角色定位与责任分担。每一个团队成员都担当不同的角色，承担相应的责任，团队每一个成员必须具备胜任工作的核心专长与技能。

（3）信息沟通与知识共享。每一个团队成员必须通过分享信息和资源来协调他们的各项活动，每一个成员有责任以一种适宜的方式向其他成员提供信息、传授经验。

（4）自我管理与授权。团队成员在团队工作中既要承担相应的责任，也享有相应的管理自己的工作和内部流程的自主权。因此，团队管理既要依靠制度与业务流程来实现团队的有效运作，又要充分授权，以发挥每个成员的主动性与创造性。

（五）团队建设的重要性

经济全球化的压力以及竞争激烈的市场环境，迫使现代企业不断地对低效的经营管理过程进行重组，以加快企业对外部市场环境的反应速度。此时，把拥有专门知识、技能，具有强烈的成功愿望、创新意识和合作精神的员工组成高效团队就成为一种行之有效的方式。

（1）团队可以产出大于个人绩效之和的群体效应。团体与个人的关系就如同整体与部分的关系，团队模式使组织结构大大简化，领导和团队、团队和团队以及团队内部成员之间的关系变成伙伴式相互信任和合作的关系。建立在志同道合基础上的团队可以起到功能互补的作用，因而决策合理、科学，士气高涨，从而产生了比个体简单相加高得多的劳动生产率。

（2）团队可以提高企业组织的灵活性。企业团队的共同价值取向和良好的文化氛围，使组织能更好地适应日益激烈的竞争环境，以其敏捷、柔性的优势，增强企业的应变和制变能力，提高企业组织的灵活性，提高企业竞争的效能。

（3）团队有着极强的凝聚力。随着改革开放的不断深入，人们的物质文化生活水平也在不断提高，人们的思想得到了极大的解放，人们已经不再满足于别人对自己的控制和管理，他们不仅仅把工作当作一种谋生的手段，更希望在工作中找到人生的乐趣，实现自我价值和自我发展。团队强调沟通协调，成员之间相互信任、坦诚沟通，人际关系和谐，这样可以提高员工归属感和自豪感，大大激发企业员工的积极性，增强企业内部的凝聚力。

（4）团队注重对成员的培养，鼓励成员一专多能，并对职工进行工作扩大化训练，持续学习掌握目标所需要的知识与技能，使得团队成员迅速进步，从而带来团队工作效率的成倍增长。同时，团队在文化氛围上既强调团队精神，也鼓励个人的完善与发展，从而激发了个人的积极性、主动性和创造性，使得企业员工从机械的附属中摆脱出来，充分体现了人本管理的思想。

二、团队沟通与合作的原则

通过对团队概念的理解，我们不难发现，团队内部沟通涵盖了与上级、下级、同事间沟通的有关内容，前面讲到的在团队管理中同样适用。不同的是团队有其自身的基本特征，围绕团队的特征，我们可以从以下五个方面打造高效团队：

（一）管理者以身作则

管理者希望打造一个健康、积极的沟通氛围，反而忽略了自己可能就是沟通的障碍。很多企业的领导者因为权力和地位的关系，在与员工的沟通中以自我为中心，居高临下，缺乏诚意，即使管理者将信息准确地传递出去，也会使沟通出现障碍，因为沟通本应是一个公平、客观的过程，而管理者高傲的态度无法从员工那里得到真实的反馈，使沟通双方失衡，最终不仅没有达成有效沟通，甚至可能对整个团队产生影响，造成恶性循环，危及整个团队。企业要想打造有效沟通的氛围，领导者首先要以身作则，将理念逐渐延伸到组织的各个脉络中去。

（二）树立统一的价值观

在团队中，因为成员性格、信念、对待人和事物的态度、职能等因素的差异会造成分歧，而这些分歧如果处理不当，会给企业沟通造成巨大的阻碍。造成这些分歧的主要因素是人与人之间价值观的不同。在相同的条件下，两个不同价值观的人会产生不同的行为，如处在并不完善的规章制度下，A 可能会自行地完善制度，并按照完善后的制度严格要求自己；B 则可能利用制度的漏洞来降低工作量或谋取私利。保证企业员工拥有统一的价值观能减少团队成员之间的分歧，从而让沟通更加顺畅。

（三）良好的企业氛围

孟母三迁的故事在中国家喻户晓：母亲为了给孟轲选择良好的教育环境，多次迁居，以防他学坏。企业的领导者也要像孟母一样为员工打造良好的工作氛围。首先要营造公平、公正、自由的企业氛围，尤其是领导者与员工之间；其次是要保证团队成员之间真诚、信任，只有这样才能保证信息的准确性；最后要体现“以人为本”的思想，只有尊重员工，员工才会乐于与企业沟通。

（四）缩短信息传递链

某次涛涛国际为一家大型企业做培训，休息时与企业总经理聊天，他谈到员工在执行命令时总是有偏差，在详细的沟通后才了解该企业组织结构较复杂，信息从董事会开始，经过总经理、副总经理、部门经理之后传达到基层员工。由于该企业信息传递链过长，信息传递者在组织中的地位、表达能力，信息接受者的理解能力都可能导致信息出现偏差，使得员工在执行时与信息发布者的初衷不符。所以要想保证团队里的信息有效传递，要尽量缩短信息的传递链。

（五）扩宽沟通渠道

企业中的沟通渠道往往分为正式和非正式渠道，正式渠道通常在传达重要的信息和文件或组织决策时采用，能够保证信息的权威性；非正式渠道则不受组织监督，形式多变，直接明了。除此之外，企业还应该扩展沟通渠道，建立向下沟通渠道、向上沟通渠道和水平沟通渠道，使管理者与员工都能主动地与对方进行沟通，保障信息及时得到反馈。

（六）换位思考法则

在团队中，很多人员都会对自己所负责的工作给予足够的关注，但是对于需要协调其他团队配合或者跨部门工作的时候，就容易出现以自我为中心的情况，这个时候，沟通就容易出现僵局。因此，每个团队成员都需要学会在沟通中尝试换位思考，把自己放在对方的角度，学会积极倾听，努力去理解对方想要表达的含义，不要动不动就从自己的立场来判断或者揣测别人，也不要轻易打断别人，要从沟通对象的角度来逐渐调整自己的感受，这样可以进一步保证你对所听到的信息的理解符合对方的本意。现在很多企业在团队管理中出现沟通不畅，多数就是因没有换位思考造成的。

在团队的沟通过程中，要注意以下几点：

（1）双向互动的交流。好的沟通是双向的，绝不是你说我听，而是一个互动的过程。

（2）取得一致的观点和行动。尽管意见有分歧，但最后可以达成共识。

（3）能提供准确的信息。

（4）获得正确的结果。

（5）双方的感受都是比较愉快的。尽管我可能不完全赞成你的意见，甚至保留了自己的意见，但谈话是建设性的、让人感到很舒服的。

能力训练

1. 作为大学生，应为走向社会做好准备，从你的打工经历或周围工作的人那里收集一些工作中遇到的上、下级和同事之间沟通的经验（教训），在课堂上讲给大家听。

2. 从与老师和同学的沟通中体会如何与领导和同事打交道。分别谈一个实例。

3. 与你的父母交谈，了解他们在单位工作时是怎样与领导和同事进行沟通的？如果你的父母是某单位的领导，请他（她）谈一下，他们是怎样和下级沟通的。写出书面材料与同学交流。

4. 由 5 人组成一个小组作为团队，团队分上级、下级、同级和客户，用本模块所学的知识，针对公司某商品促销等问题分提建议、做调研、访客户、做决策等阶段进行演练。

5. 集体游戏——“红蓝选择”。游戏规则如下：

（1）学生分成两组，分别占据一间教室，互相之间不能沟通；

（2）两个组各自做出“红”或“蓝”的选择，两组都选“红”，则双方都得 0 分；两组都选“蓝”，则双方都得-1 分；一组选“红”另一组选“蓝”，则选“红”的一组得 4 分，选“蓝”的一组得-2 分；

（3）每选择一次，由老师向双方公布结果，然后双方再选，总共可以选择 10 次；

（4）最后统计总分，每得 1 分可以得到 10 元钱的奖励。

第一轮看结果如何。

然后改变游戏规则，双方在做出选择前，可以派出一名代表谈判，达成协议，然后再做出选择。

学生思考：通过这个游戏，得到什么启示？

通过这个游戏，可以知道，很多时候“合作”比“竞争”更能给双方都带来好处。但“合作”的前提是双方都能理智地分析问题，互相沟通。退后一步，海阔天空；与人方便，自己方便。

思考与练习

1. 简述与上级、下级、同级以及客户的沟通原则。

2. 简述高效团队具有的五个基本要素和四个显著特征。

下　篇

礼 仪 篇

模块六　礼仪概述

知识目标

1. 了解并掌握礼仪的内涵。
2. 了解礼仪的本质、特点、分类和功能。
3. 掌握礼仪的原则。

能力目标

1. 能够运用礼貌等知识。
2. 能够运用礼仪的原则。
3. 掌握并运用各种社交场合下的社交准则。

马克思说："人的本质并不是单个人所固有的抽象物，在其现实性上，它是一切社会关系的总和。"人总是社会的人。社会生活中的人们，其活动都是某种形式的社会交往活动，总是受着各种社会规范的影响和制约，礼仪规范便是其中之一。而人们对礼仪规范的认识与把握，将决定他们的人生是否会获得成功。

人生的实质就是一个人人生价值的展示过程，也是自我表现的过程。一个人在其生命的主要时期，无论是从事什么职业，也不论其信仰、观念、思想有何不同，都在自觉或不自觉地表现着自己，礼仪规范能最大限度地帮助人们成功地完成这一表现，找到实现自我价值的最佳表现形式。

子模块一　礼仪的内涵

情境模拟

大学毕业生小张颜值高、英语口语流利、表达能力也好，去应聘一家外贸公司时一路绿灯，到了最后一关总经理面试后却被亮了红灯。小张百思不得其解，去外贸公司人事部查成绩，工作人员说他的英语、业务知识成绩都很好，但是礼仪成绩不好。在小张的一再询问下，工作人员建议他了解一下"礼仪"的内涵，多修修礼仪，因为他说话时爱跷二郎腿，且不停抖动，露出了白袜子。

"礼仪"的内涵是什么呢？小张面试时的举止哪里欠妥当呢？

基础知识

古礼的内涵分两个方面：一是典章制度，如古代典籍记载的夏礼、殷礼和周礼，《二十四史》各礼乐志所记的也是各朝代的典章制度；二是社会一切人的行为、仪表和举止规范，这是典章制度实施过程中的具体形式。最早记载中国古代礼制的著名典籍有三部：《周礼》、《仪礼》和《礼记》，统称“三礼”。其中《周礼》偏重于记载典章制度，《仪礼》则侧重于规范人们的行为规范，《礼记》则带有阐释性，主要是对古礼的诸多分支做出具体说明。它们适应社会秩序的整治、建构与完善而逐渐地系统化和具体化，从而共同组成了中国传统礼制的全部总和。

我们今天所讲的“礼仪”包含的内容比较广泛，诸如礼、礼貌、礼节、礼仪等。

一、礼

礼是表示敬意的统称，是表示尊敬的言语或动作，是人们在长期的生活实践中由于风俗习惯而形成的为大家共同遵守的仪式。礼也可作为礼仪、礼节、礼貌乃至礼品的简称。

二、礼貌

礼貌是人们交往时相互表示谦虚恭敬和友好的言行规范，是接人待物时的外在表现，它通过言谈、表情、姿势等来表示对人的尊重。礼貌可以分为礼貌行动和礼貌语言两个部分。

礼貌行动是一种无声的语言，如微笑、点头、致意、鞠躬、握手等。礼貌语言是一种有声的行动，如使用先生、女士、你好、请进、请多关照等。它体现了时代的风尚与道德水准，体现了人们的文化层次和社会的文明程度，也体现一个人的基本品质。

三、礼节

礼节是人们在日常生活中，特别是在交际场合相互表示尊敬、问候、祝颂、慰问、哀悼以及给予必要的协助与照料的惯用形式，礼节是礼貌的具体表现，是礼貌在仪表、仪容、仪态及语言、行为等方面的具体要求。例如，奉茶、上菜先宾后主、先女宾后男宾。

四、礼仪

礼仪是指在较大或较隆重的场合，在礼遇规格、礼宾次序等方面应遵循的礼貌、礼节要求。也就是指人们与他人交往的程序、方式以及实施交往行为时外在表象方面的规范，包括语言、仪容、仪态、风度、仪式等。如迎接外国国家元首或政府首脑的检阅仪仗队和鸣放礼炮、大型工程的奠基仪式、运动会开幕、开业剪彩等。

礼貌、礼节、礼仪都有一个“礼”字，是人们在交往中相互表示敬重和友好的言行规范，其本质都是尊重人、体贴人；礼节是礼貌的具体体现，礼貌是礼节的规范；礼仪则通过礼貌、礼节得到体现。三者相辅相成，密不可分。其区别在于，礼貌是表示尊重的言行规范；礼节是表示尊重的惯用形式和具体要求；礼仪则是表示敬意而举行的隆重仪式。

【案例 1】

小处不可随便

国民党元老于右任是大诗人、大书法家，当时许多人都以得到他的片纸只字为荣。有一次他挥毫写了“不可随处小便”六个大字，以告诫路人要懂礼貌，不要随处小便。有人拿去经过剪裁、调整，装裱成“小处不可随便”的一帧条幅。于老看后惊讶不已，拍案叫绝。原来难登大雅之堂的六个字，竟然变成浑然一体、天衣无缝的警世格言，一时传为民间佳话。“小处不可随便”这句格言，的确值得人们深思之、践行之。显然，“小处不可随便”比“不可随处小便”含义更广、品位更高。

（资料来源：百度文库）

【案例简析】

细节决定成败。礼仪虽是小节却事关大局，礼仪重在显小。“泰山不拒细壤，故能成其高；江海不择细流，故能就其深”。所以，大礼不辞小让，细节决定成败。在一个细节决定成败的时代，小事也会影响到你的成功之路。小节之处显精神。例如，公务活动虽然是通过一个具体的办公人员的行为来实施，但它却体现着一个社会组织乃至国家和民族的整体形象。公务员的公务活动因其主体的权威性、内容的规范性、对象的专指性、往来的频繁性、效果的重要性而越来越引起人们的关注。古之贤哲也留下了无数类似意思的箴言。诸如“千里之堤，溃于蚁穴”、“小不忍则乱大谋”、“天下大事，必作于细”、“勿以善小而不为，勿以恶小而为之”……都是我们耳熟能详的待人处事的行动指南。

【案例 2】

参　观

一位老师带领学生前往一大集团公司参观，老总是该老师的大学同学。老总亲自接待不说还非常客气。工作人员为每位同学倒水，席间有位女生表示自己只喝红茶。学生们在有空调的大会议室坐着，大多坦然接受服务，没有半分客气。当老总办完事情回来后，不断向学生表示歉意，竟然没有人应声。当工作人员送来笔记本，老总亲自双手递送时，学生们大都伸着手随意接过，没有起身也没有致谢。从头到尾只有一个同学起身双手接过工作人员递过来的茶和老总递来的笔记本时客气地说了声：“谢谢，辛苦了！”最后，只有这位同学收到了这家公司的录用通知。有同学很疑惑甚至不服，“他的成绩并没有我好，凭什么让他去而不让我去？”老师叹气说：“我给你们创造了机会，是你们自己失去了。”

（资料来源：百库文库）

【案例简析】

失去机会的原因主要有：同学不懂得礼貌，非常挑剔；对于别人的服务视而不见，特别是“席间有位女生表示她只喝红茶”，说明她太挑剔，对于别人热心的服务视而不见，反而要求别人为她服务，主客不分。“学生们在有空调的大会议室坐着，大多坦然接受服务。没有半分客气”，不懂得对于别人的服务应表示感谢。“当老总办完事情回来后，不断向学生表示歉意，竟然没有人应声”，这样的表现使人感觉到你是个没有礼貌的人。“老总亲自双手递送时，学生们大都伸着手随意接过，没有起身也没有致谢”，这样做很不礼貌。

（资料来源：好搜问答）

知识拓展

在漫长的中国封建社会中，礼一直是人类全部政治、经济、文化生活的外在框架，是中国传统文化的重要组成部分。进入近代以来，我们的民族在大量借鉴与吸收外来文化的同时，尽管曾多次并极其严厉地批判和否定自身传统文化中的积习与流弊，反复冲决传统礼教所编织的罗网，批判传统礼制严苛的戒律对人性的无情禁锢与虐杀，但当整整一个世纪过去之后，我们再来认真地审视本民族社会生活各个方面的时候，我们却不能不面对这样一个现实，传统文化中的许多因素，至今依旧在人民生活中发生着极其深刻的影响。而传统礼制中的许多形式与行为规范，广泛地结合在民族的习俗和风尚中，也依旧在现代文明社会中寻得了新的生存环境，并得以蓬蓬勃勃地发展和流传。

我们无意于复古，时代的发展要求我们扬弃传统文化中的精神糟粕，卸去历史遗留的重负，以建设和现代社会发展相适应的新的精神文明，这就必然地要涉及对传统文化的重新审视与批判。但这种批判必须和合理的继承结合在一起，必须持历史的、科学的态度，必须尊重本民族文化的特点。如果说，一个民族总是背负着传统文化的历史重荷而闭关锁国、故步自封，会导致沦落与衰亡的话，那么，对民族文化彻底否定、全部抛弃的虚无主义态度，则同样不会有崛起的希望。

和西方不同，中国的“文化”概念有它特有的内涵，这便是文治教化。显然，这是与武力征服相对立的思维方式与生活方式，建立起思想稳定的社会秩序，并养成良好的处世态度和生活习惯。而礼仪的熏陶与普及，则是这种秩序建构和习惯形成过程中极为重要的手段和措施。

礼的起源可追溯到远古社会的原始宗教祭祀活动。在原始先民的心目中，天地鬼神是在冥冥之中主宰万物、干预人类意志的令人敬畏的力量。因此，无论耕作、田猎、饮食、游乐，都须先敬鬼神，礼仪也就表现为这种祭祀活动中的极其虔诚而庄严的仪式。在人类面对自然力的肆虐而感到无法认识与控制的时代，这种祭祀仪式所体现的，无疑是原始人类对自然的敬畏与崇拜。但随着社会的发展和进步，人类对自然现象和各种社会关系的认识不断变化、不断加深和丰富。于是，原始的畏惧心理逐渐转化为对社会的控制、利用和改造的意识，先民们所创立的最初的礼仪，已远不能适应日益复杂的各种现实关系，礼的内容便开始发生带本质性的变化，逐渐扩展到社会生活的各个方面，除了使人类在天地之间追求平衡与和谐之外，还开始和人际关系的平衡与调整相融合，然后衍化、蜕变，进而渗透到社会政治领域，并成为了中国伦理学的核心内容。

当人类的先哲们试图将对天地神明的祭祀礼仪导入人际关系时，最初并不带有明显的阶级性质，而只是企望建立起一种稳健平和的社会秩序和人伦关系，进而维护人们赖以生存的清明和睦的社会环境。但随着人的本质的被体悟与确认，人类管理社会的愿望和才能也显得越来越强烈。礼制的最后创立，从根本上说，便是要重建带制度化、等级化的新的社会秩序。

礼制中等级观念的强化是人类进入阶级社会之后，统治者对古礼进行改造的结果。和古礼相比较，它显然更强调了礼对部属及下层人民的管理功能。无疑，礼也就渐次地沦为统治者维护自身地位和权益的有力工具。

和任何事物一样，礼作为一种意识形态的具体必须形式，也是在适应人类文明的步伐而不断更新自己的内涵的。对传统礼制的修改大致沿着两条轨迹进行：一是坚持与强化等级观念。传统礼制走向僵化与保守，便是这种极端化发展的结果。二是进行一些为人们普遍愿意接受的改革，即顺应社会的发展，革除传统礼制繁文缛节的弊端，使礼不断简化，不断世俗化。这种变化无疑是世俗化的结果，传统礼学的许多内容得以在整个民族生活中占有牢固的地位和发生深刻的影响，便主要得力于这后一种变化。

子模块二　礼仪的本质、特点和作用

情境模拟

华女士在大学期间是学生会干部，善于交际，毕业后和很多同学、朋友保持着联系，电话自然也很多。她在工作时总要接一些私人电话，常常旁若无人地与同学、朋友说起来没完没了。突然有一天，正谈笑风生的她觉察到周围同事们都用带有责备的目光看着她，顿时花容失色，心里很不爽，当下约三五同学晚上吃饭诉苦，却反被同学痛批不尊重人、不体贴人，不了解礼仪的本质。

（资料来源：百库文库）

为什么说华女士不尊重人、不体贴人呢？“礼仪”的本质又是什么呢？

基础知识

一、礼仪的本质

礼仪是人类社会为维系社会正常生活而共同遵循的最简单、最起码的道德行为规范。它属于道德体系中社会公德的内容，是人们在长期共同生活和相互交往中逐渐形成的，并以风俗、习惯和传统等形式固定下来。礼貌的本质是尊重人、体贴人。

对个人来讲，礼仪是一个人思想水平、文化修养、交际能力的外在表现；对社会来讲，礼仪是精神文明建设的重要组成部分，是社会的文明程度、道德风尚和生活习俗的反映。

二、礼仪的特点

（一）民族性

任何一个民族都有自己的文化特色和习俗。礼仪作为民族文化的重要组成部分，对民族精神的形成具有重要的作用。礼仪是一个民族精神的象征，是衡量一个人人格品质的主要标准。每一个民族都有别具一格的礼仪特色与独特魅力，其节日礼俗更能显示民族性，例如，龙是中华民族的象征，全世界的炎黄子孙都认为自己是龙的传人，龙的灵魂风格渗透在每一个人的心灵深处，不论其身在何处，每年的春节、元宵节、清明节、端午节、中秋节、重阳节都是中华民族子孙热衷的节日，体现着中华民族的血脉精神。

（二）共同性

马克思指出，努力做到使私人关系间应该遵循的那种简单的道德和正义的准则，成为各民族之间关系中至高无上的准则。在这里，马克思很明确地肯定了各个阶级的成员都必须遵守的公共道德的存在，作为公共道德基础内容的礼仪，由于它是在人类共同生存、生活、相处、交往的基础上产生和形成的，是同一社会中全体社会成员调节相互之间关系的一种行为规范，所以它就逐渐成为社会中各民族、各阶级、各党派、各阶层的各种人都应共同遵循的准则，具有明显的共同性。特别是现代社会中，国际间、人际间的交往越来越频繁，在礼仪的基本原则和礼制方面的共同性体现得就更明显。例如，诚恳、尊敬、尊重、平等、得体是礼仪的基本原则，不仅我们中国人乐于奉行，而且世界各国也通行。在欢迎外国国家元首正式访问的仪式上放 21 响礼炮，对政府首脑放 19 响礼炮，既不能多，也不能少，更不能混淆，否则就会引起国际纠纷；升国旗奏国歌时全体起立、尊师爱友、见面打招呼、握手、鼓掌等都是人们共同遵守的礼仪。

（三）继承性

礼仪规范将人们交往中的习惯以准则的形式固定下来，这种固定的准则沿袭下来就形成了继承性的特点，它是在人类长期共同生活中逐渐积累起来的，是维护正常生活秩序的经验结晶，是社会进步、人类精神文明的标志之一，所以它才能世代相传。但礼仪规范并不是一成不变的，它随着人类社会的发展而不断丰富和发展。社会主义条件下的礼仪规范是对以往人类文明行为准则中积极和进步因素的继承和发展，它表现为人们之间的平等、团结、友爱、互助的新型关系。例如，在原始社会，人们时常有意无意地用一些象征性的动作来表达他们友善的意向和感情。像握手这个动作，据说在史前期就有了。那时人类祖先以打猎为生，世界对他们来说充满着各种危险。因此，当不同部落里的人相遇时，如果双方都怀着善意，便伸出一只手来，手心朝前，向对方表示自己手中没有石头或其他武器。走近之后，两人互相摸摸右手，以表示友好。这一动作沿袭下来，便成为今天人们共同友好的常用礼节了，可见礼仪是具有共同性和继承性的。

（四）统一性

礼仪不仅是人们交际过程中的外在形式，还必须有它内在的思想品德、文化艺术的修养做基础。只有两者有机地统一结合，才能对礼仪规范从必须遵守变为习惯遵守，从而养成良好的礼仪习惯，为此，我们应该加强内心世界的塑造。一个有高尚的情操、一个对职业充满敬重与热爱、有强烈责任感与事业心的人，一定会遵守职业所应有的礼仪规范；一个知识广博、情趣高雅的人，在与人交往时，能充分地表现其魅力。相反，那些品质卑劣、文化艺术修养较差的人，往往会给人以浅薄的印象。尊重他人，维护社会公德，长期保持美好言行和讲礼仪并能将其化为自觉行动的人，必定是一个心灵高尚的人。温文尔雅，彬彬有礼，举止大方，谈吐不俗，绝不会是一个腹内空空的人装样子能装出来的。只有将礼仪的外在形式和内在因素统一起来，才会实现交往的成功。

不能忽视礼仪的外在形式——礼仪规范。因为，在现实生活中，群体的礼仪行为是社会行为，不可能等待群体中的每一个人的思想品德修养和礼仪行为都达到理想的程度之后，再去讲求礼仪，而常常是先有了群体礼仪规范，然后每个人在执行规范的过程中去提高自己的认识，以适应礼仪规范的严格要求。这时礼仪规范反过来对提高思想品德修养会起促进作用。比如我国古代儒学家很重视“礼”的约束作用。我国古代儒家学者曾提出过非礼勿视、非礼勿听、非礼勿言、非礼勿动等行为规范。其目的在于以礼约束自己的习惯，继而在头脑中形成一种固定的观念形态——凡是不合于“礼”的东西应该自觉摒弃。这是在群体活动中礼仪规范制定在先，而思想观念形成于后的例子。汉代刘邦战胜项羽，做了皇帝之后，朝堂秩序很乱，常有功臣因争功在朝廷上醉酒狂呼、拔剑相击之事，刘邦对此很烦恼，于是叔孙通建议制定朝仪。刘邦是一个不拘礼仪的人，开始还很有顾虑，怕约束了自己，只让他拣自己能做到的规定几条，叔孙通约集了几十个学者制定了很严格的上朝的礼仪规范，当试行的那一天，史载“自诸侯王以下莫不震恐肃敬”、“无敢喧哗失礼者”。君臣的关系在这种礼仪规范中被固定下来。行之即久，当然就会形成“君君臣臣”的思想观念，所以刘邦那天虽然也得规行矩步，受着礼仪的约束，却高兴地说：“吾乃今日知为皇帝之贵也。”皇帝和大臣们都是在执行礼仪规范的过程中提高了思想认识。总之，二者缺一不可。

（五）差异性

“百里不同风，千里不同俗”，礼仪规范往往因时间、空间或对象的不同而有所不同。古代的某些礼仪规范在今天就不一定适用。例如拜见的礼仪，清朝和现在就不一样。礼仪规范是同时间的、民族的历史、文化、心理密切相连的。虽然守礼仪是全世界人民的共同愿望，但不同国度、民族对礼仪的表现形式是存在差异的。例如，同样是表示尊重、欢迎，除了语言表示外，在我国通行的是握手，而在日本则是鞠躬，在欧洲则流行拥抱。在我国，熟人相见，习惯的问候是“吃过饭了吗”（中国是以农业为主的大国，千百年来民以食为天，通过这种问候来表达对朋友和客人的关心可以理解），但在英国则会认为你不礼貌，而在日本也是忌问的，有时还会引起误会，人家会认为你要请客吃饭。我们的另一种习惯问候语是“上哪儿去”，以此来表达对对方的友好和打招呼。但在西方这会让人觉得不愉快，因为这有打探别人行踪的嫌疑。我们的另一类夸赞别人的话是：“你气色真好，又白又胖。”但这样夸外国人效果适得其反，会招来人家的白眼。西方人怕别人说自己白、胖，因为他们认为，身体黝黑健壮是经济条件好，有能力、有时间、有机会参加旅游和锻炼，是一种体格健美的标志；而白胖的身体则表明人穷体弱，不具备上述条件。同样，外国人见面通常说的是“见到您十分荣幸”，“你今天打扮得是真迷人，你真是太漂亮了”之类的语句，中国人却并不习惯，也会引起误会，这也说明礼仪的差异性。明白礼仪有差异性，就要在具体情况下入乡随俗。

（六）阶级影响性

礼仪规范虽然不具有鲜明的阶级性，但它毕竟是适应了一定时代的需要而被保留下来，因此，它带有产生它的那个时代的特点，受一定的阶级利益的影响和制约。例如，“忠君孝父”和“三从四德”是封建社会基本的礼仪道德规范。在封建社会里，君是一国之首，父是一家之长，国是家的扩大，家是国的缩小，这种封建经济关系和等级制度就决定了忠君孝父是最基本的礼仪道德规范，是维系封建统治的重要手段。所以，为历代的封建统治者所提倡，甚至发展到“君要臣死，臣不敢不死；父要子亡，子不敢不亡”，以及“臣子无说君父不是”、“天下无不是的父母”等绝对化的程度。封建社会里的妇女更是处在极其低下的地位，在“夫为妻纲”的道德原则之下，还有“三从”、“四德”等道德规范。所谓“三从”即“在家从父，出嫁从夫，夫死从子”；所谓“四德”，即“妇德”（一切言行都要符合忠孝节义等封建礼教）、“妇言”（妇女说话要小心谨慎）、“妇容”（妇女的容貌要整齐端庄）、“妇功”（要专心侍候好公婆、丈夫）。

时代在发展，礼仪文化也在发展变化，随着时代的不断进步，人类的礼仪规范必将更为文明、优雅、实用。

三、现代礼仪的作用

当前，礼仪之所以被提倡，之所以受到社会各界的普遍重视，主要是因为它具有非常重要的功能，它在人际交往中和社会主义精神文明建设中起着十分重要的作用。

（一）有助于提高人们的自身修养

在人际交往中，礼仪往往是衡量一个人文明程度的准绳。它不仅反映一个人的交际技巧与应变能力，而且还反映着一个人的气质风度、阅历见识、道德情操、精神风貌。因此，在这个意义上，完全可以说礼仪即教养，而有道德才有高尚，有教养才能文明。由此可见，学习礼仪，运用礼仪，有助于提高个人的文明程度。

（二）有助于人们美化自身、美化生活

个人形象是一个人仪容、表情、举止、服饰、谈吐、教养的集合，而礼仪在上述诸方面都有自己详尽的规范，因此学习礼仪、运用礼仪，无疑将有益于人们更好地、更规范地设计个人形象、维护个人形象，更好地、更充分地展示个人的良好教养与优雅的风度。当个人重视了美化自身、大家个个以礼待人时，人际关系将会更和睦，生活将变得更温馨，这时，美化自身会发展为美化生活。这也是礼仪运用所发挥的作用。

（三）有助于促进人们的社会交往，改善人际关系

古人认为，“世事洞明皆学问，人情练达皆文章”，这句话讲的其实是交际的重要性。一个人只要同其他人打交道，就不能不讲礼仪、运用礼仪，除了可以使个人在交际活动中充满自信、胸有成竹、处乱不惊外，其最大的好处就在于，它能够帮助人们规范彼此的交际活动，更好地向交往对象表达自己的尊重、敬佩、友好与善意。增进彼此之间的了解与信任，进而造就和谐、完美的人际关系，取得事业的成功。

（四）有助于净化社会风气，推进社会主义精神文明建设

当前，我国正在大力推进社会主义精神文明建设，其中的一项重要内容就是要求全体社会成员讲文明、讲礼貌、讲卫生、讲秩序、讲道德，要求做到心灵美、语言美、行

为美、环境美。这些内容与礼仪完全吻合。因此，完全可以说，提倡礼仪的学习、运用与推进社会主义精神文明建设是殊途同归、相互配合、相互促进的。这种社会主义的礼仪对于我国的现代化建设是不可缺少的。

【案例1】

午休之争

小龙喜欢球类运动，尤其是爱打篮球。夏天的中午骄阳似火，同宿舍几位男同学都回去午休了，小龙却和几位同学在篮球场上玩得酣畅淋漓。等小龙玩累了急匆匆回到宿舍时，还停留在玩球时的亢奋状态。宿舍里已经很安静了，几位男同学正在午休。可是小龙晃着身子，吹着口哨，大步流星地走到自己的床边，一屁股坐下，弄得床板吱吱呀呀响起来。他脱掉鞋子，随手扔在地上，袜子也撸了下来，顿时宿舍被异味笼罩。小龙丝毫没有在意，径直去卫生间冲澡了，哗啦哗啦的水声把大家都吵醒了，同宿舍几位男同学都很不高兴，一致谴责小龙。可小龙并不理解，我回自己的宿舍洗漱招谁惹谁了？一时间言语不和，竟推推搡搡吵了起来，结果弄得整个楼层的学生都没午休好。

（资料来源：百度文库）

【案例简析】

宿舍是同学们的第二个温馨的家，也是一个小的公共场所。宿舍的规定大家要共同遵守，秩序靠大家维护，小龙没有顾及到宿舍其他同学都休息了，任意所为，是不文明的，不仅影响别人，也有损自己的形象。宿舍里的同学来自四面八方，有不同的文化背景和生活习惯，兴趣爱好也各不相同，但是每个人都要遵守宿舍的规定，学会接受不同的文化和风俗习惯，共同维护好公共场所的秩序，共同维护好家的温馨，学会尊重他人、体贴他人。

【案例2】

哭　嫁

哭嫁是土家、藏、彝、壮、撒拉等民族的传统婚姻习俗，即新娘出嫁时履行的哭唱仪式活动。

传统婚俗，将是否会哭嫁作为衡量女子才智和贤德的标准。土家族的哭嫁一般从新娘出嫁的前3天或前7天开始，也有的前半个月、一个月甚至三个月就已揭开了哭唱的序幕。不过，开始时都是断断续续进行的，可以自由地哭。亲族乡邻前来送礼看望，谁来就哭谁，作为道谢之礼节。喜期的前一天晚上到第二天上轿时，哭嫁达到高潮。这段时间的哭唱必须按着传统礼仪进行，不能乱哭。总的来看，哭唱的内容主要有“哭爹娘”、“哭哥嫂”、“哭姐妹”、“哭叔伯”、“哭陪客”、“哭媒人”、“哭梳头”、“哭祖宗”、“哭上轿”等。

“歌词”既有一代代流传下来的、传统的，也有新娘和“陪哭”的姐妹们即兴创作的。内容主要是感谢父母长辈的养育之恩和哥嫂弟妹们的关怀之情；泣诉少女时代欢乐生活即将逝去的悲伤和新生活来临前的迷茫与不安。也有的是宣泄对婚姻的不满、对媒人乱断终身的痛恨等等。

（资料来源：百度百科）

【案例简析】

婚嫁是女性生命历程中的重要转折时期，其主要功能是将女性从女儿转换成媳妇。俗话说，千里不同风，百里不同俗。任何一个民族都有自己的文化特色和习俗。婚俗礼仪作为民族文化的重要组成部分，每一个民族都有别具一格的特色与独特魅力。

土家、藏、彝、壮、撒拉等民族的传统婚俗礼仪也与众不同，哭嫁作为一种风俗，其来由和寓意与旧时的婚姻俗信有关，与封建礼教有关，出嫁时姑娘不哭不仅会被认为不吉利，还会受到舆论的谴责；还有一个重要因素就是感情的作用。旧时婚姻全由父母做主，嫁给什么人，婚后的命运生活如何，心里全没底，想到这些真是伤心断肠，岂能不哭；女子是嫁出去的女，泼出去的水，婚后除非与丈夫感情不和或婚姻发生变故，否则是很难和父母兄弟见上一面的，这种别离之苦确实令人难以承受，岂能不哭。“哭嫁歌”正好为其提供了一个合法有效的途径。女性在哭嫁仪式中被赋予话语权，她们借此权利，通过情感宣泄，卸掉角色转换时的情感压力、重负，告别旧的女儿角色，为接受新的角色做心理准备。如今婚姻自由，新婚无比幸福，客家新人早已用歌声代替了哭声。哭嫁的习俗只在一些比较偏远的山区还存在。

子模块三　礼仪的原则

情境模拟

在一个秋高气爽的日子里，迎宾员小贺着一身剪裁得体的新制服，第一次独立地走上了迎宾员的岗位。一辆白色高级轿车向饭店驶来，司机熟练而准确地将车停靠在饭店豪华大转门的雨棚下。小贺看到后排坐着两位男士，前排副驾驶座上坐着一位身材较高的外国女宾。小贺一步上前，以优雅姿态和职业性动作，先为后排客人打开车门，做好护顶姿势，并目视客人，礼貌亲切地问候，动作麻利而规范、一气呵成。关好车门后，小贺迅速走向前门，准备以同样的礼仪迎接那位女宾下车，但那位女宾满脸不悦，使小贺茫然不知所措。

（资料来源：豆丁网）

女外宾为什么满脸不悦呢？怎样把握礼仪的规范呢？

基础知识

礼仪涉及了人类社会生活的方方面面。而社会生活是千姿百态、丰富多彩的，与此相适应的礼仪规矩也是异彩纷呈、不胜枚举。在社交场合中，怎样运用好礼仪，充分发挥礼仪应有的效应，创造人际关系的最佳状态呢？这就要求人们掌握礼仪的基本原理、基本要领，举一反三，应用自如，在社交场合中稳操胜券。

一、自信与微笑原则

自信是一个人意志和力量的体现，是交际者应必备的重要素质之一。许多人在社交场合最大的心理障碍就是胆怯，表现为紧张、害怕、手心出汗、语无伦次、手脚不自觉地做小动作等，结果带来的是更大的失礼。

学者认为，大千世界中，人是最美的，而在人的千姿百态中，微笑是最美的。轻松适度的微笑可以给人以谦虚、真诚、友善的印象，同时可以给人以力量，帮助交往中人与人之间的友好沟通与交流。

自信和微笑是社会交往中必需的，而且能直接表现出一个人的文明修养程度。

二、谦虚与尊重原则

每个人都有强烈的自尊心，尊重他人，是交际场所中不可忽视的原则。

实际生活中，往往是越有修养的人越谦虚，他们待人随和，不强调个人的主观意志，也不强求别人必须按自己的习惯生活。谦虚的人能让人感觉到在与他交往的过程中总能感觉到自己的优点，自己被重视，能感觉到交往的快乐。一个真正知礼的人，宁可把“自尊”放在第二位，也不能随便对他人无礼。

三、理解与宽容原则

一个人出现在大庭广众之间，不单有庄重的仪容、得体的举止、文明的行为、高尚的道德情操，还应有正确的为人处世原则，要做到谦恭有礼、善解人意、体贴他人。

人与人之间如果缺乏理解，就难以沟通感情，就存在距离和差异。要想缩短距离和差异，就必须懂得别人的思想，要学会理解与自己思想不同的人。

四、热情与赞美原则

热情的人使人觉得容易接近，保持热情，可以给他人带来健康向上的心态和情绪。

（一）成为赞同的人

有一种人，似乎天生就是“杠头”，喜欢和别人对着来。这绝对不是表现你的执着或者聪明的好办法。而且，如果这样下去，你很可能最终成为不受欢迎的人。努力在你的头脑里构造一个思维框架，培养一种赞同的态度和性格，这样你就会发现，其实，值得你去赞同的人和事多着呢！

（二）勇敢地开口

仅仅有赞同别人的态度是不够的，你还要让对方知道。有些人喜欢用点头的方式来表示，这不是最好的办法；你应该说一句“是的”，勇敢地直视着对方的眼睛说“您是对的！”

（三）永远不要争论

别人并不总是能让我们说“您是对的”，有的时候，我们真的无法接受对方。这个时候，不要违心地说“您是对的”，也不要勇敢地说“您错了”（除非万不得已）。在任何时候，都不要陷入争论当中去，即使您是对的。在争论中，没有人能够获胜。

五、遵守社会公德原则

社会公德，是指一个社会公民为了维护整个社会生活的正常秩序而必须共同遵守的公共道德和行为准则。

社会公德涉及的往往是细微、容易被人忽视的事，但同时也是最好地评判一个人文明程度的尺度，“勿以善小而不为”。

【案例 1】

不速之客

某工厂的副总裁吉拉德突然中风，英国总公司第二天派了一位高级主管凯瑟琳接替他的职务。凯瑟琳还有一个重要任务就是要介绍公司的一项新产品并在当地制造、销售。凯瑟琳到后，接待他的贝格先生尽地主之谊请凯瑟琳到他家为她洗尘。因为时间紧迫，凯瑟琳一下飞机就直接赴约，当时饥肠辘辘的她心想，在飞机上没吃东西，等一会到贝格家再好好吃一顿。见面之后一切还好，虽然是在斋月，贝格先生仍为来客准备了吃的东西，凯瑟琳觉得饭菜非常合口，于是大吃起来，然而她发觉主人却一口不吃，就催促主人和她一起享用。狼吞虎咽间她问贝格是否可在饭后到她办公室谈公事，她说：“我对你们的设施很好奇，而且还迫不及待地想介绍公司的新产品。”虽然凯瑟琳是个沉得住气的人，然而因为习惯偶尔会双脚交叠上下摇动脚尖，贝格一一看在眼里，在她上下摇动脚尖时他还看到了凯瑟琳那双黑皮鞋的鞋底。顷刻间贝格先生刚见面的那股热忱消失得无影无踪。

（资料来源：好搜问答网，有改动）

【案例简析】

这个涉及的便是商务谈判中的礼仪和人与人之间的沟通交流技巧。有些东西大家都知道，只是突然要改掉一些不好的习惯还需要修炼。第一，商务谈判礼仪中，在正式谈判前，要与对方建立起良好的关系，即建立一种双方都希望的、良好的谈判环境。谈判之初，谈判双方接触的第一印象非常重要，然而凯瑟琳在第一次接触贝格先生的时候，言谈举止有失礼貌。准备谈判地方时，应遵循双方意愿，然而凯瑟琳没有征得贝格先生的同意就直接定下了谈判地点；第二，到客人家用餐，一定要注重仪态仪表，言行举止要不失对对方的尊重与礼貌，然而凯瑟琳却把生活中不好的习惯带到了客人家里，自己却全然不知还怡然自得；第三，要入乡随俗，尊重对方的风俗习惯，尽量避免与当地风俗发生冲突，凯瑟琳上下摇动脚尖时把一双黑皮鞋的鞋底暴露出来，这是不礼貌的。到别人家做客，要不失礼节与礼仪，即使有特殊情况；第四，尊重主人，与主人形成一种恰当的沟通氛围，与主人沟通谈判地点；职场礼仪不可忽视，注意言谈举止，注意克服平时不好的习惯。

【案例 2】

她为什么受到冷遇？

张女士是位商务工作者，由于业务成绩出色，随团到某国考察。抵达目的地后，受到东道主的热情接待，并举行宴会招待。席间，为表示敬意，主人向每位客人一一递上一杯当地特产饮料。轮到张女士接饮料时，“左撇子”张女士未假思索便伸出左手去接，主人见情景脸色骤变，不但没有将饮料递到张女士的手中，而且非常生气地将饮料重重地放在餐桌上，并不再理睬张女士。

（资料来源：百度网）

【案例简析】

作为从事多年商务工作的张女士，理应对当地的忌讳习俗有一个基本的了解，但她却忽略了这一点。在人际交往中，一些地区忌用左手递接物品。当东道主用右手递送饮料时，张女士应用右手接取，但她仍然按平时习惯用左手去接，这是犯忌讳的，而且是对主人的极大侮辱，难怪东道主满脸怒容，不再理睬她了。

知识拓展

日常礼貌用语

一、原则

1. 正确把握谈话的对象、场合、事由与时间。
2. 避免涉及他人的隐私。
3. 措辞尽量委婉含蓄。
4. 态度要谦虚自然、诚恳大方。

二、称呼

对他人要用尊称，对自己要用谦称。

1. 场合：医院、学校、市场、机关等。
2. 职位：大夫、老师、师傅、处长等。
3. 年龄：小刘、同学、小朋友。

注意：要尽快记住别人的名字。不可给别人起绰号，也不可称呼恋人、友人之间的昵称，要坚决避免对他人的贬称，如“土老帽”、“洋鬼子”。

三、问候语

您好、早晨好、晚安。

注意：寒暄语一般用于初次见面或不相熟识的人，可以问一些常规性的或与环境有关的问题，如：你是哪里人？天气不错。决不允许涉及对方的纯私人问题，如年龄、婚姻、收入等。

四、答谢语

谢谢。

中国人向来是重感情的，但是中国人又向来是不善于表达感情。就像是树立在清华园里的“行胜于言”的碑，中国人向来是不会或者不屑表达，很多人连谢谢都不会说。但是，活在这个世界上，值得我们心存感激的事情实在是太多太多。把你的感激表达出来吧，不要把它永远藏在心里。

五、道歉语

对不起，请原谅。

注意：在表达歉意时要发自内心，一旦发生过失，无论大小，都要立刻道歉。在接受他人道歉时，要尽量地表现出宽容、理解。如“没关系”、“您别太在意了”、“这算不了什么”。

能力训练

1. 练习使用日常交往中的礼貌用语。
2. 训练在施礼、讲礼时把握好“度”。

思考与练习

1. 解释下列名词：礼、礼貌、礼节、礼仪。
2. 礼仪的本质和特点是什么？
3. 礼仪在现代社会生活中有哪些功能？
4. 礼仪的原则是什么？

模块七　个人形象礼仪

知识目标

1. 了解并掌握形象礼仪的内涵。
2. 了解并掌握仪容礼仪。
3. 了解并掌握着装礼仪及服饰穿戴选择的基本原则。

能力目标

1. 掌握面容、发式、手部的仪容礼仪要求。
2. 能够熟练运用眼神、微笑等表情礼仪。
3. 能够做到站、坐、走姿的标准、优雅。
4. 能够熟练运用手势、握手、介绍、致意、递物与接物等举止礼仪。
5. 能够展示良好的礼仪形象。

形象礼仪是社会个体的生活行为规范与待人处世的准则，是个人仪表、举止、待人、接物等方面的具体规定，是个人道德品质、文化素养、审美情趣等精神内涵的外在表现。

从表面看，形象礼仪仅仅涉及个人衣着打扮、举止投足之类的无关紧要的小节，但小节之处显精神，形象礼仪不仅涉及个人，而且事关全局。如果在社会交往中不顾个人的形象礼仪，必然授人以笑柄，小到影响个人的自身形象，大到足以影响社会组织乃至国家和民族的整体形象。

本模块将从个人的仪表美、表情美、举止美等方面介绍形象礼仪的常识。

子模块一　仪 容 礼 仪

情境模拟

一天，黄先生与两位好友小聚，来到某知名酒店。接待他们的是一位五官清秀的服务员，接待服务工作做得很好，可是她面色苍白，显得无精打采。黄先生一看到她就觉得心情欠佳，仔细留意才发现，这位服务员没有化工作淡妆，在餐厅昏暗的灯光下显得病态十足。上菜时，黄先生又突然看到传菜员的指甲油缺了一块，他的第一个反应就是“不知是不是掉我的菜里了”。但为了不惊扰其他客人用餐，黄先生没有将他的怀疑说出来。用餐结束后，黄先生唤柜台内服务员结账，而服务员却一直对着反光玻璃墙面修饰自己的妆容，丝毫没有注意到客人的需要。自此以后，黄先生再也没有去过这家酒店。

（资料来源：百度知道）

请指出案例中服务员在仪容上存在的问题？本案例对你有哪些启示？

基础知识

仪容主要是指人的容貌，由面容、发型以及人体所有未被服饰遮掩的肌肤（如手部、颈部等）等内容所组成。仪容是个人仪表的重要组成部分，在人的仪表美中占有举足轻重的地位。修饰仪容也就成为仪表礼仪的核心内容，是个人礼仪的基础。在人际交往中，整洁的仪容是取得事业成功的必要条件之一。

一、面容美

面容美是人的仪表美之首。要注意清洁与适当的修饰，为了使自己容光焕发，显示活力，男士应养成每天修面剃须的良好习惯，鼻毛应剪短，不留胡子。女士可适当化妆，但应以浅妆、淡妆为宜，不能浓妆艳抹，避免使用气味浓烈的化妆品。爱美之心人皆有之，人人都希望自己光彩照人，能获得他人的赞美，如何通过合适的修饰打扮，使自己光彩照人呢？

（一）皮肤的护理

1. 了解皮肤类型，选择适当的化妆品

皮肤可以分为中性、油性、干性、过敏性等几种类型。现在市场上出售的皮肤化妆品品种齐全，说明书上常标明适合哪一类皮肤，在选购前，必须认清自己的皮肤类型，正确选择。那么，怎样确定你是何种类型的皮肤呢？最简单的方法是去做一次皮肤测试，现在一些厂家、商店在销售化妆品时都会提供这样的服务。当然，你也可以自己测试：晚上洗脸后，不用任何化妆品，第二天早晨用面纸在鼻翼两侧轻擦，油迹不多者为中性皮肤，过多者为油性皮肤，基本没有者为干性皮肤。皮肤的类型随年龄的增长而改变，会逐渐由油性变为干性。市场上化妆品种类繁多，而且不断更新，选择使用时应该适合自己的皮肤，不要盲目使用。

在使用化妆品前应先试用。一般在臂上或耳后涂抹一小片，每隔 8 小时观察有无红肿、痒痛、疹子等过敏反应。24 小时后，若没有不良反应就可以使用。

2. 不同皮肤的护理术

要保持一个靓丽青春的自我，一脸滋润细腻的肌肤是关键。平时，对不同类型的皮肤应给予不同的日常护理，这种护理涉及日常清洗、护肤品选用以及饮食的搭配。

干性皮肤外观细腻，皮肤表面油脂分泌少，毛孔细小，不易长粉刺，但皮肤缺少弹性，而且易生皱纹，因此早晚清洗脸部时宜选用油性、滋润效果好的洗面奶。现在市场上洗面奶品种丰富，同一品牌的洗面奶又分为油性、干性、中性几种。洗面时最好不用香皂，因为香皂碱性较重，容易使皮肤更加干燥。洗完脸后，宜选用含油脂或注明保湿性较好的护肤品。最好护肤品与洗面奶是同一品牌的，并且日霜晚霜分开使用。临睡觉前应把面部妆容全部清洗干净，涂上晚霜再睡觉，这样可以使皮肤在晚间得到足够营养，同时可以防止皱纹产生。化妆水可用爽肤水。干性皮肤容易起皱，故日常生活中应保持愉快的情绪，保持皮肤足够的水分，日常饮食应多吃含维生素 A 及油脂较多的食物，如胡萝卜、坚果类、水果类。

油性皮肤的表面油脂分泌量多，皮肤毛孔粗，油腻发亮，毛孔明显，易长粉刺和小疙瘩，但不易起皱，有时鼻翼两侧、下巴和额头上经常油光发亮，很易沾灰变黑。故清洗时，应使用干性洗面奶清洗，也可用肥皂清洗，但不要抹在毛巾上用力搓皮肤，以免使其过度遭受刺激。清洗后涂上含油脂少的护肤品。油性皮肤护理的关键是要保证皮肤清爽洁净，否则易长粉刺和小疱。化妆水可用紧肤水。油性皮肤平时应少吃动物脂肪和甜食，多吃新鲜蔬菜和维生素 C 较多的水果。

中性皮肤从肤质上而言是最理想的一种皮肤。油脂分泌适中，皮肤毛孔均匀，表面光滑润泽，皮肤质地良好，适合使用中性洗面奶和护肤品，平日饮食保证多样化，切忌偏食与挑食，同时保证足够睡眠。

过敏性皮肤对某种物质较为敏感，一经接触就会出现红肿、斑疹、痒痛等症状。这类皮肤使用化妆品时一定要选择经试用合适的化妆品，不要随便更换。

3. 正确的皮肤保养方法

一是洁肤。每日早晚两次洗脸，清除附在面部的污垢、汗渍等不洁之物。正确的洗脸方法有助于保持皮肤的弹性。洗脸用温水，先用温水湿润脸部，用适量的洗面奶，用手由下颌向上揉搓，手指打圈，手经过鼻翼两侧至眼眶正反打圈。然后从上额至颧骨下颌部位反复打圈，从颈部至左右耳根反复多次，不要用毛巾使劲揉搓，不断用水抚脸拍脸，用水冲净面部的洗面奶，再用凉水冲洗干净。夏季可只用毛巾擦干眼部，其他部位水迹宜在脸上停留较长时间，这样对皮肤大有好处。

二是润肤。先涂上化妆水，然后涂上合适的日霜。晚上皮肤对护肤品的吸收力较强，应使用富含营养物质的滋润晚霜。

面部皮肤的保养应提倡体内调和、正本清源的积极美容法。具体地说，第一，平时适当参加户外体育运动，促进表皮细胞的繁殖，使表皮形成一层抵御有害物质的天然屏障。第二，保持良好的心境和充足的睡眠，这有助于面部皮肤的新陈代谢，使面容富有光泽。第三，注意合理的饮食，平日多吃水果蔬菜等富含维生素 C 的食品，多喝水，保持足够的水分，防止皮肤粗糙干燥。少吃高糖、高脂、辛辣的食物。第四，坚持科学的面部护理与按摩，促进血液循环，以使面容红润。采用积极美容法贵在坚持，只要你有恒心，一定能使你保持青春的风采，充满朝气与活力。

（二）面部化妆

化妆是一门综合艺术，与人们的审美能力、文化水平、艺术修养等有着密切的联系。

1. 化妆的基本原则

（1）适度协调。化妆应该适度，不要过分夸张，应注意与时间、场合相适应，与个人的服饰、年龄、性格、职业、周围环境相协调。

（2）自然大方。日常化妆应以淡妆为宜，要朴素大方、自然典雅，不要过于浓妆艳抹，把一张本来清新秀丽的面孔变成一副假面具，惹人生厌。

（3）扬长避短，人的脸形千差万别，各有各的特点，在化妆时应注意突出和强调面部自然美的部位，掩盖容貌上的缺陷，达到化妆的效果。

2. 化妆的礼仪要求

（1）化妆的浓淡要考虑时间、场合。

白天工作场合适宜化淡妆。工作时间画太浓的妆，脸上涂厚厚的粉底，嘴上涂厚厚的唇膏，与周围严肃紧张的工作气氛大不相宜，也让人感觉你关心的不是工作。有的人喜欢使用大量的浓香型的香水和香粉，这也是不合适的。晚上参加宴会、舞会、鸡尾酒会等社交活动时，适宜化浓妆，出席正式社交场合，不化妆是不礼貌的。外出旅游或参加运动时，不要化浓妆，否则在自然光下会显得很不自然。

（2）不在公共场所当众化妆或补妆。

不能在公共场所里化妆，在众目睽睽之下化妆是非常失礼的。如有必要化妆或修饰的话，要到洗手间去进行。工作时间不要化妆，否则易被他人当作不务正业的人。不允许在男士面前化妆，否则会引起误会。

（3）不要非议他人的化妆。

由于民族、文化传统的不同、肤色的差异以及个人审美情趣的不同，每个人的化妆不可能都是一样的，所以切不可对他人的化妆品头论足。

（4）不要借用他人的化妆品。

不论是对谁，不论是否急需，都不要去借人家的化妆品，这不仅不卫生，也不礼貌。

（5）男士化妆应适当，养成每天修面剃须的习惯。

男士要保持整洁大方的形象，每天修面剃须，不要油头粉面，化妆品太多，这是很让人讨厌的。

（三）口腔的清洁

保持口腔清洁，是人际交往中所必需的。

1. 牙齿清洁

人有一口洁白的牙齿是很美的。保持牙齿清洁，首先要坚持每日早晚两次刷牙。刷牙时不可敷衍，应顺着牙缝的方向上下刷，刷牙时间至少应在 3 分钟以上，这样才能起到洁齿的作用。平时应多吃蔬菜、水果和粗糙的谷类，以清洁牙齿。不吸烟、不喝浓茶，不要用牙签剔牙缝，可用牙线剔牙。注意不要当众剔牙，若餐后一定要剔牙，应用手加以遮盖。与人交谈时，嘴角不要有白沫，平日留心牙缝是否有食物残渣，最好以饭后刷牙漱口的方式除掉它。

2. 口臭影响交际

有些人有口臭的毛病，与人对面交谈时，口腔里发出难闻的气味，致使对方不悦，自己也很难堪。

通常情况下，口臭可能是由内脏疾病引起的，也可能是由口腔疾病或不注意口腔卫生引起的，应查明原因加以治疗。若是单纯性口臭而没有其他疾病，就应多注意口腔卫生，坚持早晚认真刷牙，饭后漱口，不暴饮暴食，多吃清淡食物，戒掉烟酒。

每天早晨，空腹饮一杯淡盐水，平时多用淡茶水漱口，可以清除口腔中的异味。工作之前不要吃葱、蒜、韭菜等带有强烈异味的食物，以免引起他人的反感。

口臭患者应注意闭嘴呼吸，避免呼出不良气味影响他人。与人交往时要保持一定的距离，千万不要凑到他人身边去，如必须在人耳边低声交谈，应用手加以掩盖。必要时可以用口香糖来减少口腔异味。但应指出，在人前嚼口香糖是不礼貌的，特别是与人一边说话一边嚼口香糖，更应避免。

二、发型美

发型是构成仪容美的重要内容。头处于人体的制高点，对人的冲击力很强，特别是从远处看一个人的时候，五官模糊，而发式却早已收入眼帘。

日本的著名企业家松下之助从前不修边幅，企业也不注重形象，因此企业发展缓慢。一天理发时，理发师不客气地批评他不注重仪表，说："你是公司的代表，却这样不注重衣冠，别人会怎么想，连人都这样邋遢，他的公司会好吗?"从此松下幸之助一改过去的习惯，开始注意自己在公众面前的仪态仪表，生意也随之兴旺起来。现在，松下电器的各类产品享誉天下，与松下幸之助长期率先垂范，要求员工懂礼貌、讲礼节是分不开的。

美观的发型能给人一种整洁、庄重、洒脱、文雅、活泼的感觉。一般来说，发型本身是无所谓美丑的，长发如云，自然温柔可嘉，短发飒爽，照样英姿可人，重要的是把头发保养好，使之清新柔顺、乌亮润泽，这才是真正的美。

（一）头发保养

头发暴露于身体外，每天要落入许多灰尘，加上头皮皮脂腺分泌物不断积累，头屑不断出现，因此要使头发秀丽而柔软，自然而光亮，就必须按时洗发，及时清洗头发的灰尘污垢。洗发时应该根据发质选用合适的洗发液，市面上有根据人的发质配制的干性、中性、油性三种洗发液，可有选择地加以使用。洗发前，最好先梳理头发，使头发松开，让一些脱落的头发从头皮上脱落。洗发时，洗发液应适量，用手指轻轻按摩头皮，再轻轻搔抓头皮，这样既可除去污垢，也可促进头皮血液循环，注意用力不要过猛，不要用洗发刷或梳子刮，避免损伤头发，洗发时水温要适宜，保持40度左右，太烫会伤头发，太凉使头皮血管猛烈收缩，对保养头发也不利。冲洗要干净，用盆洗至少两盆水，洗发后用毛巾擦干，自然风干，最好不要用电吹风吹干，不梳理湿发，可用护发素保养头发。如确需吹风，那么吹风温度不要太高，过高的温度易损坏头发，使头发变黄，失去原有光泽。

头发应经常梳理，这是头发的一种"运动"。梳理头发可以去掉头发的污物和头屑，也可以在梳理过程中使头发受到一定拉力，益于头发生长，促进头皮血液循环。梳头发时，动作要轻柔，不要太猛太用力，这样容易拉断发丝，损坏头发；长发应从发梢梳起，逐渐向上，直至发根。

烫发可以使发型更美，然而烫发应适宜，不可过频。烫发时使用的药水含较强的碱性化学物质，有害于头发、头皮和毛囊，特别是高温吹烫且次数过频时，头发细胞易坏死，头屑增多，头发变焦，易脱落，发色由黑变棕，密度由密变疏，强度由坚韧变脆弱而易断折，寿命缩短。

染发亦应慎重，尽量少染，最好不染，因为染发剂可能引起皮肤过敏，也可能使头发变脆而疏松，造成一定损伤，还可能使有害物质（如铅）被人体吸入，造成危害，更有甚者可能诱发癌变。

保养头发应经常注意用两手指左右旋转着轻柔发根，有促进头发生长、减慢头发变白的功效。每天坚持用手指按摩头皮 20 分钟也可有这种效果。外界对头发的强刺激也应该注意避免。强烈阳光下，应戴上遮阳帽以保护头发，因为过度的日晒会使头发干枯变黄。游泳时注意带游泳帽以保护头发，游泳后把头发冲洗干净，尤其是海中游泳后，海水中的盐分是头发的大敌，头发中含盐分过多，则更能吸收阳光中的紫外线，使头发受损害的程度增加好几倍。

保养头发要注意饮食，蛋白质、碘、维生素 B 等可补给头发养分，使头发有光泽，而过多吃盐、脂肪、辛辣食物等会使头发变得不健康。应适当多吃动物肝脏、蛋黄、黑豆、黑芝麻、核桃、坚果等含铁、铜等矿物质较多的食物。

人的精神状态对头发的保养也非常重要。俗话说："笑一笑，十年少；愁一愁，白了头。"这就要求我们经常保持良好的情绪，精神愉快、心境平和、生活规律，头发可以乌亮浓密；精神萎靡不振、心情忧郁、情绪紧张，头发则灰暗脱落。保持头发的美丽，良好的营养和精神状态是根本。

（二）发型礼仪

对美的追求是人类的天性。头发居人体之首，一头柔美秀丽的头发会使人的仪表更美。在保养头发的基础上，如何选择适宜的发型，这就涉及发型的礼仪问题。

1. 发型应与脸型相配

总的原则是使发型的曲线与脸上的线条相中和，用头发的蓬松与遮盖来弥补脸型的缺陷。

一般而言，瓜子脸型者配上任何发型均有较好的效果。而长方脸型者，适合留有刘海式的发型，这样可以弥补脸长的缺陷。脸短者，头发留得太长，男士可留"寸头"，女士则适宜把头发向后梳理束成辫子，这样可以增加脸的长度。圆脸选用削发或童花式发型，会使脸部更圆更扁。对男性来讲，发角不可蓄留太矮，顶发可上卷或自然蓬松，不留耳发；对女性来讲，可以把头顶头发挽高，使脸部显长，不留刘海儿，避免遮额头，并且两边头发可披下，遮住两颊，以减少脸部的宽度。方型脸对于男士可以无所顾忌，对于女士应尽量通过发型遮去方型脸的四个棱角，可以使两鬓的头发自然下垂，可以卷成波浪形自然地贴住脸盘两侧，尽量使脸部显得柔和有生气。"三角脸"，顶部头发蓬松，女性还应以发梢微遮两颊，使发线自中心向外侧倾斜，以求美观优雅。"倒三角脸"，原则上上半部头发不要蓬松，对男性来讲还应注意使额前留发遮住宽额头，对女性来讲，也应尽量增加两侧发量，尽量梳得蓬松，并使发线采用直线中分。

2. 发型应与年龄相配

年轻女性梳短发，显得青春活泼，披长发则显得飘逸俊美，因此发型的选择余地较大，不大受年龄限制，而受身材、脸型、性格等因素制约较大。中年女性则不宜披长发，因为披肩长发与她们成熟稳重的气质不相称，而且披长发更显老气，所以一般宜留短发、卷发或梳盘髻。老年女性也宜留短发或梳盘髻发式，显得年轻一些。中青年男性适合留分头、短平头，分头显得俊秀文雅，短平头显得自信、豪迈、刚健。老年男性适合背头，或叫后梳头，特点是顶发与侧发向后梳去，显得沉稳持重、成熟老练。

3. 发型应与性格相配

不同性格的人对发型的要求也不同。研究表明，最早采纳流行发型的人可能是对环境适应能力很强的人，但一个人如果经常随便更换发型就证明他是一个善变、举棋不定、三心二意的人。经常变动发型，也证明此人容易轻信他人，易受他人煽动，很少执着于自己的意志、喜好，这类人中的女性大多脾气好而又为人率真。

男性如留长发，则表明此人带有一种对权威权势的反抗意识，或标新立异的反传统心理。剃光头，除了为起到喜剧效果、宣传效果外，一般认为是攻击欲较强的人。由以上可以看出，发型与人的性格息息相关。所以一般认为留飘逸长发的少女温柔贤淑，留短发的属活泼好动之人；保守的人发型也守旧，而喜创新的人发型也喜别具一格等。

4. 发型应与体型相配

人的头部是人体的组成部分，与人体要保持 1∶7 的比例，所以，发型还应与人的体型相配。体型瘦高者适合留长发型，两侧头发要蓬松一些，不宜盘高发髻或将头发削剪得太短。体型高大者一般留简单的短直发为好，也可以是大波浪的卷发或盘发。体型矮小者不适合长发型或蓬松的发型，应选择精巧别致的短发型或高盘发，这样可以给人一种挺拔向上的感觉。体型矮胖者可选择有层次的短发型，或将头发盘起，将脖子露出，不宜留长波浪、长直发。

5. 发型应与职业相配

不同的职业对发型的要求也不同。公务人员的发式除考虑自身条件外，要选择朴素、端庄、大方、整洁的发式，会给公众留下生气勃勃、精神饱满的印象。发型散乱不整会给公众萎靡不振的感觉，降低信誉度。一个年轻漂亮温柔贤淑的姑娘披一头瀑布般美丽的长发是很美的，但是如果在操作机器时也披这一头长发，则非常危险，因为飞速转动的机器可能会把这一头长发扯入机器中。曾经有一位姑娘被机器连头发带头皮一起扯下，造成了生命危险。青少年学生和运动员适合较轻松活泼的发型，以显出年轻人的朝气与活力。作为一名教师，发型则应朴素、端庄、典雅。对公关人员来讲，更要考虑自己的职业特点来留发型，如招待客人进餐则不宜留长发，因为长发飘落下来易污染盘中的食物，所以要求把头发盘起或扎起。

6. 发型应与环境相配

发型的选择也要考虑与生活或工作环境相适应。如农民下田耕种不能梳着一头披肩长发；宴会上不能头发蓬松、散乱；上公共汽车时长发女性最好用一只发夹或橡皮筋束起长发，以免使自己受伤害或影响别人；运动时也要把头发束起来。

7. 发型应与民族相配

各个民族都有自己特有的发型、头发颜色，因此国人不要盲目染发或效仿西方的一些奇怪发型。如果亚洲女性把头发染成金黄色，会与自己的皮肤、五官不相配，看起来不伦不类。所以，应保持本民族的特色，“自然”即美。

8. 发型应与季节相配

不同的季节应梳不同的发型。冬天可把长发披起，夏天剪成短发或扎起来，以适应气候变化等等。

9. 发型应与自己头发的自然特点相称

每个人头发的质地不同，在选择发型时应该考虑到自己头发的自然特点。头发如果粗硬浓密，理发时可打薄后略带波纹，以增加柔软感。如稀疏细软，可采用小型发式，短发分层剪理，以增加厚度和蓬松感，并且可以烫发，烫得蓬松些，还可以戴假发以弥补。

由以上所述可以看出，发型的礼仪应综合考虑自己的身材、脸型、年龄、性格、职业、环境、民族、季节、头发的自然特点等因素，选择适合自己的发型。

三、颈部美

人们化妆时往往只注意面部的美容，涂脂抹粉颇为细心，却常常忽略了与面部相连的颈部的美容。其实，颈部是人体最容易显现一个人年龄的部位，平时要和脸部一样注意保养，保持颈部皮肤的清洁，平时涂面霜时，应在颈部也薄薄地施上一层，以保护滋养颈部皮肤，并加强颈部的运动和营养按摩。

四、手部美

手是人的第二张脸。手、手指和指甲的美与人体其他部位的美一起，组成了人尤其是女性的整体风采，也极易被他人注意。古人常用“纤纤玉手”来形容女性手的美。一双美丽的手，应是皮肤细洁、丰满和修长的，这当然是指女性。对男性而言，则应是手指粗壮、掌肌丰满、灵活有力。但无论男女，共同的要求是手的肤色要光泽丰润，干巴巴的肤色、粗糙的皮肤，让人看了总觉得不适，因此应学会对手的美容。

首先，应注意保护手的皮肤，避免由于干燥而皲裂、因不慎而烫伤。在给面部涂抹面霜的同时，也应给手以滋润。

其次，要注意美化指甲。指甲长了要修剪，并用锉刀将剪好的指甲边缘磨光滑，这样可以防止指甲断裂或因指甲边缘不平而钩拉衣袜。有些人不注意指甲卫生，指甲缝里全是污垢，也有的人有咬指甲的不良习惯，很不雅观。指甲缝的污垢，可用细软的毛刷清洗干净，不要用坚硬之物去挑剔，因为这样做不但不能彻底清除脏物，还会使指甲缝隙增大，进而更容易藏纳脏东西。

现在许多女士喜爱涂抹指甲油，这确实起到了保护指甲和美化指甲的双重作用。指甲油颜色的选择可根据个人的爱好，但也要考虑与口红、服装相配套，这样会显得更和谐。透明无色的指甲油既本色又优雅，适合各种场合和各种色彩的服装，对于年龄偏大的女性尤为适用，年纪轻的女性不妨将颜色选得鲜艳一些，与其充满活力的青春相辉映。

子模块二　仪表礼仪

情境模拟

元世祖忽必烈一次召见应聘官员，应聘者中有一位学士叫胡石塘。此人生性粗心，不拘小节，歪戴着帽子也没有发现就进去面见忽必烈。忽必烈看见他，问道："你有什么本事啊？说来我听听。"胡学士回答说："我有治国平天下的学识。"忽必烈听了哈哈大笑："你连自己头上的帽子都戴不平，还能平天下吗？"胡学士因此落选。

（资料来源：百度文库）

为何胡学士因为歪戴帽子、不拘小节而落选？

基础知识

服饰，大而言之是一种文化，它反映着一个民族的文化素养、精神面貌和物质文明发展的程度。小而言之，服饰又是一种语言，它能反映出一个人的职业、性格、文化素养、审美意识，也能表现出一个人对自己、对他人以至于对生活的态度。因此，在办公室或社交场合和日常生活中都要注意自己的服饰。

一、服饰穿戴选择的基本原则

服饰穿戴选择的基本原则是和谐、得体、整洁、美观。

（一）服饰的选择要与穿戴者所处的环境相协调

不同场合有不同的情境气氛，人的衣着打扮应与所处的环境相协调。在社交场合的穿着大致可分为礼服和便服两种。礼服主要是出席正式、隆重、严肃的场合时的着装，如西服、旗袍或民族服装。便服只是在一般场合、日常交际中的穿戴，相对可随意一些。在一些特定的场合，服饰应遵守下列礼仪常规：

办公时的着装。在办公室工作时穿着应整齐、稳重、大方。有的单位专门规定工作人员上班时不能穿短裤、运动服，女士不能穿超短裙；有些单位要求员工统一着装，以显示良好的形象。不论是否有统一要求，办公服装必须是庄重整齐的，它表明了工作人员的责任感和可信任程度，也表现了对他人的尊重，穿新潮时装是不妥的。

宴会、记者招待会时的着装。出席这类较为隆重、正规的社交场合，着装应讲究，男士可穿颜色深一点的西装，女士可穿套裙。这类场合切勿穿衬衫、短裤之类服装赴会，这是极为失礼的。

葬礼时的着装。葬礼的气氛是悲痛肃穆的，此时应穿简便、庄重的服装，宜着黑色，至少也要穿深色的衣服，女士不抹口红、不佩饰物。出席此种场合，穿红戴绿、浓妆艳抹是不适当的，也是有失礼数的。

参加婚礼的服装应整齐、美观、大方，不应过分艳丽。

外出旅游、参观游览或休闲在家，着装可随便些，一般以宽松舒适为宜。

（二）服饰的选择要与穿戴者的职业和身份相协调

服饰应适合自己的职业和身份。教师着装应是朴素、整洁、自然大方，学生应穿校服，以自然质朴为原则。再如，礼仪小组、公关小姐、服务小姐、航空小姐的服装都有各自的规范。如果自己的服饰与自己的身份、职业很不协调，就可能显得滑稽可笑。

（三）服饰的选择要与穿戴者的自身条件相协调

服饰应与体型相协调。身材高的人，在服装选择与搭配上，应注意上衣适当加长以缩小高度，切忌穿太短的上装。较矮的人，上衣不要太长、太宽，裤子不能太短，裤腿不要太大，裤脚宜盖着鞋面为好，服装色彩宜稍淡，明快柔和些为好，上下色彩一致可以形成修长之感，服装款式宜简洁，忌穿横条纹的服装。V 型无领外套比圆领更能营造修长之感。较胖的人不能穿太紧身的衣服，衣领以低矮的 V 型领为最佳，裤或裙不宜在衣服外面，更不能用太夸张的腰带，这样容易显出粗大的腰围，颜色上以冷色调为好，过于强烈的色调就更显胖了。忌穿横条纹、大格的或大花的衣服。偏瘦的人要尽量穿得丰满些，不要穿太紧的服饰，服装色彩尽量明亮柔和，太深太暗的色彩反而显得更瘦弱，可选穿一些横条、方格、大花图案的服饰。

着装除了与体型身材协调外，还应该与年龄相吻合。年轻人可穿得鲜亮、活泼、随便些，中老年人相对应该穿得庄重、严谨些。年轻人穿得太老气就显得未老先衰没有朝气，相反，老年人如穿得太花哨就会被认为老来俏。随着生活的发展，人们着装的观念发生了许多变化，一个很明显的趋势就是：年轻人穿得素雅，而中老年相对花俏，老年人希望通过服装来掩盖岁月的痕迹，年轻人试图通过服饰来使自己成熟，这自然无可厚非。但不管怎么说，服饰打扮始终还是有年龄距离的，一个老年人如穿上少女装总欠妥当。服饰的选择必须适合自己的年龄，方能创造出服饰的神韵。

服饰应与肤色相配。肤色黄白适宜穿粉红、橘红等柔和的暖色调衣服。面色红润适宜穿茶绿或墨绿色服装，但不要穿纯绿色的，否则会显得很俗气。面色偏黄适宜穿蓝色或浅蓝色上装，可将肤色衬托得洁白。肤色黑黄不要选择鲜艳的蓝色和紫色。肤色偏黑的适宜浅色调明亮些的衣服，如浅黄、浅粉、月白等色彩，不宜穿深色的，尤其不要穿黑色的服饰。

（四）服饰的选择要与穿戴的时节相协调

选择服饰时除了要考虑到环境、场合、职业和自身条件外，还要考虑到时节变化。在寒冷的冬季，应选择深色的服装，以咖啡、藏青、深褐色为主，保暖性要强一些；春秋季节应选择中浅色调的服饰；夏季服饰应以简洁、凉爽为原则，色调以淡雅为宜。

二、男士着装礼仪

很多人都认为服饰打扮是女士的专利，其实男士更应该注重服饰打扮，因为男士比女士有更多的机会参与社交活动，如何在社交活动中给人留下美好印象、体现男性美，这与服饰打扮不无关系。

总的来说男士的穿着不求华丽、鲜艳，衣着不宜有过多的色彩变化，大致以不超过三种颜色为首要原则。

（一）西装

西装是世界公认的男士正规服装，几乎在所有场合均可以穿着。西装产生于欧洲，其造型优美，做工考究，无论男士、女士穿着后都显得典雅大方，所以很有魅力，深得各界人士的喜爱。

西装于清朝末年传入我国。改革开放以来逐渐普及、流行，已逐步取代中山装，成为标准礼仪服装。因此，在社交活动中，必须懂得西装的着装要求。

西装上面的口袋不可以用来插笔，只起装饰作用，可以装饰手帕，下面的两个口袋也不应放物品，特别是钥匙之类的东西放在袋里会破坏西装的整体美，也会造成上衣变形。一般可将物品放在胸前的内袋中。

西装有单排扣、双排扣之分。双排扣西装一般要求把扣子全部扣好，不可以把扣全部打开。单排扣三粒扣子的只系中间一粒，两粒扣子的只系上面一粒，下面的扣不系，或是全部不系。在外国人眼中，只系上面的扣子是正统，只系下面的扣子是流气，两粒扣都系上是土气，全都不系则是潇洒。在较正式的场合，一般要求把上面的扣子系上，在坐下的时候应该解开。

西装有单件上装、套装之分，套装又分为二件套和三件套。一般非正式场合，如旅游、参观等，可穿单件西装，即便西装，颜色可以稍淡些，可以是格子或条纹图案。便西装可以搭配不同颜色的裤子，但须注意上衣与裤子的面料、颜色的搭配协调。内衣可以是衬衫，也可以是T恤或毛衣，可以不打领带，以显示一种随意潇洒的风格。需注意前开身的毛衣不应穿在西装里面。

在一些比较正式的场合，如会见、访问、会谈、正式宴会、婚丧活动、典礼等活动中，男士应穿正式套装，颜色以深色为好，忌穿花格或有图案的套装。三件套西装在正式场合不能脱下外衣。

套装中西裤的穿着也有讲究。西裤的长度以裤脚碰到脚背为宜，切忌裤长超过鞋跟接触地面或太短盖不住脚面，裤袋内不宜放东西。西裤穿着应扣好裤扣、拉好拉链。皮带的颜色应与西裤协调，以深色特别是黑色为最好，带头既要美观、又要大方，不要太花哨。裤带扎好后，不应在皮带、裤鼻上扣挂钥匙等物品。

穿西装时如何配穿衬衫也有学问。衬衫是西装的一个点缀，具有美化西装的功能。一般而言，衬衫以淡颜色居多，最常用的是白颜色，可以搭配所有的西服。衬衫最讲究、最显要的是领口，衬衫领子以小方领为多，领头要硬挺。领口不能太大，也不能太小，以扣上领扣以后自己的食指上下自由插入为宜。袖子的长度以长出西装袖2cm左右为标准。穿西装时，衬衫应塞进裤腰内，衬衫内忌再穿高领棉衫。如系领带，衬衫最上面一粒扣子应扣紧，如不系领带，衬衫的扣子可松开一个。衬衫袖子的扣子必须扣上，切忌翻起。当然，如衬衫单穿时，袖子可以卷起，领子可以松开，但如要配扎领带，不论是否与西装合穿，都必须将衬衫的全部扣子系好，不能挽起衣袖，袖口也应扣好。如穿深色西装，配以白衬衣总是合适的，正式场合，忌穿花衬衣。花衬衣可以配单色西服，单色衬衫可配条纹或方格西装，条纹衬衫可配单色西装，衬衫的颜色总是越清爽越好，这样领带可以起到更好的调节点缀作用。

（二）领带

领带是西装的装饰品，也是西装的灵魂，在西装的穿着中起着画龙点睛的作用。一件得体的西装，配上一条精致的领带，会使你风度翩翩、神采奕奕。在正式场合，如不系领带而穿着高档西装就显得苍白无力。领带面料有毛织、丝质、化纤几种，花色图案更多，领带选择应与衬衫和西装相配。领带的颜色一般不宜与服装的颜色完全一样，以免给人呆板的感觉。一般而言，男士一身服饰的色彩以不超过三色为原则，当然领带上可以有些红或白的条纹或别的花色图案。领带系好后的长短有要求，不能太短，也不能太长，以领带尖盖住皮带扣为宜，如同时穿西装背心或 V 型领羊毛衫，应将领带放于背心或羊毛衫内。

领带夹是领带的装饰品，功能无非是固定领带。选用领带夹应选质地好的，质地次的领带夹有可能损坏领带。领带夹放置在从上往下数衬衫的第四纽扣处为好。

（三）鞋袜

鞋和袜是男士穿西装时的重要配件。试想，一套深黑色西装配穿一双浅色皮鞋或一双白色袜子该是多么不伦不类。对男士而言，宜穿黑色或深棕色皮鞋，皮鞋应锃亮无灰。浅色皮鞋适宜配休闲装，在娱乐时穿。至于袜子，最好配与西装协调的深色袜子比较好，如配一双太白太亮的袜子，有可能把人们的目光引到脚上。袜子一般要求是中筒袜，否则坐下来稍不留意就会露出皮肤有失体统。穿西装时最忌讳的就是配穿旅游鞋、布鞋、凉鞋与球鞋等，这是极不雅观的搭配。同时，穿西装时，也不应在脖子上加厚厚的围巾和戴手套，如觉得不够暖和，可以外套一件长风衣，不过风衣一般在室外穿着，一则可以御寒，二则可以保护西装的平整干净。一旦进入室内，就应把风衣脱掉。

（四）围巾、帽子、手套

男士在上班时，或在较正式的场合应该选用棕色、灰色、深蓝色的围巾，酱紫色也可以。进入室内后，应将围巾连同帽子、手套、外衣一齐脱下。男士任何时候在室内都不可以戴围巾、帽子和手套。与人握手时应将手套摘下，否则是失礼的。向人致意时，应把帽子取下，以示对他人的尊重。

（五）公文包

公文包也是组成男士服饰礼仪的一个配件。对于经常出门在外的男士，手头有一个适当的公文包，一则可以用来放置有关文件、票证和香烟等日常用品，二则拿着公文包有一种美感，可以平添几分帅气。公文包上不宜带有装饰物，以深棕色或黑色为宜，也可以根据服饰选择与之相配的其他颜色的皮包。

（六）眼镜

眼镜是男士常用的饰物之一。眼镜除了实用价值外，对人的面部起着很大的美化作用。许多人因为戴上一副眼镜而平添了几分儒雅风度。眼镜有近视镜、平光镜和墨镜之分。眼睛近视的人应佩戴与自己眼睛度数相符合的眼镜，这样才利于保护眼睛。平光镜是专门为一些非近视的、试图从中获得几分气度的人设计的，故选择时应根据自己的脸型、肤色选择最适宜的眼镜。墨镜为有色镜，主要是为了挡住阳光的直射，但许多人为了漂亮或某种目的，也经常戴墨镜，应注意的是，在正式场合忌戴墨镜，因有眼疾需戴墨镜时应向对方说明并致歉意，与人握手说话时应摘下墨镜。

三、女士着装礼仪

女子服饰无论在服装界、商界或妇女界始终是一个热点。服装界试图推出让女士们满意的时装，商界希望妇女多掏钱，妇女界希望通过服饰来增添自己的魅力。同样，在社交界，女士的服饰总是引人注目的，每一个女性均希望在社交场合显得高贵、典雅、大方，走在马路上拥有很高的“回头率”。那么，女士如何达到这个目的呢？最首要的就是，注意自己的服饰打扮。

（一）服装

女士的着装应当体现出女士的职业特点、性格特征和女性的魅力，并且与具体的场景相协调。

在正式场合，应穿典雅大方的套装。女士在衣着上的选择余地很广，适合男性穿的服装女性同样也可以穿。但裙子是女士衣着中最能展现魅力的服装。在社交场合女士穿的裙子应长短适度，不能过短，至少应长及膝盖，普通的长裙适于一切场合，比较正式的场合应穿西装套裙，切忌在办公室内穿超短裙，着裙装不能太透太露。长裙适于女士在所有场合穿，但有些国家规定，在隆重的庆典活动中女士不准穿长裙。

女士的衣着要高雅、整洁、大方，而且要注意在不同的场合中选择合适的服装。参加宴会，要注意使自己的衣着同宴会场合的色彩、气氛和谐。参加婚礼不要穿白色或红色的衣裙，否则人们会认为你有意同新娘比高低。参加丧礼宜穿黑色或颜色柔和的衣裙，不带过多的饰物。办公时选择套装套裙为好，颜色以素雅为主，如白、灰、黑、藏青等，给人一种稳重、端庄、高雅之感，切忌大红大绿或太亮太刺眼的颜色，款式以简洁、大方为宜，切忌太复杂、装饰性太强。在家里可穿便装，无客人时，可穿睡衣、睡裙，但不能这样接待客人。在客人面前，适当修饰还是必要的。

（二）帽子、手套、围巾

女士的围巾、帽子、手套应与服饰协调。若是服饰色彩单纯，或是色彩较为暗淡，应该用花色围巾、帽子与手套；若服装本身很花哨，则应选择素色的。正式场合中，无论室内外，女士都可以戴帽子，但帽子檐不能过宽，以免遮挡别人的视线。与人握手寒暄时，女士可不必脱下手套。

（三）鞋袜

服饰礼仪的内涵是很宽泛的，不仅仅指上下身的服装打扮，比如鞋、袜的选择与搭配，也有很强的礼仪内容。

鞋在服饰礼仪中具有重要地位。一身漂亮的衣服总得有一双得体的鞋相配才能彰显整体美，一套精致的时装绝不能配一双布鞋或球鞋。在社交场合，最常用的就是皮鞋，颜色以黑色为主，因为黑色可以与所有颜色的服饰相搭配。鞋与服装应协调，如选择花色的时装鞋，那么衣裙的主色应与鞋的某一种颜色相呼应，这样才显得和谐。穿运动装适合穿旅游鞋或运动鞋，穿牛仔装适合穿休闲鞋，如果鞋和服装反差太大，就会破坏了整体美。一般而言，夏天穿清淡色的鞋，冬天穿颜色较深的鞋。

许多人都说，夏天是女士的季节，女人在夏季最美丽，这可能要归功于女士的裙装，女士穿裙子总是漂亮的，而把裙子衬托得更美的，就是女士的袜子。在正式场合，女士如穿裙装，必须穿适当的袜子，不穿袜子出现在社交场合是很不礼貌的。女士穿长裙，可选择中长肉色袜；如穿超短裙或一步裙，应配穿连裤袜。总之，袜子的长度一定要高于裙子下部边缘，否则一走露出一截腿来，很不雅观。

袜子的颜色与自己的肤色相配，以肉色、黑色为宜，如穿淡颜色的裙子切忌穿黑色长袜。要注意不要穿挑丝、有洞或用线补过的袜子外出，不要当众整理自己的袜子，不要让袜口露在裙摆或裤脚外边。

（四）包

包是女士社交场合不可缺少的配件，自古以来就受到女性的青睐。参加社交活动，如宴会、舞会，以手拿小巧精致的皮包或工艺包为好。正式场合，不要背大包入场，这与气氛不协调。经常参加社会活动的女士，可以多备几个不同款式、颜色、质地的包，可根据穿着的服饰搭配不同的包，以达到整体的和谐与完美。不能以一身高档的服装去配一个廉价的包，显得不伦不类。真皮包适合所有的场合，是高贵典雅的象征。

四、各类饰物的佩戴

饰物的佩戴是服饰礼仪的重要组成部分。饰物的佩戴有一套规矩，它是一种沉默的语言，既向他人暗示了某种含义，又显示了佩戴者的嗜好和修养。在社交场合，每个人都应了解饰物佩戴的一些特殊意义以及佩戴饰物的技巧。

（一）戒指

戒指通常应戴在左手上，具体戴在哪个手指上有一定的讲究：戴在食指上，表示尚未恋爱正在求偶；戴在中指上，表示已有意中人，正在恋爱；戴在无名指上，表示已订婚或结婚；戴在小指上，表示独身，誓不婚恋；大拇指一般不戴戒指。在一些西方国家，未婚女子的戒指戴在右手上而不是左手上。一般情况下，一只手上只戴一枚戒指，戴两枚或两枚以上戒指是不适宜的。由于戒指的不同戴法有不同的含义，在社交场合一定要注意，避免失礼。

（二）项链

项链是女性常用的饰物之一，现代男性也有戴项链的。选择项链时应考虑一些个体的因素。个子且颈部细长的人，用短粗项链可以缩短颈长。金银、珍珠等价值颇高的项链不宜太粗太长，而以精致短小为佳。相反，一些仿制的工艺项链可夸张粗大一些，可以增加艺术效果。工艺项链适宜戴在羊毛衫、套头衫外面，而金银、珍珠以贴颈戴为宜。

（三）耳环

耳环也是女性常用的饰物之一。现在市面上耳环的款式丰富多彩，但并不是所有款式均适合每个人。耳环是佩戴在耳朵上的一种饰物，因而戴与不戴以及怎样戴直接影响到整个脸部的效果。耳环有各种色彩和质地，佩戴时应注意与脸型、服装款式、色彩等相协调。一般而言，金银色或白色的耳环适合所有衣服色彩，彩色耳环则应与服装颜色相配。

脸型圆胖的女士不宜戴圆形耳环，脸型瘦长的戴圆形耳环较合适。圆形脸的女士可选择带链的长耳环、垂坠式耳环，使脸型显得修长、俊俏。方脸型女士可选卷曲线条、圆形、纽形或垂挂式耳环。脸型较长的女士，可选择增加阔度感的耳环，如大纽形、大圆形、大方形等，均有一种夸张之效，可使人显得更富有曲线美。瓜子脸对耳环选择范围较广，尤其以扇形耳坠、泪滴形耳坠为好。

（四）手镯与手链

佩戴手镯、手链讲究差不多。已婚者应将之佩戴在自己的左腕或左右双腕同时佩戴。如果仅在右腕佩戴，则表明佩戴者是自由不受约束的。戴手镯、手链时一般不再戴手表，否则就显得太累赘。一只手上不宜同时戴两只或两只以上的手镯或手链。

以上主要讲了服饰礼仪的有关问题，就每个着装的个体来说，如何着装有自己的选择权，但一个人一旦参加到集体活动中去，就成了群体中的一员，在着装问题上也就加进了不容忽视的集体因素。服饰是一种文化，恰当地着装，对国家与民族来说是社会形象问题，对集体来说是群体形象问题，对个人来说是素质修养问题。总而言之，在群体活动、礼仪场合以及社会个人之间的交往中，我们应遵守一定的礼仪服饰规则。

【案例 1】

企业选拔的是助理不是模特

一次，小黄去一家外企进行最后一轮总经理助理的面试。为确保万无一失，她做了精心的打扮。一身前卫的衣服、时尚的手环、造型独特的戒指、亮闪闪的项链、新潮的耳坠，身上每一处都是焦点，简直是无与伦比、鹤立鸡群。况且她的对手只是一个相貌平平的女孩，学历也并不比她高，所以小黄觉得胜券在握。但结果却出乎意料，她并没有被这家外企所认可。主考官抱歉地说："你确实很漂亮，你的服装配饰无不令我赏心悦目，可我觉得你并不适合干助理这份工作。实在很抱歉。"

（资料来源：百度网）

【案例简析】

面试服饰应以大方、干练为主，不宜过于时尚。小黄面试时前卫的衣服、时尚的手环、造型独特的戒指、亮闪闪的项链、新潮的耳坠与所处的面试环境不匹配，说明她不知道面试时的服饰礼仪反映了礼仪素质修养的不足。另外，她过于关注自己的打扮，将来能否把精力放在工作上值得怀疑。

【案例 2】

维护好个人形象

郑伟是一家大型国有企业的总经理。有一次，他获悉有一家著名的德国企业的董事长正在本市进行访问，并有寻求合作伙伴的意向。他于是想尽办法，请有关部门为双方牵线搭桥。

让郑总经理欣喜若狂的是，对方也有兴趣同他的企业进行合作，而且希望尽快与他见面。到了双方会面的那一天，郑总经理对自己的形象刻意地进行一番修饰，他根据自己对时尚的理解，上穿夹克衫，下穿牛仔裤，头戴棒球帽，足蹬旅游鞋。无疑，他希望自己能给对方留下精明强干、时尚新潮的印象。

然而事与愿违，郑总经理自我感觉良好的这一身时髦的“行头”，却偏偏坏了他的大事。郑总经理的错误在哪里？他的德国同行对此有何评价？

（资料来源：道客巴巴）

【案例简析】

根据惯例，在涉外交往中，每个人都必须时时刻刻注意维护自己的形象，特别是要注意自己正式场合留给初次见面的外国友人的第一形象。郑总经理与德方同行的第一次见面属国际交往中的正式场合，应穿西服或传统中山服，以示对德方的尊敬。但他没有这样做，正如他的德方同行所认为的：此人着装随意，个人形象不合常规，给人的感觉是过于前卫，尚欠沉稳，与之合作之事当再做他议。

【案例 3】

接待人员勿在着装上犯大忌

一外商考察团来某企业考察投资事宜，企业领导高度重视，亲自挑选了庆典公司的几位漂亮女模特来做接待工作，并特别指示她们身着紧身上衣，黑色的皮裙，领导说这样才显得对外商重视。但考察团上午见了面，还没有座谈，外商就找借口匆匆走了，工作人员被搞得一头雾水。后来通过翻译才知道，他们说通过接待人员的着装，认为这是个工作以及管理制度极不严谨的企业，完全没有合作的必要。

（资料来源：百度文库）

【案例简析】

着装也是一种无声的语言，它显示着一个人的个性、身份、角色、涵养、阅历及其心理状态等多种信息。在人际交往中，着装直接影响到别人对你的第一印象，关系到对你个人形象的评价，同时也关系到一个企业的形象。该企业接待人员在着装上犯了大忌。根据着装礼仪的要求，工作场合女性穿着紧、薄的服装是工作极度不严谨的表现。

【案例 4】

面试时应注意仪表美

一次某公司招聘文秘人员，由于待遇优厚，应聘者很多，中文系毕业的小张同学前往面试。她的背景材料可能是最棒的：大学四年，在各类刊物上发表了 3 万字的作品，内容有小说、诗歌、散文、评论、政论等，还为六家公司策划过周年庆典，一口英语表达也极为流利，书法也堪称佳作。小张五官端正，身材高挑、匀称。面试时，招聘者拿着她的材料等她进来。小张穿着迷你裙，露出藕段似的大腿，上身是露脐装，涂着鲜红的唇膏，轻盈地走到一位考官面前，不请自坐，随后跷起了二郎腿，笑眯眯地等着问话，孰料，三位招聘者互相交换了一下眼色，主考官说：“张小姐，请回去等通知吧。”她喜形于色：“好！”挎起小包飞跑出门。问题是：小张能等到录用通知吗？为什么？

假如你是小张，你打算怎样准备这次面试？

（资料来源：好搜问答）

【案例简析】

小张等不到录用通知。第一，衣着。面试的时候应该穿正装，最好是带有职业性质的服装或套装。第二，面容。面试的时候化装是对对方的尊重，但是一般是以淡妆为主，嘴巴涂有一定颜色的唇彩，让人觉得自己精神就行，不需要太艳丽的颜色。第三，坐姿。坐下的时候，如果你穿的是裙子可以选择两脚并拢往左边或右边斜着，这样即美观又落落大方；如果你穿的是裤子而且又要跷腿，那么跷腿时把脚尖压下去，用脚尖对着别人是对别人的不尊重。第四，走路。走路不应该过急或过慢，尤其是面试有了一定结果的时候更不应该选择跑，这样会给对方留下不好的印象，还有可能撞到其他人。第五，笑。在礼仪中我们讲究的笑是露出八颗牙齿，这样既能表达笑又不觉得做作。

子模块三　仪态礼仪

情境模拟

有一位美国华侨到国内洽谈合资业务，洽谈了好几次，最后一次来之前，他曾对朋友说："这是我最后一次洽谈了，我要跟他们的最高领导谈，谈得好，就可以拍板了。"过了两个星期，他又回到了美国，朋友问："谈成了吗？"他说："没谈成。"朋友问其原因，他回答："对方很有诚意，进行得也很好，就是跟我谈判的这个领导坐在我的对面，当他跟我谈判时，不时地抖着他的双腿，我觉得还没有跟他合作，我的财都被他抖掉了。"

（资料来源：百度文库）

合同为什么被"抖掉"了？举止礼仪都有哪些呢？

基础知识

举止是指一个人的活动以及在活动中各种身体姿势的总称。日常生活中的站、坐、走的姿态，一举手一投足，一颦一笑都可概括为举止。举止是一种不说话的"语言"，是内涵极为丰富的语言。举止是否高雅得体，直接反映出人的内在素养，举止的规范到位与否，则直接影响他人对自己的印象和评价。"行为举止是心灵的外衣"，它不仅反映一个人的外表，也反映一个人的品格和精神气质。有些人尽管相貌一般，甚至有生理缺陷，但举止端庄文雅、落落大方，也能给人以深刻良好的印象，获得他人的好感。

一、姿势

姿势是举止礼仪的重要内容。姿势美是一种极富魅力和感染力的美，它能使人在动静之中展现出人的气质、修养、品格和内在的美。从某种意义上说，一个人的各种姿势更引人注目，形象效应更为显著。姿势举止往往胜于言语而真实地表现人的情操。端正秀雅的姿势，从行为上展示着一个人内在的持重、聪慧与活力，可谓“此时无声胜有声”。如果一个人容貌俊秀、衣着华贵，但没有相应的姿势行为美，便给人一种虚浮粗浅感。姿势主要包括站、行、坐、卧几个方面。“站如松，坐如钟，行如风，卧如弓”。也就是说坐、立、行，应当坐有坐相，站有站态，走有走姿，这是古人提出的姿态范式，今天仍可供我们借鉴。

（一）站姿

站立是人们日常交往中的一种最基本的举止，是生活中以静为造型的动作。站立不仅要挺拔，还要优美典雅，站姿是优美举止的基础。男士要求“站如松”，刚毅洒脱；女士则应秀雅优美，亭亭玉立。正确健美的站姿会给人以挺拔笔直、舒展大方、精力充沛、积极向上的印象。

1. 站姿的基本要领

（1）头正、颈直，双目平视，嘴唇微闭，下颌微收，面容平和自然。

（2）双肩齐平放松，略向后张，人体有向上的感觉。

（3）躯干挺直，挺胸，收腹，立腰，收臀。

（4）双臂自然下垂，置于身体两侧，中指贴拢裤缝，两手自然放松。

（5）双腿挺直，双膝靠拢，双脚并拢。

（6）身体重心穿过脊柱、骨盆、双腿之间，落于双脚后部。

以上为标准站姿，在此基础上还可以有所调整。

2. 几种常用站姿

（1）肃立。身体立直，双手置于身体两侧，双腿自然并拢，脚跟靠紧，脚掌分开呈“V”字型。面部表情严肃、庄重、自然。参加升降国旗仪式或庄重严肃的场合应该用肃立站姿。

（2）直立。身体立直，右手搭在左手上，自然贴在腹部（前搭手式），或两手背后相搭在臀部（后背手式），两腿并拢，脚跟靠紧，脚掌分开呈“V”字型（男女都适用，男士两脚可以略分开站立更显洒脱）。

① 女士直立姿态。身体立直，右手搭在左手上，自然贴在腹部，右脚略向前靠在左脚上成丁字步。

② 男士直立姿态。身体立直，两手背后相搭，贴在臀部，两腿分开，两脚平行，比肩宽略窄些。

3. 站姿的注意事项

站立时切忌东倒西歪，耸肩驼背，左摇右晃，两脚间距过大。不要挺腹、含胸、缩脖、耸肩或塌腰等，不要依靠在墙上或椅子上。在正式场合站立时，不要将手插入裤袋或交叉在胸前，更不能下意识地做小动作，如摆弄衣角、咬手指甲等，这样做不仅显得拘谨，而且给人以缺乏自信、缺乏经验的感觉。良好的站姿应该有挺、直、高的感觉，真正像松树一样舒展、挺拔、俊秀。

（二）坐姿

坐姿是姿态美的主要内容之一。对坐姿的要求是“坐如钟”，即坐要像大钟一样沉稳、端正。端庄优美的坐姿会给人以文雅稳重、自然大方的美感。

1. 坐姿的基本要领

（1）入座时要轻、稳、缓，从座位左边入座，右脚稍向后撤，使腿肚贴在椅子边，上身正直轻稳地坐下。

（2）头正、颈直，嘴唇微闭，下颌微收，面容平和自然。

（3）双肩平正放松，两臂自然弯曲放在膝上，女士双手叠放在左或右膝上，掌心向下。

（4）坐在椅子上，要立腰、挺胸，上体自然挺直。

（5）双膝自然并拢，双腿正放或侧放，双脚并拢或交叠。男士两膝间可分开一拳左右的距离，双脚可取小八字步或稍分开。

（6）坐在椅子上，只坐满椅子的2/3，宽座沙发只坐1/2。落座后至少10分钟左右时间不要靠椅背。时间久了，可轻靠椅背。

（7）谈话时应根据交谈者方位，将上体、双膝侧转向交谈者，上身仍保持挺直。

（8）离座时要自然稳当，右脚向后收半步，而后站起。

2. 几种规范坐姿

（1）双腿并拢，上体挺直，坐正，两脚略向前伸，两手分别放在双膝上（男士双腿略分开）。

（2）女士坐姿。坐正，上身挺直，双腿并拢，两脚交叉，双手叠放，置于左腿或右腿上。或是：坐正，上身挺直，双腿并拢，两腿同时侧向左或侧向右，双手叠放，置于左腿或右腿上。

（3）搭腿式坐姿（或叫两腿交叠坐姿）。其方法是将左腿微向右倾，右大腿放在左大腿上，脚尖朝向地面（切忌右脚尖朝天）。这种坐姿给人以高贵、典雅的美感。但应特别注意与跷二郎腿区别开来。跷二郎腿一般悬空脚的脚尖朝天、脚底朝向人，并伴有上下抖动的不雅的动作，有的国家是忌讳脚底朝向人的，因为这表示挑衅、不满、轻视、愤怒的情感，是粗俗不雅的举止。

3. 坐姿的注意事项

入座时要轻盈、和缓、从容自如，起立时要端庄稳重，不可弄得座椅乱响。就座时不可以扭扭歪歪，两腿过于叉开，不可以高跷起二郎腿。坐下后不要随意挪动椅子、腿脚不停地抖动。女士着裙装入座时，应用手将裙装稍稍拢一下再缓缓而坐，不要坐下后再拉拽衣裙，那样不优雅。如果椅子位置不合适，应当先把椅子移至欲就座处，然后入座。而坐在椅子上移动位置，是有违社交礼仪的。就座时，一般坐椅子的2/3，不可坐满椅子，也不要坐在椅子边上过分前倾；沙发椅的座位深广，坐下来时不要太靠里面。椅子如有两扶手时，女士不要把双手放在椅子的扶手上。不要将双手夹在腿之间或放在臀下，不要将双臂端在胸前或抱在脑后。

（三）走姿

走姿又称步态。如果站姿和坐姿被称作是人体的静态造型的话，那么走姿则可谓是人体的动态造型。走姿要求“行如风”，是指人行走时要轻盈，如风行水上，有一种轻快自然的美。正确的走姿可以表现出一个人朝气蓬勃、积极向上的精神状态，会给人留下美好的印象。

1. 走姿的基本要领

（1）双目向前平视，微收下颌，面容平和自然。

（2）双肩平稳，上臂带动小臂前后自然摆动，摆动时要以肩关节为轴，手臂摆直线，肘关节略屈，小臂不要向上甩动，向后摆动时，手臂外开不超过30°，前后摆动的幅度为30~40cm。双肩不要过于僵硬，手指自然弯曲。

（3）上身挺直，头正、挺胸、收腹、立腰，重心稍前倾。

（4）注意步位，两只脚的内侧落地时所踩的是一条直线而不是两条平行线。

（5）步幅适当，一般应该是前脚的脚跟与后脚的脚尖相距为一脚长，但因性别不同和身高不同会有一定差异。步幅与服饰也有关，女士穿裙装，特别是穿旗袍、西服裙、礼服和穿高跟鞋时步幅应小些，穿长裤时步幅可大些。

2. 走姿的注意事项

走路时最忌内八字和外八字；不要弯腰驼背、歪肩晃膀；不要步子太大或太碎；走路时不要大甩手、扭腰摆臀、左顾右盼和回头张望，更不要盯住行人乱打量或对别人评头论足；不要双腿过于弯曲，走路不成直线；不要双手插裤兜；不要脚蹭地面；不要上下颤动；多人一起行走不要排成横队。

（四）其他动作姿势

1. 蹲姿

下蹲时左脚在前、右脚稍后（不重叠），两腿靠紧向下蹲。左脚全脚着地，小腿基本垂直于地面，右脚脚跟提起，脚掌着地。右膝低于左膝，右膝内侧靠于左小腿内侧，形成左膝高、右膝低的姿态，臀部向下，基本上以右腿支撑身体，男士两腿间可有适当距离，女士将腿靠紧。

2. 上下轿车

上车时，先侧身坐于车座上，随后把双腿一并挪入车内，再将身体调整好。下车时，应将双腿先行移出，使双脚落地，再侧身出来。最错误的姿势是把头先钻进去，弯腰翘臀，然后把双脚依次跨入；下车时先探头后钻身出车，这是极不雅观的。

3. 上下楼梯

上下楼梯时，上体要保持挺直，靠右侧行走，双眼应平视正前方，勿低头看梯。胸要微挺，膝要弯曲，脚步要轻，同时要注意平稳。

二、手势

手势是人们交往时不可缺少的动作，是最有表现力的一种“体态语言”。手势可以加强语气、沟通信息，恰当地运用手势表情达意会为交际形象增辉。

（一）手势的规范

手势的规范标准是：五指伸直并拢，腕关节伸直，手与前臂形成直线。在做动作时，肘关节弯曲130°左右为宜，掌心向斜上方，手掌与地面形成45°角。

（二）几种常用的手势

1. 请进

迎接来宾做“请进”的手势时，其动作要领是：站成右丁字步，左手下垂，右手从体侧移至腹前，然后以肘关节为轴，向右平移到身体的右前方，腕关节要低于肘关节。

2. 请往前走

给来宾指引方向做“请往前走”的手势时，其动作要领是：将右手由前抬到与肩同高的位置，前臂伸直用手指向来宾要去的方向。

3. 请坐

请来宾入座做“请坐”的手势时，其动作要领是：一只手由前抬起，从上向下摆动到距身体45°处，其手臂向下形成一斜线。

（三）使用手势的注意事项

（1）在交往中，手势不宜过多，动作不宜过大，切忌“指手画脚”和“手舞足蹈”。

（2）打招呼、致意、告别、欢呼、鼓掌属于手势范围，应该注意其力度的大小、速度的快慢、时间的长短，不可过度。

（3）在任何情况下都不要用大拇指指自己的鼻尖和用手指指点他人。谈到自己时应用手掌轻按自己的左胸，那样会显得端庄、大方、可信。用手指指点他人的手势是不礼貌的。

（4）有些手势在使用时应注意区域和各国不同习惯，不可以乱用。因为各地习俗迥异，相同的手势表达的意思不仅有所不同，而且有的大相径庭。如在某些国家认为竖起大拇指、其余四指蜷曲表示称赞夸奖，但澳大利亚则认为竖起大拇指、尤其是横向伸出大拇指是一种污辱。英国人跷起大拇指是拦车要求搭车的意思。伸出一只手，将食指和大拇指搭成圆圈，美国人用这个手势表示“OK”，是“赞扬”和“允诺”之意；在印度，表示“正确”；在泰国，表示“没问题”；在日本、缅甸、韩国，表示“金钱”；在法国，表示“微不足道”或“一钱不值”；斯里兰卡的佛教徒用右手做同样的姿势，放在颌下胸前，同时微微欠身颔首，以此表示希望对方“多多保重”；在巴西、希腊和意大利的撒丁岛，表示这是一种令人厌恶的污秽手势；在马耳他，则是一句无声而恶毒的骂人语。由此不难看出，每种文化都有自己的“手势语言”，千姿百态的手势语言，饱含着人类无比丰富的情感。它虽然不像有声语言那样实用，但在人际交往中能起到有声语言无法替代的作用。

三、致意

致意是一种最为常用的礼节，它表示问候、尊敬之意。通常用于相识的人或只有一面之交的人之间在各种场合打招呼。致意时应该诚心诚意，表情和蔼可亲。若毫无表情或精神萎靡不振，会给人敷衍了事的感觉。

（一）致意的形式

1. 点头礼

点头礼通常用于比较随便的场合或不宜交谈的场合，如会议、会谈在进行中；在碰到同级、同辈或与相识者在同一地点多次见面或仅有一面之交、交往不深的相识者的时候，均可以点头为礼。点头的正确做法是头向下微微一动，不可幅度过大，也不必点头不止。

2. 注目礼

原为军人施行的特殊礼节，现已成为社交场合广泛使用的礼节之一。行礼时双目凝视对方，并随他们的行走而转移。它一般在介绍、握手、点头、举手的同时使用，以示敬重。

3. 举手礼

举手礼也是军人施行的礼节之一，现已演变成为日常交往时的一种礼节。通常是在公共场合遇到相识的人时或迎送时所用，在彼此相距较远、行走急促时可举起右手向对方打招呼，一般不必出声，只将右臂伸直，掌心朝向对方，轻轻摆一两下手即可，不要反复摇动，招手时一般应空手。

4. 鞠躬礼

鞠躬礼在我国古代特别盛行，双方以弯曲身体表示谦逊恭敬，在现今，鞠躬尽管没有像握手那样流行，但在一些特别场合还是经常使用。

在讲演会上，讲演者在讲演前和讲演后都应向听众行鞠躬礼，表示自己对听众的敬意。在颁奖场合，受奖人也要向颁奖人和全体与会人员鞠躬，深表谢意。演员谢幕时也会向观众行鞠躬礼。在喜庆的婚礼中，还保存着新郎新娘三鞠躬的礼俗。在肃穆的追悼会上，人们也要向死者行三鞠躬礼。可见鞠躬礼在很多场合还是适用的。鞠躬礼是日本最常用的致意礼节。

行鞠躬礼时须脱帽，呈立正姿势，脸带笑容，目视受礼者。男士双手自然下垂，贴放于身体两侧裤线处，女士的双手下垂搭放在腹前。然后上身前倾弯腰，下弯的幅度可根据施礼对象和场合决定鞠躬的度数。一般 15 度，而 90 度大鞠躬常用于特殊情况。受礼者除是长者、贤者、宾客、女士还礼可不鞠躬，用欠身、点头、微笑致意，以示还礼外，其他人均应以鞠躬礼相还。

5. 合十礼

原是印度的一般礼节，后为东南亚佛教国家及各国佛教徒普遍采用。

施礼时五指并拢，两手掌在胸前对合，指尖和鼻尖基本平齐，向外倾斜，头略低。合十礼的双掌举得越高，表示尊敬的程度越深。见面时地位较低、年纪较轻者，应先向对方行合十礼，地位高者、长者还礼时，手的位置可低些。国际交往中，当对方用此礼时，应如此还礼。

6. 吻礼

在社交场合，尤其是涉外的社交场合，吻礼也是与握手礼一样重要的一种见面致意礼节。吻礼在西方比较流行。

吻礼一般是长辈对晚辈、朋友之间或夫妇之间表示亲昵、爱抚的一种见面礼仪。多采用拥抱、亲脸或吻额头、贴面颊、吻手、接吻等形式。见面时如双方为表示亲近，女子间可互相吻面颊，男子间抱肩拥抱，男女间互贴脸颊，长辈可亲晚辈额头，男子可吻女子手背。行吻手礼时，需等女方先把手伸出并做出下垂状时，男子才能轻提女士的手指尖部在手背上吻一下，以示高雅。男性行礼动作宜轻柔、温雅，千万不要发出“吮”的声音，否则会给双方带来难堪。吻面颊时两人同时亲吻对方的右侧、左侧，或亲吻一侧，贴面颊时两人的面颊相贴，顺序是先右后左。接吻礼一般用在夫妇之间，是一种最亲密的表示。据说在古罗马帝国时期，严禁妇女饮酒，丈夫外出归来，常常检查一下妻子是否饮酒，便凑到妻子嘴边闻一闻，这样沿袭下来，逐渐演变成夫妻表示亲昵的一种礼节。

7. 脱帽礼

朋友、熟人见面若戴的是无檐帽，就不必脱帽，只需欠身致意即可，但注意不可以双手插兜。若戴着有檐的帽子，则以脱帽致意最为适宜。若是熟人、朋友迎面而过，也可以轻掀一下帽子致意即可。脱帽之时，请别忘了问声好。

另外，在日常社会交往中常用的致意礼节还有：作揖礼、叩手指礼、拥抱礼、鼓掌礼等。

（二）致意的基本规矩

致意的基本规矩是：男士应当首先向女士致意；年轻者应当首先向年长者致意；未婚者应先向已婚者致意；学生应当首先向教师致意；下级应当首先向上级致意。一般而言，作为女士，唯有遇到长辈、上司以及自己特别敬佩的人时，才需要首先向对方致意。遇到别人首先向自己致意，不管自己心情如何、感觉如何，都必须马上用对方所采用的致意方式“投桃报李”，回敬对方，绝不可视若不见、置之不理。

（三）致意的注意事项

致意是一种不出声的问候，故向他人致意时一定要使对方看到、看清，才会使自己的友善之意被对方接受。致意时不要同对方相距太远，比如站在几十米之外，也不要站在对方的侧面或背面。假如对方由于看不到或看不清楚而对你的致意毫无反应，是令人难堪的。在餐厅等场合，若男女双方不十分熟悉，一般男士不必起身走到跟前去致意，在自己座位上欠身致意即可。女士如果愿意，可以走到男士的桌前去致意，此时男士应起身协助女士就座。在社交场合，遇见身份较高的熟人，一般不宜立即起身去向对方致意，而应在对方的应酬告一段落之后，再上前致意。致意的动作不可敷衍或满不在乎，表情也不能过分呆板，或显得萎靡不振。必须认认真真，以充分显示对对方的尊重。

四、握手

握手礼源于西方人类半野蛮半文明时期。在战争和狩猎时，人们手上经常拿着石块或棍棒等防御武器。当他们遇见陌生人时，如果大家都无恶意，就要放下手中的东西并伸手掌让对方摸摸手心，表示自己手中没有藏着什么武器，以证实自己的友好，并乐意接受对方的友谊。几个世纪以后，在人类的进化中，这种习惯逐渐演变成今天的握手礼，并被大多数国家所采用，可以说，握手礼是全世界最通用的社交礼节，在我国，握手礼还作为一种祝贺、感谢或相互鼓励的表示。握手虽然非常常见，但未必每个人都掌握要领，握手有许多礼仪规范，必须遵守。

（一）握手的场合

握手是人们日常交际的基本礼仪，握手可以体现出一个人的思想情感和礼貌修养。在应该握手的场合如果拒绝或忽略了别人伸过来的手，是很失礼的，所以应该明确握手的场合：迎接客人到来时；当你被介绍与人相识时；与朋友久别重逢时；社交场合突然遇到熟人时；拜访告辞时；送别客人时；拜托别人时；别人给予你一定的支持、鼓励或帮助时；在比较正式的场合和认识的人道别时；表示感谢、恭喜、祝贺时；对别人表示理解、支持、肯定时；向别人赠送礼品或颁发奖品时；等等。通常，上述所列举的情况都是适合握手的场合。

（二）握手的顺序

握手时伸手的先后顺序是由握手人双方所处的社会地位、年龄、性别等各种条件所决定的。握手应遵守“尊者决定”的原则，即双方首先确定彼此身份的尊卑，由位尊者先行伸手，位卑者予以响应，贸然抢先伸手是失礼的。其基本规则如下：

（1）男女之间，男方要等女方先伸手后才能握手，如女方不伸手，无握手之意，男方可用点头或鞠躬致意。

（2）宾主之间，主人应向客人先伸手，以示欢迎；客人在告辞时，应由客人首先伸手来与主人握手，表示感谢和告别之意。

（3）长幼之间，年幼的要等年长的先伸手。

（4）上下级之间，下级要等上级先伸手，以示尊重。

（5）一人与多人握手，应按照由尊而卑的次序进行，即先年长者后年幼者，先长辈后晚辈，先老师后学生，先女士后男士，先已婚者后未婚者，先上级后下级，先职位高者后职位低者。

应当强调的是，上述握手时的先后次序不必处处苛求于人。如果自己是尊者或长者、上级，而位卑者、年轻者或下级抢先伸手时，最得体的就是立即伸出自己的手进行配合，而不要置之不理，使对方尴尬。

在公务场合，握手时伸手的先后顺序主要取决于职位、身份；在社交和休闲场合，主要取决于年龄、性别和婚否。

（三）握手的方式

握手方式多种多样，含义各不相同，给人的礼遇也不同。美国著名聋女作家海伦·凯勒曾写道：“我接触过的手，虽然无言，却极有表现力。有的人握手能拒人于千里之外，也有些人的手充满阳光，他们伸出手来与你相握时，你会感到很温暖……”

（1）标准的握手方式：握手时两人相距约一步，双腿立正，上身稍前倾，伸出右手，四指并拢，拇指分开，两人手掌与地面垂直相握，上下轻摇三四次，随后松开手来，恢复原状。握手时注视对方，微笑致意或用言语致意，这是一种自然而平等的纯礼节意义上的握手方式。

（2）控制式握手：握手时掌心向下，显得傲慢，居高临下，表明优势、主动、支配的性格或心态。这种握手一般用于敌我之间，在社交场合是不礼貌的，特别是对待上级、长辈，用这种方式握手易引起反感。

（3）乞讨式握手：握手时掌心向上，表示谦卑与恭敬，表明被动、劣势、软弱、干不成大事的性格，也表明此人谦和、可以支配。

（4）手套式握手：双手去握对方的手，表明对对方的尊重、热情、感谢，或有求于对方，不能把手套式握手用于初次见面或仅有几天交情的人，尤其是异性，因为它会让人怀疑你的动机和意图。

（5）死鱼式握手（无力式握手）：握手的力量很轻，漫不经心，表明此人性格懦弱、优柔寡断、没有气魄、缺乏热情。在生意场上不要用这种握手方式，因为这样容易被人控制。例外情况：手上有关节炎症的人或外科医生、艺术家、音乐家等出于保护的目的也会用这种握手方式。

（6）蛮横式握手：握手时力量较重，让人觉得有失文雅，也表明此人性格热情主动、有朝气活力。

（7）抓指尖式握手：握手时轻轻触一下对方的指尖，给人以清高冷淡的感觉，一般是为了和对方保持一定的距离而施行的。

（8）傲慢式的握手：先看一下对方的手，然后再握手，这是一种视觉侵犯，表明此人缺乏修养、无礼、傲慢、不友好。

总之，握手的方式多种多样，究竟采用何种握手方式，关键要看握手者所要表达的意蕴，一般以标准握手方式为好。

（四）握手的要求

（1）与人握手时的神态应专注、热情、友好、自然。握手时应面带微笑，热情地注视对方双眼并加适当的问候语或敬语，如“您好”“见到您很高兴”“幸会”等。不应东张西望，或一边握，一边看着别处，心不在焉；也不能死死盯住对方不放，或不断地上下打量对方。

（2）在许多人同在的社交场合，如要握手，可以根据距离远近，一一相握，不要伸出双手同时去握，也不要与人交叉握手，应等他人握完了再行握手。

（3）握手的时间应长短适宜，一般以三五秒为好。如初次见面，握手时间不宜过长，如老朋友意外相见，握手时间可适当加长，以表示不期而遇的喜悦。与女士握手，时间不宜过长，拉住他人的手不放是很不礼貌的。

（4）握手用力要均匀，不要死握住对方不放，让人有痛感，尤其对女性，不能让女性产生痛楚感，一般象征性地握一下即可。握手也不要松松垮垮，绵软无力，尤其是男性，握手如无力，只轻轻碰一下，会被认为毫无诚意。

（5）军人戴军帽与对方握手时，应先行举手礼，然后再握手。

（6）在正规的社交场合，一般以单手握手，不用双手相握，有时如遇见一些特别熟悉或较要好的朋友时，为表达某种特别深的感情，可以用双手行握手礼。

（五）握手的禁忌

（1）不要用左手相握。

（2）不要用不洁净的手与他人握手。

（3）不要在握手时戴着手套或墨镜，女士也只有在社交场合戴着薄纱手套握手才是被允许的。

（4）不要在握手时另外一只手插在衣袋里或拿着东西。

（5）不要在握手时把对方的手拉过来、推过去，或者上下左右抖个没完。

（6）不要拒绝和别人握手，即使有手疾或汗湿、弄脏了，也要和对方说一下“对不起，我的手现在不方便”，以免造成不必要的误会。

（7）不要在与人握手之后立即用手帕擦拭自己的手。

五、介绍

介绍是人们之间相识的一种手段，是日常生活、工作及各种社交活动中经常遇到的。正确的介绍可以使不相识的人相互认识，也可以通过落落大方的介绍和自我介绍，显示良好的交际风度。

（一）介绍的原则

介绍的基本原则是：应该受到尊重的一方有了解的优先权。按照这一基本原则，国际上的一般惯例如下。

1. 将男士介绍给女士

在介绍过程中，先提到某个人的名字是对此人的一种尊敬。通常先把男士介绍给女士，并引导男士到女士面前做介绍。介绍中，女士的名字应先被提到，如“王小姐，我给你介绍一下，这位是关先生。”

2. 将年轻者介绍给年长者

把年轻者引见给年长者，以示对前辈、长者的尊敬。

3. 将地位低者介绍给地位高者

在介绍中，不分男女老幼，只凭社会地位的高低作为衡量的标准，遵从社会地位高者有了解对方的优先权的原则，在任何场合，都是将社会地位低者介绍给社会地位高者。

4. 将未婚者介绍给已婚者

在两位女士之间，通常将未婚的介绍给已婚的；如果未婚的女子明显年长，则又是将已婚的介绍给未婚的。

5. 将迟到者介绍给先到者

先到者都已相互熟识，将迟到者介绍给临近的先到者，然后再将先到者介绍给晚到者。

6. 将家庭成员介绍给对方

（二）介绍的类型

从不同角度可以将介绍划分为不同的类型。

（1）按社交场合的正式与否来划分，可以分为正式介绍和非正式介绍。

（2）按介绍者所处的位置来划分，可以分为自我介绍和他人介绍。

（3）按被介绍者的人数来划分，可以分为集体介绍和个别介绍。

（三）介绍的礼仪

1. 他人介绍

他人介绍，又称第三者介绍，是指由第三者为彼此不相识的双方相互介绍、引见的一种介绍。

他人介绍的礼仪要求如下。

（1）正式介绍他人之前，最好先了解双方是否有结识的愿望，切不可冒昧引见。

（2）介绍时应使用敬语、尊称。如：“王小姐，请允许我向您介绍一下”“两位小姐，请允许我来介绍一下”“李老，我可以介绍小张和您认识吗”等。

（3）介绍时话要简洁，介绍的内容是姓名、单位、职务、兴趣、学历、爱好等。

（4）介绍时应面带微笑，两眼要和被介绍双方交流沟通，应将右手掌伸开去，手心向上，手背向下，五指并拢，以肘关节为轴，指向被介绍者一方，并向另一方点头微笑。手是平移到左、右侧，摆动幅度不宜过大。

（5）介绍时，应先向双方打招呼："请允许我介绍你们认识一下"、"我介绍你们相互认识一下好吗?" 然后再把双方的名字介绍一番。因为在介绍时先打招呼可使双方有思想准备，不会感到突然，同时要避免并克服羞怯心理。

（6）介绍时要注意先后顺序，在介绍姓名时要口齿清楚，语言明确，不可含糊不清，并做必要的说明："章先生的'章'是'立''早''章'"，这样使人听起来明确，印象深刻。

（7）介绍别人时要实事求是，恰如其分，不能吹捧，以免使被介绍者处于尴尬的境地，尤其是介绍异性朋友时更要注意，否则会引起误会，造成不良后果。

（8）介绍别人相识后，不能马上就走开，特别是介绍男女相识，更要注意。因为介绍的目的是让双方认识并交谈，如果介绍人走开得太早，也可能双方谈不起来，所以介绍后应该稍停片刻，以引导双方交谈，待他们谈得较为融洽时，再托故走开。

（9）介绍后，通常被介绍者应主动伸出手来与对方握手，并互相问候，可以用一些礼貌语问候，如"久仰大名""能认识您，非常荣幸"等。但有时用简单的"张先生您好""认识您非常高兴"显得更加真切自然。然后交换名片，如身上没有名片，应致歉说明。被介绍后的反应应该是彬彬有礼、以礼相待，切忌反应冷淡，甚至毫无反应。

2. 自我介绍

自我介绍，是在必要的情况下，自己担任介绍的主角，自己将自己介绍给他人。

自我介绍的礼仪要求如下。

（1）自我介绍时举止应庄重、大方，必须充满自信，只有自信的人才能使人另眼相看，才能有魅力，并使人产生信赖和好感。介绍时可将右手放在自己的左胸上，不要慌慌张张，毛手毛脚，不要用手指指着自己。

（2）自我介绍时要面带微笑，表情应亲切、自然，眼睛应看着对方或大家，要善于用眼神来表达友谊之情，不要显得不知所措，面红耳赤，更不能一副随随便便、满不在乎的样子。

（3）自我介绍时语气要自然，语速正常，吐字清晰，从容不迫，从而使对方产生好感。

（4）介绍要把握好内容。根据不同场合、不同对象和不同的需要，自我介绍的内容应有所区别。应酬式的自我介绍应该简单明了，只介绍一下自己的姓名即可；工作式的自我介绍，除介绍姓名外，还应介绍工作单位和从事的具体工作；社交式的自我介绍则需要进一步交流和沟通，在介绍姓名、单位和工作的基础上，进一步介绍兴趣、爱好等，以加深了解，建立友谊。如果是求职，那就不仅要介绍姓名、身份、目的、要求，还要介绍自己的经历、学历、资历、职称、性格、爱好、专长、经验、能力、兴趣等等。

（5）介绍要恰如其分。自我介绍不仅仅是对自己基本情况的客观陈述，也包含着对自己所作所为的自我评价。哪怕是简单的自我介绍，也少不了包含着自我评价的内容。做自我评价，既不能过高，也不能过低，应实事求是，恰如其分，一般不宜用“很”“最”“极”“第一”等极端的词。

3. 集体介绍

集体介绍是他人介绍的一种特殊形式，是指介绍人在为他人介绍时，被介绍者其中一方或者双方不止一个人，甚至是许多人。在做集体介绍时，应根据具体情况来对待。

（1）将一个人介绍给大家。

当被介绍双方地位、身份大致相似时，应由一人礼让多数人、人数少的一方礼让人数多的一方，先介绍一人或人数少的一方，再介绍人数较多的一方或多数人。

（2）将大家介绍给一个人。

当被介绍双方地位、身份存在明显的差异，地位、身份明显高者为一个人或人数少的一方时，应先向其介绍人数多的一方，再介绍地位、身份高的一方。

（3）人数较多的双方介绍。

被介绍双方均为多人时，应按照先介绍位卑的一方、后介绍位尊的一方，先介绍主方、后介绍客方的顺序。介绍各方人员时，则应由尊而卑，依次进行。如果需要介绍各方的成员时，也应按由尊而卑的顺序，依次介绍。

六、递物和接物

递物与接物是生活中常常遇到的一种举止，一个小小的举止动作，也能体现一个人的修养。

（一）递物

递物的基本礼仪是尊重他人，而双手递物恰恰体现了对对方的尊重。

1. 递交名片

双方经介绍相识之后，往往要互相递交名片。递交名片的时候，应该面带微笑，正视对方，用双手恭恭敬敬地递上。与外国人打交道，只用右手就可以了。名片正面对着对方。递交名片的时候，应和对方说：“请多多关照”“请多多指教”“希望今后能够保持联系”等。

2. 递交文件

工作中有文件需要上级过目或是签字时，应该用双手递上文件，并且使文件的正面对着接物的一方。

3. 递交其他物品

如果是一名营业员，应该把顾客所需要的物品双手递到手中，并且关照：“请您拿好”，不可以随便把商品扔给对方。作为学生，把作业交给老师，应行鞠躬礼，随后恭恭敬敬用双手递上。递笔、刀剪之类的物品，需将尖头朝向自己，握在手中，而不要指向对方。

（二）接物

一般讲，对方用双手恭恭敬敬递过来的物品都应该同样用双手去接，同时点头示意，或道声谢谢。

接受他人名片，应当恭恭敬敬，双手捧接，马上说一声“谢谢”。接过名片之后，一定要仔细看一遍，可就名片上的某个问题当面请教，或是有意识地读一下名片。然后把名片仔细放进自己的名片盒或名片夹里存放。接过对方的名片看也不看，把它漫不经心地塞进口袋里，或是随随便便地手里拿着，或是扔到桌子上，对对方都是失敬的。如果需要将名片暂时放在桌子上，那么切记不要在名片上放其他东西。

接过别人名片之后，应马上将自己的名片递过去；倘若自己暂时还没有名片应说"抱歉，我的名片刚刚用完"或"对不起，我没有带名片"。不愿把名片给别人也可以这么说。

【案例 1】

塑造总统形象的专家

美国著名的老资格政治公关专家——罗杰·艾尔斯，为美国总统竞选人效力了 20 多个春秋，美国人称之为"利用媒介塑造形象的奇才"。

1968 年，当尼克松总统同约翰逊竞争白宫宝座时，艾尔斯精心指导尼克松在一次电视竞选演讲中克服自卑心理，在赢得竞选方面取得了连尼克松也想不到的奇效。

1984 年，里根参加总统的竞选。起初公众对他的印象不佳，觉得他年龄大，又当过演员，有轻浮、年迈之感。但他在政治公关顾问艾尔斯的协助下，在竞选讲演时注意配合适当的服饰、发型与姿势，表现得庄重、经验丰富，样子看上去也非常健康。努力改变了公众对他的不佳印象，结果取得了成功。

1988 年竞选，在 8 月份以前，美国民主党总统候选人杜卡基斯猛烈攻击布什是里根的影子，嘲笑他没有独立的政见与主张。当时布什的形象是灰溜溜的，全美的舆论都称赞杜卡基斯，在民意测验中，布什落后杜卡基斯 10 多个百分点。于是布什请来了美国称之为"利用媒介塑造形象的奇才"罗杰·艾尔斯。艾尔斯从公共关系的角度指出了布什的两个毛病：一是讲演不能引人入胜，比较呆板；二是姿态动作不美，风格不佳，缺乏独立和新颖的魅力。

这些缺点导致公众觉得他摆脱不了里根的影子。艾尔斯帮助布什着重纠正尖细的声音、生硬的手势和不够灵活的手臂摆动的动作，并让布什讲话时要果断、自信，体现出强烈的自我表现意识，这样言谈举止才能成为千万人瞩目的中心。在 1988 年 8 月举行的共和党新奥尔良代表大会上，布什做了生动的有吸引力的接受提名讲演，这几乎成了同杜卡基斯较量的转折点。经过以后一系列的争夺，布什获得了胜利。

（资料来源：豆丁网）

【案例简析】

几任美国总统的成功竞选告诉我们，形象的塑造是多么的必要和重要！形象的塑造就是对人进行全方位的设计和包装，包括仪容、言谈、举止、服饰等，注意风度和魅力的培养，注意外在美与心灵美的统一。

【案例 2】

厂长不良的卫生习惯令谈判失败

这是一场艰难的谈判。一天下来，美国约瑟先生对于对手——中国某医疗机械的范厂长，既恼火又钦佩。这个范厂长对即将引进的“大输液管”生产线行情非常熟悉，不仅对设备的技术指数要求高，而且价格压得很低。在中国，约瑟似乎没有遇到过这样难缠而有实力的谈判对手。他断定，今后和务实的范厂长合作，事业是能顺利的，于是信服地接受了范厂长那个偏低的报价。“OK!”双方约定第二天正式签订协议。天色尚早，范厂长邀请约瑟到车间看一看。车间井然有序，约瑟边看边赞许地点头。走着走着，突然，范厂长觉得嗓子里像有条小虫在爬，不由得咳了一声，便急急地向车间一角奔去。约瑟诧异地盯着范厂长，只见他在墙角吐了一口痰，然后用鞋底擦了擦，地面留下了一片痰渍。约瑟快步走出车间，不顾范厂长的竭力挽留，坚决要回宾馆。

第二天一早，翻译敲开范厂长的门，递给他一封约瑟的信：“尊敬的范先生，我十分钦佩您的才智与精明，但车间里你吐痰的一幕使我一夜难眠。恕我直言，一个厂长的卫生习惯，可以反映一个工厂的管理素质。况且，我们今后生产的是用来治病的输液管。贵国有句谚语：人命关天！请原谅我的不辞而别，否则，上帝会惩罚我的……”

（资料来源：百度文库）

【案例简析】

良好的礼仪习惯不仅能给人生带来快乐，而且能够帮助一个人走向成功。从外表上看，随地吐痰只是厂长不好的卫生习惯；从本质上讲，它反映着工厂管理者的素质，能让人产生很多不利于合作的联想。

子模块四　表 情 礼 仪

情境模拟

曾有一则颇令人回味的故事。在西班牙内战时，一位国际纵队的普通军官不幸被俘，并被投进了森冷的单人监牢。在即将被处死的前夜，他搜遍全身竟发现了半截皱皱巴巴的香烟，很想吸上几口，以缓解临死前的恐惧，可是他发现自己没有火。在他的再三请求之下，铁窗外那个木偶式的士兵总算毫无表情地掏出火柴，划着了火。当四目相对时，军官不由得向士兵送上了一丝微笑。令人惊奇的是，那士兵在几秒钟的发愣后，嘴角也不太自然地上翘了，最后竟也露出了微笑。后来两人开始了交谈，谈到了各自的故乡，谈到了各自的妻子和孩子，甚至还相互传看了珍藏的与家人的合影。当曙色渐明，军官苦泪纵横时，那士兵竟然动了感情，并悄悄地放走了他。微笑，沟通了两颗心灵，挽救了一条生命。

（资料来源：百度文库）

微笑是对人的理解和奉献，微笑是全世界通用的“货币”。“表情礼仪”的内涵还有哪些内容呢？

基础知识

表情是指人的面部情态，是人的情感的外在形式，是人的心理活动有意无意地流露和表现。表情在人与人之间的沟通上占有相当重要的位置。良好的表情留给人们的印象是深刻的，它是优雅风度的重要组成部分。

一位心理学家在研究了人的情感表达方式后，得出了一个公式：情感的表达 = 7% 的言语+38% 的声音+55% 的面部表情。《善解人意》一书的编者戴文说得好：“抒怀何必三寸舌，眼波一漾，眉峰一耸，嘴角一咧，都是导隐衷、诉幽情的绝妙手段。”

由此可见，表情在人际交往中的重要性。

表达表情的器官有含秋波的眼睛，有传深情的眉毛，有倾诉衷肠的嘴，连面部皮肤、肌肉也有表情达意的作用。据研究，单是眉毛就能表达 20 多种感情。这里我们主要介绍眼神和微笑。

一、眼神

眼睛被人们称为心灵的窗户，人的眼睛是最富于表情的，从一个人的眼神中，往往能看到他的整个内心世界。“眉目传情”就说明人的眼睛可以无言地传递各种信息和情感。

（一）正确的注视

在人际交往中，尤其是与人交谈时，目光应注视对方。注视对方的什么位置，传达的信息有一定区别，造成的气氛也相异，不同的场合和对象，目光所及处应有差别。

公务注视：用于洽谈、磋商、谈判、谈生意等场合用。注视的位置应在对方双眼或双眼与额头之间的区域，若一直注视这个区域，一种严肃的气氛便油然而生，对方会感觉到你想谈正事，你的目光若一直在对方眼部以上，你就能一直保持主动。

社交注视：是各种社交场合使用的注视方式。注视的位置在对方唇心至双眼之间的三角区域。

亲密注视：是亲人之间、恋人之间、家庭成员之间使用的注视方式。注视的位置在对方双眼到胸之间，由此会产生亲密的气氛。

侧扫视：表示兴趣或敌意。表示兴趣时轻轻一瞥，加上轻轻扬起的眉毛和笑容，常用来传递求爱的信息。但若一瞥加上皱眉和压低的嘴角，则表疑虑、敌意或批评的态度。

明白了这些，就知道在何种情况下该怎样看人家，免得无意识的目光造成冒犯。如果你批评某人，若用社交注视，就会使你的语言变得无力，无论你说得多大声，多有威胁性，若用亲密注视则显得不伦不类，闹得双方都尴尬，这时最恰当的应是公务注视，让对方知道你的严肃。而在社交场合，若用公务注视，就过于严肃，气氛难以活跃。男女间接触，某男士或女士若想表现高不可攀，要避免用亲密注视，而用社交注视就行了。女性若在社交场合滥施亲密注视，容易造成错觉，给人卖弄风骚的印象，男性若这样，显得“色眯眯”。

一个良好的交际形象，目光应是坦然、亲切、和蔼、诚恳的，与人交谈时，应注视对方，不应该躲闪或游移不定。在整个谈话过程中，目光与对方接触应累计达到全部交谈过程的50%～70%。听人说话时，闭眼是最令人讨厌的，这种情形常常不自觉地发生，意在把对方挡在视线之外，表示厌烦、对对方的话不感兴趣，或自认为比对方优越。在社交场合，闭眼的姿势是很不礼貌的，但若你在说话时发现别人有这种姿势，说明对方有消极的态度，要想做有效沟通的话，你应及时改变谈话的战术，以引起对方的重视。

（二）使用眼神交流应注意的问题

1. 与人交流时，应当不断地通过眼神与对方交流

与人交流时，眼神应该是友善、真挚、热情的，随着话题、内容的变换，眼神应该及时地做出会意的反应。如果有较多的交流者在场，应用眼睛有意识地环视每一个人，使别人感到你没有忽略他，感受到你对他的尊重，并且通过眼神及时地了解不同人的反应，以便随时调整自己的话题。应该注意对方目光的变化，注意分析对方目光所表达的含义与信息。对方目光专注，表示对话题感兴趣，可以继续交流；对方目光长时间地终止接触，表示对交流不感兴趣，应当尽快结束交流。

2. 眼神应该与情感和谐统一

与人交流时，想要表达的情感应该和运用的眼神和谐统一。眼睛炯炯有神、熠熠生辉，表明心情愉快、充满自信；眼神沉稳会表现出一种震慑力量；眼神呆滞，表明精神萎靡不振。对人表示欢迎时，眼神应该是热情的、友好的，表现出喜悦、愉快的心情。在长辈面前，眼神应该是谦恭的、尊敬的；与朋友、同学交谈，眼神应该是诚恳的、平等的。总之，眼神应该与内心的情感、所要表达的信息和谐统一。

3. 了解各国人民的习俗，正确运用眼神

应考虑到不同的民族、不同的文化、习俗、形体语言的寓意是不同的，眼神的运用也有差异。在美国，一般情况下，男士是不能盯着女士看的，两个男子之间也不能对视时间过长。日本人说话时，目光落在对方的颈部，四目对视是失礼行为。从整个世界而言，大部分国家的人们都忌讳直视对方的眼睛，甚至认为这种目光带有挑衅、侮辱的性质，我国传统习惯认为，两个人交谈时，眼睛不看着对方是不礼貌的表现，是对别人的不尊重和轻视。

二、微笑

在人际交往中，微笑是最富有吸引力的、最值得提倡的、最积极的面部表情。为了表示相互敬重、相互友好，保持微笑是必要的。在各种场合恰当地运用微笑，可以起到传递感情、沟通心灵、征服对方的积极心理效应。

（一）微笑要亲切自然

微笑时不出声、不露齿，嘴角两端略微向上提起。微笑时要由眼神、眉毛、嘴巴等协调动作来完成。微笑时应目光柔和，神情友善，自然大方。微笑要恰到好处，不要生

硬、做作、虚伪。亲切自然的微笑对自身而言表示心情愉快，对他人而言则表示尊重和友好。

（二）微笑应发自内心

微笑体现的是内心的愉悦，是内心情感在面部的自然流露，所以，微笑一定要自然坦诚、发自内心，切不可故作笑颜、假意奉承。即使是心情不好的时候，也应该注意控制自己的情绪，不要把不快挂在脸上，要做到微笑待人。只有发自内心的微笑才让人感到舒适，才符合礼仪要求。

【案例1】

硕士落选记

某公司要招聘一位市场部经理，一位名校硕士的简历深深吸引了老总。他有相关理论著述，而且在两家单位任过职，有一定经验。于是通知他三天后来公司面试，面试结果呢？竟然没能通过。老总后来说，那次面试是他亲自主持的。他发现那位先生有个特点，就是不管什么时候都是锁着双眉，不会微笑，显示出很沉闷的样子。他说，这种表情的人是典型的不擅做沟通工作的。而作为市场部的负责人，沟通本来就是重要的工作内容……

（资料来源：百度网）

【案例简析】

一个人的表情在人际交往中特别是初次交往中很重要，千万不可小看。心理学家珍·登不列说："假如顾客的眼睛往下看，脸转向一边，就表示拒绝你了；假如他的嘴唇放松，笑容自然，下颚向前，可能会考虑你的建议；假如对你的眼睛注视几秒钟，嘴角到鼻翼部位都显出轻松、热情的微笑，这项买卖就做成了。"这段话可以得出两个启示，一是如果想有良好的人际关系，就要注意表情或神态礼仪；二是面部表情最传神表意的笑容，是决定面部表情礼仪的关键。

【案例2】

微笑的力量

飞机起飞前，一位乘客请服务员给他倒一杯水吃药，空姐很有礼貌地说："先生，为了您的安全，请稍等片刻，等飞机进入平衡飞行后，我会立刻把水给您送过来，好吗？"15分钟后，飞机早已进入平衡飞行状态。突然，乘客服务铃急促地响了起来，空姐猛然意识到：糟了，由于太忙，她忘记给那位乘客倒水了。当空姐来到客舱，看见按响服务铃的果然是刚才那位乘客，她小心翼翼地把水送到那位乘客眼前，微笑着说："先生，实在对不起，由于我的疏忽，延误了您吃药的时间，我感到非常抱歉。"这位乘客抬起左手，指着手表说道："怎么回事，有你这样服务的吗？你看看，都过了多久了？"空姐手里端着水，心里感到很委屈，但是，无论她怎么解释，这位挑剔的乘客都不肯原谅她的疏忽。接下来的飞行途中，为了弥补自己的过失，每次去客舱给乘客服务时，空姐都会特意走到那位乘客面前，面带微笑地询问他是否需要水或者别的什么帮助。但那位乘客却仍余怒未消，摆出不合作的样子，并不理会空姐。临到目的地前，那位乘客要求空姐把留言本给他送过去，很显然，他要投诉这名空姐。此时空姐心里很委屈，但是她仍然不失职业道德，显得非常有礼貌，而且面带微笑地说道："先生，请允许我再次向您表示真诚的歉意，无论您提出什么意见，我都会欣然接受！"那位乘客脸色一紧，嘴巴准备说什么，可是没有开口。他接过留言本，开始在本子上写了起来。等到飞机安全降落，所有的乘客陆续离开后，空姐本以为这下完了。没想到，等她打开留言本，却惊奇地发现，那位乘客在本子上写下的并不是投诉信，而是一封热情洋溢的表扬信。是什么使得这位挑剔的乘客最终放弃了投诉呢？在信中，空姐读到这样一句话："在整个过程中，你表现出的真诚的歉意，特别是你的十二次微笑深深打动了我，使我最终决定将投诉信写成表扬信！你的服务质量很高，下次如果有机会，我还将乘坐你们的这趟航班。"

【案例简析】

这就是微笑的力量。微笑是一门学问，又是一门艺术。微笑待人能使人与人之间彼此缩短心理距离，并能创造出交流和沟通的良好气氛。一个奋发进取、乐观向上的人，一个对本质工作充满热情的人，总是微笑着走向生活、走向社会，充满着自信的力量。无论是熟人相见，还是萍水相逢，只有慷慨大方地把我们的微笑适时适度地奉献给对方，才会使人感受到我们"待之以礼"的盛情和美意。

能力训练

1. 学会化淡妆。

2. 学会梳理 2~3 种适合不同场合的发型。

3. 进行服饰搭配训练。

4. 站姿训练：两个人一组，背靠背站立，要求二人脚跟、小腿、臀部、双肩、后脑勺都贴紧。每次训练应坚持 15~20 分钟。

5. 坐姿训练：按坐姿基本要领训练入座、就座、离座。每次训练应坚持 15~20 分钟。

6. 走姿训练：在地上画一条直线，行走时双脚内侧要踩在直线上。

7. 上下楼梯、上下小车、取低处物品要按照其动作要领坚持经常练习，习惯成自然。

8. 模拟情景进行致意的练习，可集体练习也可分组练习。

9. 按照握手的做法、次序、注意事项分组进行不同场合、不同角色的握手礼练习，小组成员观察评议。

10. 为不同角色的人做介绍，做不同场合的自我介绍。

11. 递物与接物训练：训练双手递接物品时的要领及表情。

12. 训练正确的注视，准确使用公务注视、社交注视。

13. 训练各种场合礼貌地微笑。

思考与练习

1. 化妆的礼仪要求是什么？
2. 发型的礼仪要求是什么？
3. 服饰穿戴选择的基本原则是什么？
4. 男士着装礼仪有哪些要求？
5. 女士着装礼仪有哪些要求？
6. 站姿、坐姿、走姿的基本要领是什么？
7. 手势、握手、介绍、致意、递物与接物的礼仪要求是什么？

模块八　社交礼仪

知识目标

1. 了解拜访与待客的礼仪。
2. 掌握宴会组织与赴宴的礼仪。
3. 熟知赠送礼品的礼仪。

能力目标

1. 在日常交往场合，能够得体地拜访、招待及宴请客人。
2. 能够规范地安排桌次、座次。

日常交往礼仪是指人们在人际交往过程中所具备的基本素质、交际能力等。通过日常交往，人们可以沟通心灵，建立深厚友谊，取得支持与帮助；通过日常交往，人们可以互通信息，共享资源，对事业的成功大有助益。

子模块一　拜访礼仪

情境模拟

小张毕业于××大学经济管理系，在学校成绩一直名列前茅。毕业后很快就职于一家国企，今天他准备去拜访人事部的王经理，由于事先没有和王经理预约好，到了王经理办公室时，刚好王经理正在打电话，王经理就示意他先坐在沙发上等候。小张靠坐在沙发上，跷起二郎腿，一边抽烟一边环视着王经理的办公室。正好王经理的办公桌上有一本他很感兴趣的杂志，他自己拿起杂志边看边指点，直到王经理打完电话。

（资料来源：道客巴巴）

请问此次拜访，小张是否能成功？如果不成功，他有哪些地方失礼了？

基础知识

在社交礼仪中，拜访是指亲自或委派别人到朋友家里或有业务往来的客户单位去拜访、访问的活动。拜访从性质上可分为事务性拜访、礼节性拜访和私人拜访三类，其中事务性拜访还可分为商务型洽谈拜访和专题交涉性拜访。但无论哪种形式的拜访，为了顺利完成拜访的目的，作为拜访者一定要遵守一定的拜访礼仪。

一、拜访前

（1）了解拜访对象的基本情况。拜访前，应对拜访的个人和单位做初步的了解，尤其是首次拜访，更应做好准备工作，了解拜访对象的基本情况，如个人的姓名、职务、喜好或单位的名称、企业文化、发展历史、经营方向、主要产品等。

（2）事先有约。无论哪种形式的拜访，在拜访前一定要与拜访对象约定好拜访的时间、地点。拜访客人的时间不要任意更动，更不能耽误和失约，实在有变动，也应向对方表示歉意。预约拜访的时间要以不妨碍对方为原则，一般不应约在吃饭时间、午休时间或者晚上 10 点以后。总体看来，上午十点钟、下午四点钟、晚上八点钟是最为适宜的时间。

（3）仪容仪表要大方得体。为了表示对拜访对象的尊重，仪容仪表也要大方得体，要符合自己的身份，同时也要和拜访者的身份相符。

二、拜访时

（1）如约而至。一旦约定好时间，应准时到达。一般来说，为了表示对对方的尊重或避免迟到，可以按照约定的时间提前 5~10 分钟到达。

（2）礼貌而入。到达拜访者的家里或办公室时，要先敲门，待屋内告知可进门时再进门。若客人在接电话，应在门口等候，电话结束方可敲门，不要突然闯入。进屋后，若有其他客人，不管熟悉与否，都应一一招呼，问好致意。

（3）举止得体。在拜访过程中，言行举止应彬彬有礼，如遇不快或不能达成拜访目的，也要保持风度，争得下次合作。

（4）适时结束。应注意谈话的方式和内容，语言要简明、清晰，一般首次拜访以半个小时为宜，切勿滔滔不绝，以免影响被访者办公或休息。

（5）礼貌告别。拜访结束时应向主人热情道别，并主动伸手握别。如果主人出门相送，应说“请留步，再见”，并再次挥手道别。

【案例 1】

李丽是某公司的职员，她与几个同事约好周末去张华家里做客。星期天，李丽一早起床，精心挑选了一套漂亮的裙子，化上妆，准备出发。本来约好 10 点钟在张华家集合，结果李丽 8：30 就到了。到张华家门口敲门时，张华还没有起床，屋里也一片狼藉，张华和李丽都觉得比较尴尬。

【案例简析】

拜访礼仪是社交礼仪的重要组成部分，恰当地运用拜访礼仪，不仅能体现个人的素质和修养，也有助于与人沟通。案例中李丽虽然没有迟到，但按约定的时间提前得太多，被拜访者并没有做好接待客人的准备，这让拜访显得比较唐突，双方都尴尬。

【案例 2】

林夏大学毕业不久便进入一家大公司工作。她年轻、率真，对工作充满了热情和幻想。作为女秘书，她对上司充满了敬意，对工作兢兢业业。不久前，她的主管经理在体检中被发现得了癌症，公司和家属都尽可能瞒住李经理，不让他知道实情。一天下班后，林夏买了鲜花、水果去医院探望李经理。推开病房门，林夏一脸惊讶地对上司说："李经理，您得了这么重的病，怎么能不躺下好好休息?"李经理一脸疑惑："是吗? 医生说我没什么事啊? 我得了什么大病吗?"这时，林夏才意识到自己说漏了嘴。她只能支支吾吾地说："其实没什么大病，你很快就会出院的……"林夏走后，本来情绪好好的李经理马上像变了个人似的，一个人躺在床上，两眼直直地看着天花板。家属问他究竟发生了什么，他也不理不睬。

（资料来源：http：//wenku. baidu. com/view/b0001313866fb84ae45c8d7f. html）

【案例简析】

1. 不妥之处有：下班后去看，正好是病人的休息时间，不恰当。推开病房不礼貌，一脸惊讶的神情和支支吾吾的说话方式不妥当。

2. 正确做法是遵照医嘱，在规定时间看望，进病房前小声敲门，使病人感到受人尊重。注意说话语气，要用平常、温和和自然的语气问候病人，和病人家属、医生口径一致，不可当着病人泄露病情。

子模块二　待客礼仪

情境模拟

情景 1：回忆你的做客经历，哪一次是你最满意的，你都受到了哪些礼貌的接待?

情景 2：回忆你家来客人时，你是怎么接待的? 客人是否满意?

接待客人的礼仪有哪些?

基础知识

一、待客的重要性

热情、周到、礼貌地接待客人，不仅仅表示对客人的尊重，同时也能体现出主人的个人素质和修养，能增进朋友之间的感情，扩大社交范围。

二、待客的程序

（一）热情迎客

1. 在接待室迎接客人

接待人员应提前到达接待室，宁可等候客人，也不能让客人等候。具体的礼节有：

第一，看到客人来时，要立即从座位上站起来，礼貌地招呼，以示欢迎。

第二，若是首次来访的客人，要很恭敬地问清来访者的姓名、从何处来，双方交换名片。若是经常来的客人，要亲切地叫出他的称呼，这会使客人产生一种亲切感。

第三，请来访者坐下。接待人员的位置宜在近门处。面向入门处，距离入门处远的是上座；背对入门处，离门近的是下座。端茶时也是从右边上座开始依次分配。

第四，工作繁忙，万不得已而请客人等候时，应诚恳地先表示歉意："请您稍等片刻，我一会儿就来接待。"如果客人要找领导，对于熟悉、亲密的客人可尽快地通知领导，如若遇到来意不明的客人，不要先表明领导的动向，待问清来访的目的后，再说"请等等，我先联系一下……"然后请示领导决定。若领导拒见，则应挡驾，以沉着、冷静、有礼的态度婉言拒绝，并要征求客人的意见，是否要留话，另外，在接待中，对于来访者的伞、帽、包等物，要指明挂放处，有时可以帮助放置。

2. 车站迎接客人

接待人员主动到车站、码头或机场去迎接远道而来的客人，这也是接待工作的一项重要内容。实践证明，热情周到做好接待工作，容易赢得客人的信任和合作。反之，客人人生地不熟，没有遇到接站的人员，自己艰难地寻找社会组织的所在地，那么他们必定会对社会组织产生埋怨情绪和不积极合作的态度，从而影响组织与公众建立和谐一致的关系，也有损组织的公众形象。

做好接待工作需注意以下几点。

第一，了解客人到站的确切时间，并提前到站等候，绝对不能迟到，以免客人久等。否则会使客人产生一种不信任感，无论在见面时怎么解释，也很难改变客人对组织失礼的印象。

第二，为了方便识别要接的客人，事先要准备一块牌子，写上"欢迎××同志"或"欢迎××单位代表团"的字样。书写的字牌要工整、醒目，以便客人到站时迅速找到联系人。

第三，接到客人后，公共关系接待人员应迎上前去，主动打招呼、问候，并真诚地表示欢迎，同时做自我介绍，若有名片，则应双手递上，有礼貌地交换名牌。必要时，应让客人检验一下自己的身份证和工作证，以便打消客人不必要的疑虑。

第四，主动帮助客人提取行李，但最好不要拿客人的公文包或手提包，因为里面可能装有贵重物品，如介绍信、钱款等，一般他们是不脱手的。如果是残疾客人，还应事先准备好车辆，注意扶持。

第五，陪同客人乘坐事先安排好的交通车辆，一同前往接待的住宿处，并帮助客人妥善办理住宿事宜。到达宿舍后，不宜久留，应保证客人休息。与客人分手时，应祝客人休息好，并约定下次见面的时间、地点与联系方法。

第六，在迎接陪同过程中，应热情回答客人的提问，如会议的日程安排、往返车票登记情况等，并要主动询问客人是否有私人活动的安排、是否需要帮助代办事情。为了活跃谈话气氛，也可主动介绍一些本地的风土人情、气候、土特产、单位的地址、方位、周围环境和旅游胜地等。

第七，如果客人所乘的车、船、飞机未能准时到达，应主动关心推迟到达的时间，并耐心等候，不能擅自离去。如果客人因故改期，也应主动联系，问清原因，并对接待工作做相应的调整。

（二）真诚待客

会见也称接见或召见，属礼节性会客，一般时间较短，谈话内容较广泛；而事务性会谈则时间较长，谈话的内容较专门化。会客中应注意的礼节有：

1. 会见礼节

一般应注意以下几个方面。

第一，会见一般安排在会客室或办公室进行，有时宾主各坐一边，有时穿插坐在一起。我们国家习惯客人坐在主人的右边，记录员安排坐在主人和主宾的后面，其他客人按礼宾顺序在主宾一侧就座，接待和陪同人员在主人一侧就座。会见场所应安排足够的座位。如果会见人数较多，会见的场地也较大，那么最好安装扩音器，主宾方各一只，便于自由交流，取得较好的音响效果。

第二，礼宾顺序通常有：职务排列，即按来宾的身份、职务由高到低排列；字母排列，国际上是按英文字母排，我国是按笔画顺序和拼音字母排列；工作排列，是按会见到达的先后顺序排列。公共关系接待人员在安排客人会见中要考虑全面，设计多种方案，以免因礼宾次序排列的差错而引起客人不愉快的情绪。为表示友好，会见中应准备有合影这一接待项目。合影具有留念意义，对主宾双方都极为重要。合影可安排在会见前或会见后进行。摄影的位置按礼宾顺序排列，一般主人居中，以主人的右手为上，主宾双方间隔排列，也可第一排排座位，第二排站立为接待和陪同人员。

第三，客人到达时，公共关系接待人员要陪同主人在门口迎接，如果主人不能到门口迎接，则由公共关系接待人员在门口迎接，并引导客人进入会客厅。引导也有礼节要求，一般是公共关系接待人员走在客人的前面，如果在走廊上引路，要注意不能够用背挡住客人的视线，应在客人侧前一公尺距离左右引导，步调的快慢同客人保持一致。在遇上拐弯时，要停步指点方向。遇到高低处时，要主动提醒客人，以防发生意外事故。上下楼梯时，上楼应由来客先上，下楼时引路的接待人员先下。进出电梯时，让来客先行。到达会客室时，要指明“就在这里”。门关着时，可先敲门，再开门，门向外开时，用手拉住门，让来客先进门；门向内开时，引路的接待人员先进，按住门后，再请客人入内。

第四，会见结束后，主人与公共关系接待人员应该一起送客，人到门口或车前，目送客人离去后再回屋内。

2. 会谈礼节

会谈是指事务性会见形式，一般由双方或多方就某些共同关心的组织发展问题相互交换意见、表达观点的一种会晤形式。它与目标明确的专业性谈判还有不同，是着重交换意见，形成共同看法，不形成文字协定。但在国与国之间，双方代表会谈时也可形成文字性会谈公报。在具体礼节上与会见相类似，只是在座位的安排和交谈方式上有不同礼节要求。

第一，会谈一般围桌而坐，通常使用的是长方形、椭圆形或圆形桌子。宾主相对而坐，座位的排列以正门为准，记录员一般安排在后座，也可安排在会谈桌就座。若是多边谈，座位可摆圆形桌，按礼宾顺序就座。座位安排如图 8-1、图 8-2 所示。

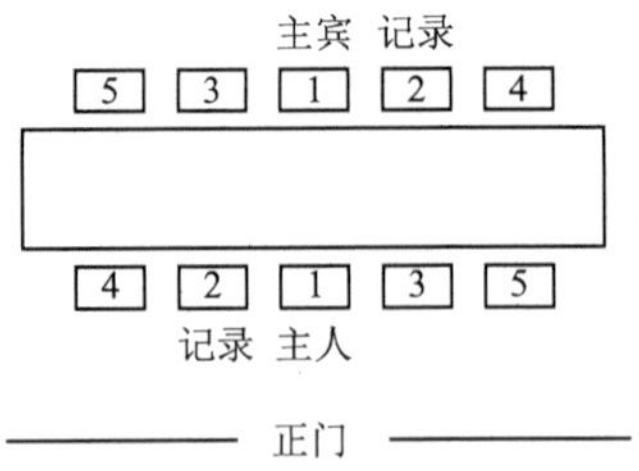

图 8-1

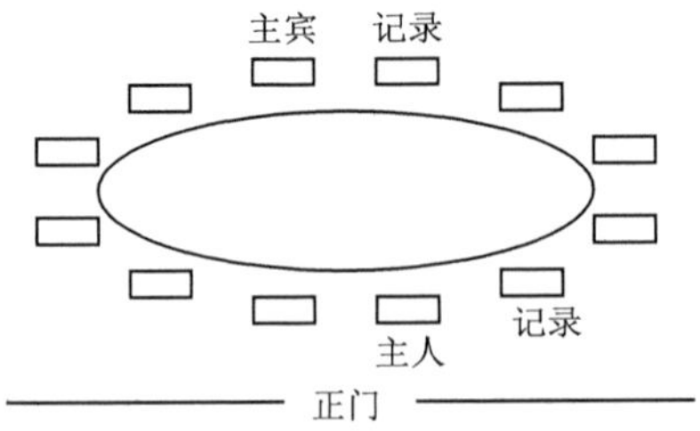

图 8-2

第二，谈话的态度要诚恳，表述自己的观点时要谦和，在客人发言时要认真聆听，不随便插话。对意见发生分歧的争论观点也要心平气和，不要言语激烈，可做耐心的解释。

第三，会谈时注重使用文明礼貌语言，如“请”“谢谢”“对不起”“很抱歉”，不要用口头语，一般要说普通话。

第四，会谈人员的衣着要整洁大方，谈话的表情举止应当自然、诚恳、面带笑容、彬彬有礼。

第五，掌握谈话的分寸，特别是与外方会谈时，注意使自己的发言符合我国的对外政策，凡是涉及国家机密和技术保密的内容应该严格遵守有关保密规定。

总之，会见与会谈是接待中的一项经常性活动，负责安排会见、会谈的接待人员的谈话语气、仪表、举止都代表组织的形象，注重仪表能促使会见与会谈的成功。

（三）礼貌送客

送客是整个接待工作中的最后一个环节。送客工作做得好，可以强化客人对社会组织的良好印象，做得不好，则可能前功尽弃、功亏一篑。因此，接待人员要高度重视送客工作，给客人留下一个完整的好印象。

(1) 客人告别时，接待人员应婉言相留，客人执意要走，也要等客人起身告辞时接待人员再站起来送客，不能等客人刚说要走，接待人员便站起来送客，这是极不礼貌的。

(2) 送客时，不论是送至电梯、门口或车站，都要挥手道别，而且要等客人走远时再回接待室，给人一种依依不舍的情感，而且要有礼貌地说“再见”，或对远地客人祝福“一路平安”“以后请再来”“向××问好”等，以示亲切和牵挂的心情。

(3) 送客时不要坐着不动，或是只点头表示向客人道别，这样会使客人觉得你是摆架子，不懂礼貌。送客时也不能频频看表，心不在焉，或者东张西望，好像在等什么人似的，这样会让客人觉得耽误了你的时间，而内心感到不安。

(4) 来客如果带着礼物前来拜访，临走之前留下礼物，主人应主动、真诚地表示感谢。如果相互之间比较熟悉，礼物又不十分贵重，可以在道谢之后双手接过欣然收下；如果礼物比较昂贵，应该婉言推辞。对出于某些考虑不便收下的礼物，接待人员要坦率地说明原因再谢绝馈赠。

(5) 送客时，要目送客人远去，如果客人回首招呼，主人应举手示意，频频点头。如果是送进电梯，则要等电梯门关上再走，不要刚和客人握手道别，马上转身就走。出门时，更不要马上关门，而且把门关得很响，或者马上把室内的灯熄灭，或站在门外议论客人，这容易引起客人的反感，产生误解。

（6）如果到车站、码头、机场送客，则要事先为客人买好车票、船票、机票。如果送客时下雨，应为来客提供雨伞、雨具。应注意提醒客人别忘了随身所带的物品，对客人所带的分量较重的物品，应帮助提拿，一直到告别为止。天气酷热与寒冷时，就提供解热或保暖的饮料、水果、点心与物品，以帮助客人在途中饮用与驱寒、解热。

亲切而有礼貌地送客道别能给客人留下深刻的印象，也能显示出公共关系接待人员良好的礼仪修养。

【案例1】

某酒店的服务员正在值台时，一位来自英国的客人从房间走出来。服务员用中文问了一句："小姐，您好！您出去呀？"客人略懂中文，回问："小姐，'您好'我懂，'您出去呀'是什么意思？"服务员忙解释道："我们平时见到朋友、习惯问'你出去呀''你去公园呀''你去工作呀'等。"对于服务员的话，客人并不能完全理解，而且说服务员侮辱他。服务员反复解释，但越解释客人越生气。于是客人向经理投诉，说服务员侮辱他，要求饭店做出解释。经理出面了解情况后，代表酒店向客人道歉，但服务员却是满心的委屈。

（资料来源：百度文库）

【案例简析】

服务员本意虽然是想和客人热情打招呼，但由于对客人的情况不了解，不能使用恰当的语言，而且触犯了客人的忌讳，使得客人投诉。作为接待人员，应事先对接待的客人的基本情况有所了解，在接待过程中才能礼貌相待，避免触犯客人的禁忌，才能让客人满意。

【案例2】

小张是某公司的新员工，他在前台负责接待来访的客人和转接电话。每天上班后一到两个小时之间是他最忙的时候，电话不断，客人络绎不绝。

一天，有一位与人力资源部何部长预约好的客人提前20分钟到达了，何部长当时还在接待另一位重要客人。

小张就对客人说："何部长正在接待一位重要的客人，请您等一下，请坐。"

正说着电话铃又响了，小张匆匆用手指了一下椅子，赶快接电话。客人面有不悦。小张接完电话，赶快为客人送上一杯水，与客人闲聊了几句，以缓解客人的情绪。

（资料来源：http：//wenku. baidu. com/view/9ebc348702d276a200292e90. html）

【案例简析】

接待礼仪是社交礼仪中较为重要的一部分，尤其是公务接待更加讲究礼节、礼貌。案例中的小张在接待来访客人时，首先应请客人坐下，然后再联系人力资源部部长，部长虽然正在接待另一位重要客人，但作为接待者的小张应委婉告诉客人稍等片刻，领导分不开身。当电话铃响时，小张应先与客人打招呼，让客人稍等，而不是把客人直接晾在一边。还好，小张也算机灵，发现客人不悦后能够采取补救措施，为客人送水、陪客人聊天。

子模块三 宴 会 礼 仪

情境模拟

武先生是一位外贸公司的业务经理，有一次，他因为工作上的需要，设宴招待一位来自英国的生意伙伴。有意思的是，那一顿饭吃下来，令对方最为欣赏的，倒不是郭先生专门为其所准备的美味菜肴，而是武先生在陪同对方用餐时的一处细小的举止表现。用那位英国客人当时的原话来讲就是：“郭先生，你在用餐时一点儿响声都没有，使我感到你的确具有良好的教养。”

（资料来源：道客巴巴）

为什么英国客人说武先生有良好的教养？宴会礼仪主要有哪些？

基础知识

宴会是一种较高层次的礼仪形式，在国际国内社会交往中运用都较为广泛。通常把机关单位、社会团体举办的有一定规模的酒宴称为宴会，而个人举办的规模较小的宴请称为筵席。

宴会常用于庆祝节日、纪念日，表示祝贺、迎送贵宾等事项。通过宴会，可以协调关系、联络感情、消除隔阂、增进友谊。

一、宴会种类

宴会的种类复杂，名目繁多。

按规格分：有国宴、正式宴、便宴、家宴；

按餐型分：有中餐宴会、西餐宴会、中西合餐宴会；

按用途分：有欢迎宴会、答谢宴会、国庆宴会、告别宴会、招待宴会；

按时间分：有早宴、午宴和晚宴；

二、宴会组织礼仪

（一）明确宴会的目的与对象

社会组织举办宴会的目的很明确，如节庆日聚会、贵宾来访、工作交流等。根据不同目的决定宴请的对象和范围，即请哪些人、请多少人，并列出客人名单。邀请对象既不能遗漏，也不能凑数。在确定邀请对象时应考虑客人之间的关系，以免出现不愉快和尴尬的局面。这样，参加宴会的宾客彼此身份相当，目标一致，会有较多的共同语言以及交际的基础，也符合接待的礼仪规格。一般说来，接待规格较高的是正式宴会，参加人数不宜过多；而规模较大、人数较多的宴会以自助餐和酒会更为适宜。

（二）宴会请柬与桌次、座次的安排

第一，发请柬。凡是组织举办的宴会，一般都应该给应邀的客人分发请柬，这既是

礼貌的体现、请客的诚意，又能提醒客人不要忘记，起到备忘的作用。请柬除了按照公文写作的格式书写外，最好在设计时附有社会组织的标志，使宾客接到请柬就能了解内容，同时，这也是一次宣传组织形象的机会。请柬应提前 1~2 周发出，便于宾客早做安排，一些重要的宾客最好亲自登门相邀，或派接待人员送去请柬，以示举办者的诚意和重视。发出邀请时可以附回执，便于统计席位人数；也可电话询问，以便主人预订酒席，早做准备。

第二，排桌次。按照国际惯例，桌次高低的排列以离主桌位置的远近而定，一般是右高左低，竖排是上高下低。酒席桌数较多时要排桌次牌，现场要有示意图或安排接待人员指引，以免宾客寻找、坐错桌次发生混乱。

如果用圆桌，按桌数多少一般有如图 8-3 至图 8-5 所示的几种排列方法。如果用长桌，一般有如图 8-6 和图 8-7 所示的几种排列法。

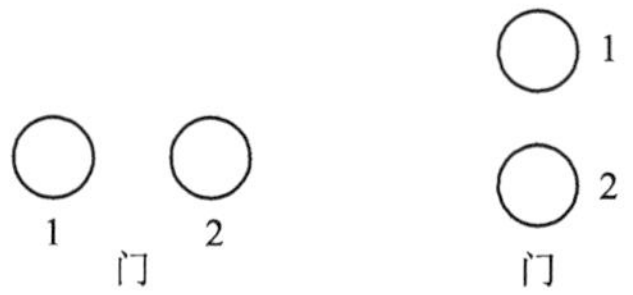

图 8-3　两圆桌桌次排列图

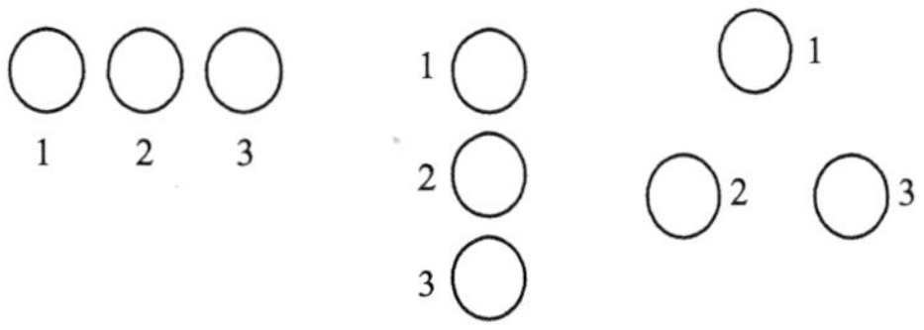

图 8-4　三圆桌桌次排列图

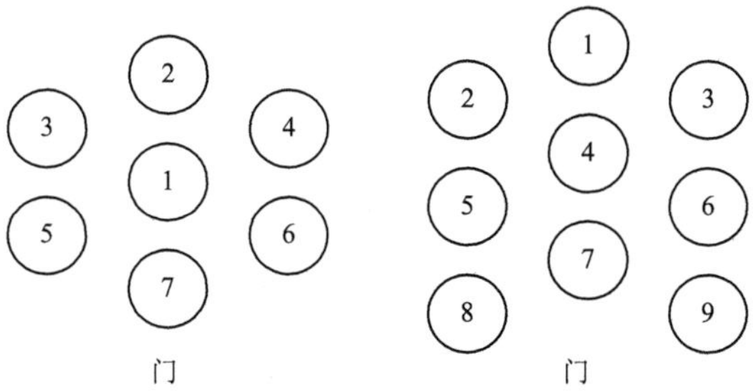

图 8-5　多圆桌桌次排列图

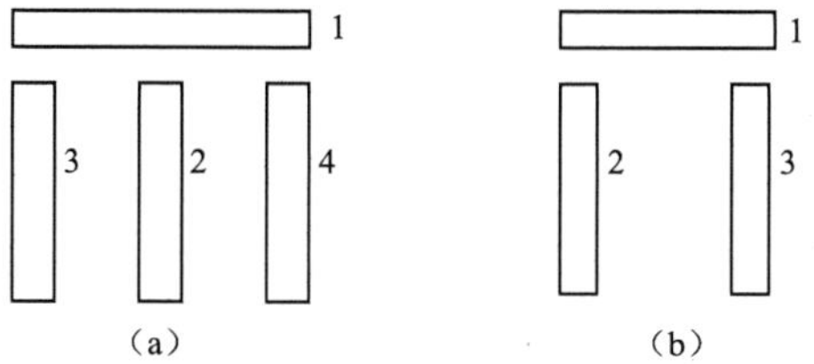

图 8-6　三四桌长桌排列图

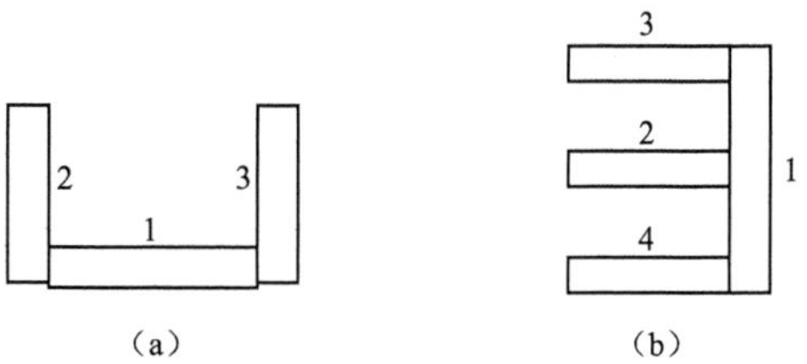

图 8-7　长桌连桌排列图

第三，排席位。宴会桌次排定之后，接下来便是排定每一桌赴宴者的席位，其礼仪要求也是很严格的。贵宾中主宾应安排在主桌，由主人亲自陪同。其他各桌也要有主、有宾，要妥善安排，使其他宾客不至于被冷落。安排宾客席位时也是右高左低，将熟悉者安排在一起，便于交谈，桌次席位以偶数为宜，这样可以使每个宾客都有一个交谈的对象。我国传统习惯的席位排法是按每个宾客的职务、辈分高低排列。如果女眷参加，通常将女方排在一起，由女主人陪同。排列席位时，男主宾在男主人的右上方，女主宾在女主人的右上方，如图 8-8 所示。按照国外习惯，男女穿插安排，以女主人为准，主宾在女主人右上方，主宾夫人在男主人右上方，如果需要配备译员，则将译员安排在主宾右侧，如图 8-9 所示。

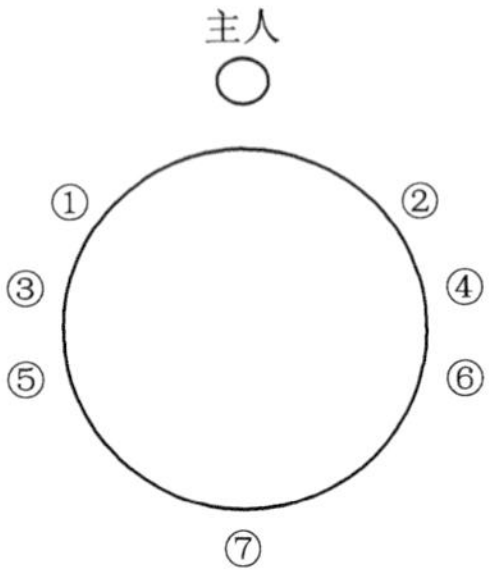

图 8-8　国内席位排列图

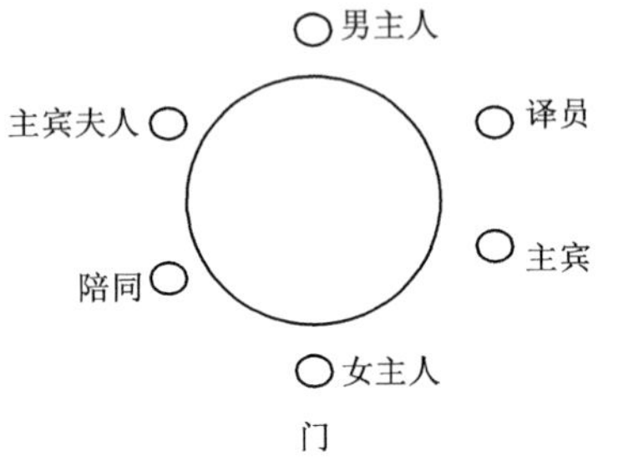

图 8-9　国外席位排列图

长桌席位排列可参考图 8-10 所示的方法。

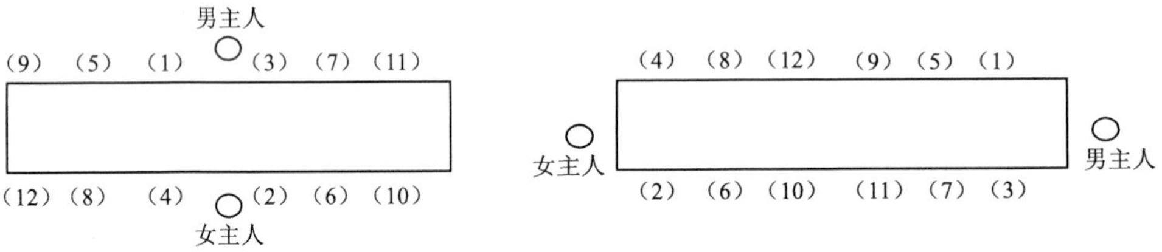

图 8-10　长桌席位排列图

（三）选菜和用餐

宴会的选菜和用餐也有讲究。宴会的选菜应以主宾的口味和爱好为准，但也要充分考虑应邀来宾的口味、风俗习惯与年龄、健康情况等。在进餐过程中由主人把握整个宴会的程序仪式和欢乐气氛，掌握上菜的速度和时间，接待人员应协助主人运用得体的语言、礼仪技巧和洒脱的举止，及时处理突发性事件，引导整个宴会顺利进行。

宴会的时间应根据主客双方方便、共同合适的时间选择。一旦主宾双方同意，就可按此时间约请其他宾客。另外，从宴请的性质来说，最好选择在会谈有所进展、重大会议或项目结束之际，这样，双方的思想感情比较接近，具有较多的共同语言，能保持宴会的热烈气氛。宴请也可选在社会组织的有意义的纪念日或节假日中午及晚上进行，因为这能使主客双方，特别是客人留下美好难忘的印象，起到增进友谊的作用。

三、出席宴会的礼节

（一）赴宴礼仪

赴宴应注意以下方面。

第一，准时入席。参加宴会要按请柬上的规定时间抵达宴请地点，迟到、早退或者逗留时间过短都是很失礼的行为。同样，过早到达，影响主人的准备工作，也是不礼貌的。若确实有事会迟到或提前退席，也应向主人说明，致歉后再悄然离去。抵达时，首先应向主人问好，说声道贺的话并向其他宾客致意。还可以依宴请性质和当地习惯，赠送花束、花篮或其他适合的礼品以表心意。

第二，从容入座。入座时要按照主人的安排。一般在大型宴会中，设于台下最前列的一两桌是主宾的，做客时不要贸然入座。如果是圆桌，在主人两旁的座位为上宾或主宾之座，如非得主人邀请，也不好占座。邻座如果是长者或女士，应注意在坐下之前先为长者、女士拉出座椅，协助他们坐下，然后自己从容坐下。坐姿要端正，不要紧靠在椅背上，也不要把椅子前倾或后翘，致使椅子的前两腿或后两腿悬空。双臂不能放在桌上，不能用手托腮。在桌上，上身与座椅位置适当，双脚踏在本人座椅前，避免手臂铺得太开，或随意伸脚影响他人。

第三，得体进餐。参加宴会进餐时的动作要文雅、自然、得体。尽可能把嘴闭合，吃食物时不要发出啧啧的声音。万一控制不住打喷嚏和咳嗽，应马上掉头向后，拿出袋中的毛巾掩口，以免影响旁邻用餐。如果赴宴前有伤风感冒，最好向主人提前告假，因为在宴会上频频咳嗽或流鼻涕是失礼的表现。夹菜时，筷子不可在碟中乱搅一通，或专拣好的吃，也不要用筷子夹对面碟子中的菜。用汤匙舀汤，也不要舀得太满，以免倾泻于桌上。进餐时，筷子和汤匙不要整个塞进口里，筷子夹菜送到牙齿，汤匙仅沾唇边，既合卫生又很文雅。如果有公筷、公匙，公共关系接待人员应热情为宾客夹菜盛汤。在祝酒时，身子要端正，双手举起酒杯，待对方饮时，即可跟着饮。敬酒和回敬，态度要从容大方，尊重对方的习惯，也可以茶代酒、以饮料代酒，不要强行劝酒，接待人员即使有海量，也只能饮酒少许，以免酒后失态。

第四，小声交谈。在宴会上与会者要善于和同桌宾客交谈。在整个宴会上，没有交谈声是无法形成热情气氛的。餐桌上的交谈主要是和左右两侧邻座进行，对其他宾客也可以不时地攀谈，但不要大声喧嚷，以免干扰主人的宴会气氛和主人的行动。

第五，餐具使用。中餐的餐具主要是碗、碟、筷、匙，西餐则是刀、叉、盘子。通常宴请外国人吃中餐，亦以中餐西吃为多，既用碗筷，又设刀叉。西餐刀、叉的使用是右手持刀，左手持叉，将食物切成小块，然后用叉送入嘴内。每道菜吃完后，将刀、叉并拢平排放在盘内，以示吃完。如未吃完，则摆成八字、或交叉摆，刀口应向内。吃鸡、龙虾时，经主人示意，可以用手撕着吃，否则可用刀把肉割下，切成小块吃，吃不下的壳、渣放在盘子里。切带骨头或带硬壳的肉食，叉子一定要把肉叉牢，刀紧贴叉边下切，以免滑开。如若使用餐具不当，碰出声音，则应向邻座宾客致意道歉，说一声“我不当心，对不起，影响您用餐了”。餐具掉落，应轻声向餐厅服务人员打招呼，另换一副。酒水打翻溅着邻座宾客，应表示歉意，协助擦干；如若邻座是女宾客，则应递上干净餐巾或手帕，由她自己擦干净。

（二）迎宾礼仪

迎宾应注意以下五方面。

第一，热情问候。宾客到达时，主人和接待人员应在门口热情迎接，主动招呼、热情问候。接待人员还应帮助来宾脱、挂衣帽。对待应邀宾客，主人和接待人员应一视同仁，不能只接待上宾和主要客人。当主人接待宾客无法分身时，应安排第二主人（女主人）或接待人员热情迎接其他光临的客人，切不可因忙乱而怠慢了其他客人。

第二，引宾入座。接待人员按照先女宾后男宾、先主宾后一般宾客的顺序引宾入座，主人则应陪同主宾进入宴会厅主桌，公共关系接待人员随即引导其他宾客相继入座。宴会开始前，陪同者应有礼貌地与邻座宾客亲切交谈，也可倒茶、添饮料，以免宾客受冷落，影响宴请的气氛。

第三，致词。正式宴会一般都由主人致欢迎词。有的宴会一入席主宾双方即讲话致词。致词时，侍应人员应停止一切活动，参加宴会的人员也要暂停进餐，专心聆听，以示尊重。

第四，祝酒。一般在上菜之前，主人先向主宾碰杯，然后向同桌宾客敬酒，照例说一句“感谢光临”的话。以后每道菜来时，也要举杯邀饮，然后请客人“起筷”。主人还应由接待人员陪同，到其他各桌轮流碰杯、敬酒，表示友好、活跃气氛，但饮酒不宜过量、过快，以免失言、失态。

第五，侍应顺序。一般应从男主人的右侧女宾或男宾开始，由此自右向左按顺时针方向进行。二人侍应，按第一、第二主人（一般是相对而坐）为准，自右向左上菜、派菜、分酒，但要注意上菜从左侧上，分菜从右侧开始。

（三）退席

退席的礼仪应注意以下三个方面。

第一，宴会结束应由主人宣布散席。这时先由女宾离席，再轮到男宾离去。但宾客离席时不能急于告退，应等主人出门送客，才握手道别。

第二，送客时主人应向客人道谢：“感谢光临”、“谢谢，再见”。避免较长时间与熟悉宾客道别，有话应留待他日有空再谈，免得冷淡其他宾客。

第三，赠送礼品应有包装，便于手提，不要给客人增加负担。如有车辆送客，应在退席前提早等候，主人则应送到车门旁边进行道别。

【案例】

陈小姐是某跨国公司的销售经理，一次参加同行举办的宴会，为了不失礼仪，陈小姐盛装出席。在途中发现自己的口红忘记带了，为了保持完美的形象，她在附近的商场又买了一支。不料正赶上周末塞车，陈小姐迟到了10分钟才到达会场。由于迟到，陈小姐并没有与主人打招呼，而是自己找了位子坐下，一会儿陈小姐接了个电话，因为单位有事，所以陈小姐并没有进餐就匆匆离开了。

试分析陈小姐在赴宴过程中都有哪些不得体的行为？

（资料来源：豆丁网）

【案例简析】

参加宴会是要盛装出席，但是陈小姐为了一支口红却迟到了。来到宴会，应先和主人打招呼，并说明迟到原因。参加宴会时，如果有急事中途离开，一定要和主人打招呼，不能擅自离开。

知识拓展

西餐礼仪

就座时，身体要端正，手肘不要放在桌面上，不可跷足，与餐桌的距离以方便使用餐具为佳。餐台上已摆好的餐具不要随意摆弄，将餐巾轻轻放在腿上。

使用刀叉进餐时，从外侧往内侧取用刀叉，要左手持叉，右手持刀；切东西的左手拿叉按住食物，右手执刀将其锯切成小块，然后用叉子送入口中。使用刀时，刀刃不可向外。每吃完一道菜，将刀叉并拢放在盘中。如果是谈话，可以拿着刀叉，无须放下。不用刀时，也可以用右手持叉，但若需要做手势时，就应放下刀叉，千万不可手执刀叉在空中挥舞摇晃，也不要一手拿刀或叉，而另一只手拿餐巾擦嘴；更不可一手拿酒杯，另一只手拿叉取菜。要记住，任何时候，都不可将刀叉的一端放在盘上，另一端放在桌上。

每次送入口中的食物不宜过多，在咀嚼时不要说话。

喝汤时不要啜，吃东西时要闭嘴咀嚼。不要舔嘴唇或咂嘴发出声音。如汤菜过热，可待稍凉后再吃，不要用嘴吹。喝汤时，用汤勺从里向外舀，汤盘中的汤快喝完时，用左手将汤盘的外侧稍稍翘起，用汤勺舀净即可。吃完汤菜时，将汤匙留在汤盘（碗）中，匙把指向自己。

吃鱼、肉等带刺或骨的菜肴时，不要直接外吐，可用餐巾捂嘴轻轻吐在叉上放入盘内。如盘内剩余少量菜肴时，不要用叉子刮盘底，更不要用手指相助食用，应以小块面包或叉子相助食用。吃面条时要用叉子先将面条卷起，然后送入口中。

面包一般掰成小块送入口中，不要拿着整块面包去咬。抹黄油和果酱时也要先将面包掰成小块再抹。

吃鸡时，欧美人多吃鸡胸脯肉。吃鸡腿时应先用力将骨去掉，不要用手拿着吃。吃鱼时不要将鱼翻身，要吃完上层后用刀叉将鱼骨剔掉后再吃下层。吃肉时，要切一块吃一块，块不能切得过大，或一次将肉都切成块。

不可在餐桌边化妆，用餐巾擦鼻涕。用餐时打嗝是最大的禁忌，万一发生此种情况，应立即向周围的人道歉。取食时不要站立起来，坐着拿不到的食物应请别人传递。

就餐时不可狼吞虎咽。对自己不愿吃的食物也应要一点放在盘中，以示礼貌。有时主人劝客人添菜，如有胃口，添菜不算失礼，相反主人也许会引以为荣。

不可在进餐时中途退席。如有事确需离开，应向左右的客人小声打招呼。饮酒干杯时，即使不喝，也应该将杯口在唇上碰一碰，以示敬意。当别人为你斟酒时，如不要，可简单地说一声“不，谢谢！”或以手稍盖酒杯，表示谢绝。

喝咖啡时如愿意添加牛奶或糖，添加后要用小勺搅拌均匀，将小勺放在咖啡的垫碟上。喝时应右手拿杯把，左手端垫碟，直接用嘴喝，不要用小勺一勺一勺地舀着喝。吃水果时，不要拿着水果整个去咬，应先用水果刀切成四或五瓣再用刀去掉皮、核，用叉子叉着吃。

进餐过程中，不要解开纽扣或当众脱衣。如主人请客人宽衣，男客人可将外衣脱下搭在椅背上，不要将外衣或随身携带的物品放在餐台上。

（资料来源：互动百科，http：//yanhuiliyi. baike. com/category-137636. html）

子模块四　馈赠礼仪

情境模拟

小林到自己的普通女同事家里拜访，登门之际，小林想，初次拜访，礼物是少不了的，于是就去花店买了一束玫瑰花送给同事。结果女同事和家里人都以为小林想追她呢。

小林所赠礼品是否符合馈赠礼仪，为什么？

基础知识

一、礼品的选择

在选择礼品时要了解馈赠对象的相关情况，了解对方的年龄、职业、阅历、性格，尤其注意是否有哪些偏好，然后根据馈赠对象的喜好选择合适的礼物。一般宜选择有纪念意义、有地方特色的、有宣传作用的、便于携带的礼品，忌选择过于贵重、营养品或药品、违反法律和社会公德及有违他人习俗禁忌之物。

二、赠送礼品

礼品选好后，还要注意包装，精美的包装更能体现送礼者的心意。为一份精美的礼物，更要选择一个恰当的时机，确保礼物及时准确地送达。一般送礼物最好选择节日、生日等有纪念意义的时候赠送。如果是看望病人，最好选择病人在医院期间。对于鲜花、书籍等礼物可以选择在公共场所送，但如果送给对方生活用品或贵重之物，最好在私下里进行。赠送时，应得体大方地双手把礼物送给对方，并亲切、热情的表示慰问、祝贺、感谢。

三、接受礼品

接受礼品时，应双手接过礼物，对送礼者表示谢意，并对礼品进行赞美。如果是书籍等能够翻阅或打开的，则应打开欣赏，不能随手一放。“来而不往，非礼也”，接受别人的馈赠后，也应找适当的时机还礼或给对方相应的回馈。

四、馈赠技巧

尽量选择受礼者需要的，如果不能“雪中送炭”，也可选择“锦上添花”；如果礼品是商店里买来的，要把标签卸掉；一定要避开受礼者的习俗禁忌，否则适得其反。

【案例】

韩国烧烤受广大消费者的喜爱，一天小刚带着几个朋友去韩国烤肉店，由于生意兴隆，所以菜品上桌较慢，正当他们着急之时，看见服务员端了一壶热水和一盘瓜子，并抱歉道："不好意思，今天顾客较多，让您久等了，您先嗑点瓜子、喝点热水，菜品马上就来。"本来火冒三丈的小刚，态度立刻转变，并一边和朋友聊天一边嗑起瓜子等候。

【案例简析】

选择馈赠的时机也是非常重要的，案例中的服务员还没等客人着急，先赠送水和瓜子，客人能够欣然接受，若等客人着急恼火时再赠送这些，可能就难平复客人了。

知识拓展

送礼禁忌

台湾人忌讳送扇子、手巾、雨伞、甜果、粽子和剪刀。

日本人送礼忌送梳子，因为日语中"梳子"的发音与"苦死"同音，意为"极其辛苦"。

韩国人民族自尊心较强，倡导送礼时选择国货。

法国人忌讳送香水给一般的女人，因为在法国送香水给女人意味着求爱。

意大利人在送朋友礼品时，忌送手帕，因为在他们看来手帕象征着情人的离别。

美国人提倡人际交往不送厚礼，否则要被认为别有用心，注重礼轻情义重。

能力训练

1. 同学们分组进行拜访礼仪练习，并将模拟练习过程录制视频，交叉点评视频。
2. 如果你是公司职员小刘，今天要去公司部门主管周经理家做客，请问你应该讲究哪些礼仪规范？
3. 刘林是张经理的秘书，因为工作脱不开身，张经理委托他去机场接待一位生意合作伙伴，假设你是刘林，谈谈你该如何礼貌地接待客人。
4. 接待客人，发现客人带了礼品送你，应该如何处理呢？
5. 假如参加一个非常重要的聚会，在参加前你都需要做哪些准备？
6. 如果你是宴会的组织者，在宴会进行的过程中应怎样得体地招待客人？
7. 在赴宴时应注意哪些进餐礼节？
8. 你是否收到过礼物？谈谈当时的心情。如果今天是圣诞节，你最想收到什么礼物？
9. 作为一个大学生，在母亲节来临之际，你会选择一个什么礼物送给你的母亲呢？

思考与练习

1. 拜访礼仪的注意事项是什么？
2. 会见一般应注意哪几个方面的礼仪？
3. 熟练掌握宴会桌次、座次的安排。

模块九　公共场所礼仪

知识目标

1. 了解接打电话礼仪。
2. 了解其他公共场所礼仪。

能力目标

1. 掌握接打电话注意事项。
2. 掌握社交禁忌。

子模块一　电话礼仪

情境模拟

新加坡利达公司销售部文员刘小姐要结婚了，为了不影响公司的工作，在征得上司的同意后，她请自己最好的朋友陈小姐暂时代理她的工作，时间为一个月。陈小姐大专刚毕业，比较单纯，刘小姐把工作交代给她，并鼓励她努力干，准备在蜜月回来后推荐陈小姐顶替自己。某一天，经理外出了，陈小姐正在公司打字，电话铃响了，陈小姐与来电者的对话如下：

来电者："是利达公司吗？"

陈小姐："是。"

来电者："你们经理在吗？"

陈小姐："不在。"

来电者："你们是生产塑胶手套的吗？"

陈小姐："是。"

来电者："你们的塑胶手套多少钱一打？"

陈小姐："1.8 美元。"

来电者："1.6 美元一打行不行？"

陈小姐："不行的。"

说完，"啪" 挂上了电话。

上司回来后，陈小姐也没有把来电的事告知上司。过了一星期，上司提起他刚谈成一笔大生意，以 1.4 美元一打卖出了 1 100 万打。陈小姐脱口而出："啊呀，上星期有人问 1.6 美元一打行不行，我说不行的。" 上司当即脸色一变说："你被解雇了。" 陈小姐哭丧着脸说："为什么？"

（资料来源：杨蕊萍．电话礼仪案例分析．新浪博客）

你了解电话礼仪知识吗？

基础知识

一、电话的重要性

电话是一种现代化通讯工具，对现代人而言已成为一种生活必需，是人们接触社会的触角，在组织形象中扮演了重要角色。接打电话不仅反映着个人的涵养和风度，更体现着一个组织的文明和礼貌。因而掌握电话礼仪十分重要。日本著名企业家松下幸之助说："不管是在公司，还是在家里，凭这个人打电话的方式，就可以基本上判断出其教养的水准。我每天除了收到好多预约讲演的信件，还接到很多邀请讲演的电话。我凭着对方电话里的讲话方式，就能判断其教养如何；凭对方在电话里的第一句话，就可以基本决定我去还是不去。"所以说，打电话是一门艺术，如何打电话，怎样接电话是我们现代人的一门必修课。

二、打电话的礼仪

（1）打电话之前要做好准备。尤其是打求职电话、商业电话更要做好各方面的准备工作，最好是将所谈内容要点列出提纲，做到有备而谈。

（2）注意打电话的时间。除了紧急要事之外，一般不宜打电话的时间主要有：① 三餐吃饭的时间；② 早晨 7 时以前；③ 中午午休时间；④ 晚上 10 点半以后。

（3）注意通话所需的时间。电话交谈所持续的时间一般以 3～5 分钟为宜，如果一次电话要占用 5 分钟以上，就应该首先说出你要办的事，并问一下："您现在和我谈话方便吗？"假如不方便，就和对方另约时间。

（4）注意使用礼貌用语。电话接通后，应使用规范的电话用语，说："您好，我是×××公司的×××。请帮忙找×××接电话，谢谢。"如果对方说找的人不在，应致谢，并附带一句"改日再打"之类的话。如果对方有问是否要留话时，有，说"谢谢"，告知转告的内容；没有，也应说"谢谢""打扰了"，这样就客气、礼貌多了。如果对方替你找人去了，你应守在电话机旁，不要不耐烦甩下话筒忙别的去。和要找的人通上电话以后，也要记住请他向找人的同志道一声谢，以示对人家劳动的尊重。当你被缠在电话上时，应先暗示对方希望结束通话，如无效，应在对方讲话停顿时或必要时打断他们的讲话，可以说："非常抱歉，我得挂电话了，我有个约会，已经要迟到了"或"对不起，我这里又来了一位客人，过一会儿我给你回电话好吗？"

（5）打商务电话还应注意：

① 准备一张在电话中所要提及的要点核对单；

② 在心中仔细想想这次谈话的内容；

③ 打电话前想办法去取得所有相关的事实；

④ 集中精神避免分心；

⑤ 如果涉及事实或数字，应将所有的参考资料、计算器放在触手可及的地方。

（6）一般规矩：先挂断的应是拨电话的一方，接电话的人不应抢先挂断，与长辈通电话，则不论谁拨的电话，都要等长辈放下话筒后才挂断。

（7）向对方说再见后轻轻放下话筒，切忌“啪”地扔下话筒。

三、接电话的礼仪

（1）听到电话铃响，应尽快拿起话筒，自报家门。一般应在电话铃响三声之前拿起话筒，最好是铃响第二声后拿起话筒；如果在响第一声时就接，显得较仓促，精神上准备不够，影响话音质量；如果是铃响四声以后拿起话筒，一般要说“对不起，让您久等了”。拿起话筒后的第一件事是自报家门，而且应使用规范的电话用语：“您好，××××公司，×××在为您服务（请问您有什么吩咐？或请问您找谁?）”而以“喂，谁呀?”“喂，找谁?”开口欠妥当，因为这是以盘问开头，总有审问的嫌疑。

（2）仔细聆听对方的讲话，并不时用“嗯”“对”等给予对方积极的反馈。

（3）一般应左手拿话筒、右手做记录，用事先准备好的纸笔立即将对方提供的信息、指示记录下来，特别是记录下时间、地点、数量等，并向对方重复一遍。

（4）如果对方向你们发出邀请或会议通知，应记录下来并致谢。

（5）如果自己手头工作正忙，不可能和对方长谈，则可委婉地告诉对方改天再打，或以后打电话给对方。

（6）如果你不是受话人，请对方稍等后，应把话筒轻轻放下，走到受话人身边通知对方，不能话筒尚未放下，便大喊“……你的电话!”这很不礼貌。

（7）万一要找的人正忙着或在厕所，应说“对不起，请稍等一下，他马上过来”，而不应该说“他在厕所”之类的话。

（8）若对方找的人不在，不要把电话一挂了事，而应问一声“有没有话要转告?”并应耐心地询问对方的姓名、电话号码、是否需转告；如果需要，征得对方同意后，详细记录下来，记录的需包括：对方公司的名称、所属单位、人名；电话的具体内容；来电话的日期和时间；是否需回话；回电话给何单位、何人。留言记录应当面转交，如不能当面转交，则置于办公桌上，同时记下接电话的日期、地点、自己的姓名。

（9）秘书及有关人员代表上司接电话，一定要礼貌、友善、得当，不要像笑话中所说：“我们经理说他不在?”而应问清对方的姓名、单位名称后，根据上司的意思，加以拦截或通知上司，或记录在案以呈送上司。

四、接打电话的注意事项

（一）电话中的语言礼仪的注意事项

（1）语调不要过高或过低。过高，会使人感到严厉、生硬、冷淡，刚而不柔；过低，使人感到无精打采、有气无力。

（2）语调不能过长或过短。语调过长则显得懒散拖沓，过短又显得不负责任。

（3）一般情况下，语气要适中，语调稍高些，尾音稍拖一点，才会使人感到亲切自然。

（4）要微笑着说。通电话时，彼此之间的表情可以通过语调、言辞运用来表达。对着电话微笑，尽管对方见不到，但声调可以表达出友谊的微笑，语调也会柔和亲切。

（5）使用“五声十字”礼貌用语，即“你好”“请”“对不起”“谢谢”“再见”。拨错电话号码或打错传呼应说声“对不起”，收到打错了电话的这一方，应言语温和地告诉对方，请他重拨。

（二）通电话时的注意事项

（1）不要聊闲话。在办公室不要用公家的电话谈私事或者闲聊天。电话的发明，本意在便利消息的传达，增加了工作效率，并不是消遣用的游戏机，冗长的闲话会耽误正事，试想占了线，真正需要通话的却打不通，在信息就是金钱的时代该会付出多少代价。

（2）挂电话时不必做手势，因为对方毕竟不在对面，手势不能加强语气，反而会使周围的人发笑。

（3）接电话时应保持良好的坐姿与站姿，在办公室接电话时双脚抬起搭在办公桌上摆来摆去有失礼节，也不可坐在办公桌或半倚半坐在办公桌上接电话。

【案例 1】

刘先生的母亲生病了，他终于可以在百忙之中抽出点时间到医院里看望母亲。到了医院，还没等跟母亲说上几句话，他的电话响了。刘先生拿起电话，跟对方聊起来，虽然电话时间并不长，但病房里其他的病人都被他的电话声吵醒了。

【案例简析】

接电话要注意场合，在病房里，应将电话调低声或振动，免得来电话时影响病人休息。听到电话铃声应主动到走廊里接电话，要小声交谈，电话结束后再进病房里看望病人。

【案例 2】

赵宁接到一个电话：“帮我叫一下张丽。”赵宁听出是局长的声音，她赶紧把张丽叫来，自己在不远处竖起耳朵听电话，她听到张丽说：“好，我马上去您办公室。”张丽匆匆走了，赵宁立即跑到张大姐那里：“张大姐，局长叫张丽去一趟，一定是她昨天喝醉酒打人的事被局长知道了，这还不得严厉处分，弄不好要开除。”过了几天，单位里都在传张丽喝醉酒打人被局长狠狠批评的事。

（资料来源：http：//wenku. baidu. com/view/43a6d4c55fbfc77da269b14f. html）

【案例简析】

案例中赵宁的行为是非常不礼貌的，不但偷听别人讲电话，而且在别人背后制造谣言。

子模块二　出 行 礼 仪

情境模拟

情景 1：暑假小明的妈妈带他到泰山旅游，到了泰山小明非常开心，为了证明自己曾经来过，小明在路边的石头上刻下了自己的名字。

情景 2：佳佳坐公交车到朋友家做客，在世纪花园站时上来了一位老人，佳佳看到后主动给老人家让座。

情景 3：刚刚参加工作的小刘，一天经理开车带他出差。小刘想，为了安全还是坐在经理后面的位置。

情景 4：蓉蓉非常喜欢看书，周末在图书馆借书时，刚好看上了自己最喜欢的书，当他伸手拿时，恰好另一个人也想借，于是蓉蓉主动将书让给了别人。

以上四种情景中当事人所做的是否符合礼仪要求，如果不是，应该怎样做？

基础知识

一、乘车礼仪

有关乘车的礼仪，主要包括乘车时的座次与礼待他人等两个方面的内容。乘坐轿车、公共汽车、火车、地铁时的座次各有不同的讲究，而轿车的类型不同，乘车时座次的排列便大为不同。

（一）座次排列

乘火车、飞机时这种座次比较容易判断，靠窗一侧为上席，通道一侧为末席。而三个位置的坐席，按前进方向分，朝前为上席，朝后为末席，其顺序为：朝前方、靠车窗属上席；朝后方、靠车窗居次；朝前方、靠通道再次；6 个席位当中朝后方，被夹在中间者为最末席。这种排序方式自有其中道理，基本条件是舒适度，靠窗位置便于眺望外面景致，而且不受通道一侧过往乘客的影响，其次，坐在里面不会受到邻座进出的影响。

乘坐吉普车时，前排驾驶员身旁的副驾驶座为上座；车上其他的座次，由尊而卑，依次应为：后排右座，后排左座。乘坐四排座或四排座以上的中型或大型轿车时，通常应以距离前门的远近来确定座次，离前门越近，座次越高；而在各排座位之上，则又讲究“右高左低”，简单地讲，可以归纳为：由前而后，自右而左。

乘坐双排座位或三排座轿车时，座次的具体排列，则又因驾驶员的身份不同，而具体分为下述两种情况。

第一种情况是由所乘轿车的车主亲自驾驶轿车。在这种情况下，双排五座轿车上其他的四个座位的座次由尊而卑依次应为：副驾驶座，后排右座，后排左座，后排中座。三排七座轿车上其他的六个座位的座次由尊而卑依次应为：副驾驶座，中排右座，中排中座，中排左座，后排右座，后排中座，后排左座。当主人亲自驾车时，若一个人乘车，则必须坐在副驾驶座上，若多人乘车，必须推举一个人在副驾驶座上就座，不然就是对主人的失敬。

第二种情况是由专职司机驾驶轿车。在这种情况下，双排五座轿车上其他的四个座位的座次由尊而卑依次应为：后排右座，后排左座，后排中座，副驾驶座。三排七座轿车上其他的六个座位的座次由尊而卑依次应为：后排右座，后排左座，后排中座，中排右座，中排左座，副驾驶座。三排九座轿车上其他的八个座位的座次由尊而卑依次应为（假定驾驶座居左）：中排右座、中排中座、中排左座、后排右座、后排中座、后排左座、前排右座、前排中座。根据常识，轿车的前排，特别是副驾驶座，是车上最不安全的座位。因此，按惯例，在社交场合，该座位不宜请妇女或儿童就座。而在公务活动中，副驾驶座，特别是双排五座轿车上副驾驶座，则被称为“随员座”，循例专供秘书、翻译、警卫、陪同等随从人员就座。乘坐长途公共汽车、火车，往往需要对号入座，座位可供选择的余地并不太大，比较而言，有关座次的礼仪也相对较少。基本规矩：临窗的座位为上座，临近通道的座位为下座；与车辆行驶方向相同的座位为上座，与车辆行驶方向相反的座位为下座。在有些车辆上，乘客的座位分列于车厢两侧，而使乘客对面而坐，则应以面对车门一侧的座位为上座，背对车门的一侧的座位为下座。

（二）礼貌乘车

其一，上下车的先后顺序。乘坐轿车时，按照惯例应当请位尊者首先上车，最后下车；位卑者则应当最后登车，最先下车。在轿车抵达目的地时，若有专人恭候在此，并负责拉开轿车的车门，则位尊者亦可率先下车。乘坐公共汽车、火车或地铁时，通常由位卑者先上车、先下车，其目的是为了便于位卑者寻找座位，照顾位尊者。

其二，就座时的相互谦让。在相互谦让座位时，除对位尊者要给予特殊礼遇之外，对待同行之人中的地位身份相同者，也要以礼相让。倘若座位有尊有卑，座位所处的具体位置有好有坏，或者座位不够时，应当请妇女、儿童、老年人、残疾人或身体欠佳者优先就座。即便对方不认识自己，在必要的时候，也应当自觉地让座于人。在让座时，应当表现得大大方方、光明磊落、不要虚情假意。倘若对方让座于自己，不论是否认识，均须立即向对方致谢。

其三，乘车时的律己敬人。在乘坐车辆时必须自觉地讲究社会公德，遵守公共秩序。对于自己，处处严格要求；对于他人，时时要友好相待。具体而言，要做到律己，在乘坐车辆时切勿携带违禁物品；上下车时，与乘客要相互礼让，排队依次而行；乘车其间，不要多占座位，或在不属于自己的座位上就座；在放置私人物品时，应当不对他人构成影响；在车上切勿当众更衣、脱鞋、或是吸烟、吐痰，不要乱扔废弃之物；不要让小孩子随地大小便，或骚扰其他人；不要在车上吃气味刺鼻的食品。要做到敬人，需要注意的问题则有：上下车时，如需别人让道，应当先说一声“对不起，请让一下”，之后还须说一声“谢谢”；万一碰撞、踩踏了别人，要立即向对方道歉；寻找座位时，如打算坐在他人身旁，应当先问一下对方“这里有没有人”或是“可以坐在这里吗”；在放置私人物品时，如有必要挪动他人之物，务必要首先征得对方的同意；在自己的座位上就座后，应主动向周围不认识的人问一声好，当别人这样做时，应当予以呼应。对于车上专职的服务人员，既要尊重，又不宜要求过高。

最后，涉外人员应遵守乘机的礼仪。在所有正规的交通工具之中，飞机最为舒适，其档次也最高。在乘坐飞机时，必须遵守乘机礼仪。具体来讲，主要应当在维护乘机安全、从严要求自己等两方面多加注意。

一是上机时不得违规携带有碍飞行安全的物品。通常规定：任何乘客均不得携带枪支、弹药、刀具以及其他武器，不得携带一切易燃、易爆、剧毒、放射性物质等危险物品。

二是登机时应当认真配合例行的安全检查。在进行安全检查时，每位乘客都要通过安全门，而其随身携带的行李则需要通过监测器。如有必要，对乘客或行李使用探测仪进行检查或手工检查。乘客不应当拒绝合作，或无端进行指责。

三是飞行时务必要遵守有关安全乘机的各项规定。当飞机飞行期间，一定要熟知并遵守各项有关安全乘机的规定。当起飞或降落时，一定要自觉地系好自己的安全带，并且收好自己所使用的面前的小桌板，同时将自己的座椅调直。当飞机受到高空气流的影响而发生颠簸、抖动时，也要将安全带系好，而切勿自行站立、走动。在飞行期间，移动电话、手提电脑、激光唱机、微型电视机、调频收音机、电子式玩具、电子游戏机等电子设备均严禁使用，违反者要受到法律制裁。

四是乘机时需要对安全设备有一定程度的了解。在飞机起飞前，所有的客机均会由客舱乘务员或通过播放电视录像片向全体乘客介绍氧气面罩、救生衣的位置及正确的使用方法、飞机上紧急出口所在的位置及疏散、撤离飞机的办法。在每位乘客身前的物品袋内，通常还会备有专门有关上述内容的图示。对此一定要洗耳恭听，认真阅读，并且牢记在心。切勿乱摸、乱动机上的安全用品，偷拿安全用品或私开安全门，不仅有可能犯法，而且还有可能危及自己和其他乘客的生命安全。在严要求自己方面，则应当注意处处以礼律己，处处以礼待人。上下飞机时，要注意依次而行。放置自己随身携带的行李时，与其他乘客要互谅互让。在自己的座位上就座时，要维护自尊。不要当众脱衣、脱鞋，尤其是不要把腿、脚乱伸放。当自己休息时，不要使身体触及他人，或是将座椅调得过低，有碍于人。与他人交谈时，说笑声切勿过高。不要在机上吸烟或者乱吐东西。呕吐时，务必要使用专用的清洁袋。对待客舱服务员和机场工作人员要理解与尊重，不要蓄意滋事或向其提出过高要求。跟身边的乘客可以打招呼或是稍做交谈，但应不影响到对方的休息。不要盯视、窥视素不相识的乘客，也不要与其谈论令人不安的劫机、撞机、坠机事件。

二、电梯礼仪

（一）电梯无人驾驶

电梯无人时，在客人之前进入电梯，按住开门按钮，请客人进入电梯；到达楼层请客人先下电梯，然后自己再走出电梯。

（二）电梯有人驾驶

当电梯里有人或有专门的电梯员时，要让客人先进电梯，自己最后进去；到达楼层时，客人先下电梯，自己紧跟其后。

（三）电梯内礼仪

（1）当电梯关门时，不得扒门，强行进去。

（2）先进电梯的人应靠后，面对电梯而站，电梯内如果空间允许，应尽量与人保持大约 30 厘米的距离。

（3）电梯内不能大声说话、喧哗及吵闹。

（4）如果离电梯按钮近，应主动协助其他人按开关按钮。

（5）靠近电梯者先离电梯，若需先下电梯，要提前礼貌地请他人让路。

（6）当电梯出现故障时，要冷静、镇定，想方设法与外界联系，必要时还要安慰同困电梯的其他人。

三、购物礼仪

到商店买东西，应客气地招呼售货员，不可用命令的口气说话，因为大家只是分工不同，而关系是平等的。

挑选商品事先应有所考虑，如果只是看看，不打算买，尽量不要让售货员把东西拿给你。即使买也不可过分挑剔，换来换去，影响其他顾客买东西。若由于某些原因需要调换已买好的商品，要耐心向售货员说明原因，如果理由正当而遭到拒绝，不要争吵，可提出意见向商店领导反映，以免影响营业秩序。

到自选商场，可随意挑选自己满意的商品。没选中的，放回原处。选好的，放到商店提供的容器里，主动到出口处付款。

四、图书馆阅览礼仪

图书馆是大家看书学习的地方，需要保持安静和整洁。碰到熟人可点头致意，确需交谈应离开阅览室或资料室，找一个不致影响其他人的地方。如身旁正好坐着好友，也不要在座位上谈笑，这会影响其他人学习思考。不要为其他人占座位，也不能利用阅览室的座位瞌睡或躺卧休息。在阅览室内不要抽烟，也不要吃东西。

要爱护图书，不能随便圈阅、涂抹、折页，更不能把自己需要的资料、图片撕、挖下来，这是自私自利的行为，很不道德。图书馆一般备有复印、照相等业务，若需要可与工作人员联系办理。

借书时，不要站在台前反复催促，要耐心地等一会儿。借到书后，要抓紧时间阅读，及时归还。

五、游览礼仪

到公园或其他旅游景点观光游览，可以解除工作疲劳，呼吸新鲜空气，享受大自然的美。不管是到公园游玩，还是到名胜古迹游览，都要爱护公物，保护自然环境不遭破坏。不能在文物古迹上乱刻乱画，或在树木上削皮刻字：“某某到此一游”。不要进入“请勿入内”的草地或鲜花丛中拍照，不要到危险或不宜攀登的地方拍照。有时照合影，需要别人帮忙，说话要有礼貌，并表示感谢。

公园的长凳长椅是供游人休息的，不可一个人心安理得地躺下睡觉。很多公园设有儿童游艺场，这是为孩子们设计的，要注意爱护，成年人不可一时兴起自己也去玩，这样会毁坏设施、破坏公物。

【案例 1】

一天，一位客人乘坐酒店观光电梯准备下到大堂，当电梯行至酒店行政办公楼层时，走进两位穿着酒店制服、正准备参加每月生日会的员工。两位员工边聊边随手按了一下电梯按钮，但员工随即发现错按了五楼，而员工生日会通常在三楼或二楼举办。于是员工改按了三楼的按钮。当到达三楼电梯门开后，员工发现三楼好像没有来参加生日会的人，那生日会应该在二楼举办，于是员工又按了二楼。员工的行为引起一同乘电梯的客人的不快，当电梯到达大堂后，客人向大堂副理投诉，认为酒店员工不应乘坐客用电梯，而且员工乱按电梯完全不考虑客人的感受。

（资料来源：百度文库）

【案例简析】

案例中由于员工没有注意到客人的存在乱按电梯，导致投诉，影响了酒店的声誉。如何正确地使用电梯是服务礼仪中的主要内容。首先，在酒店中，员工和客人不能共用电梯；其次，员工要时刻注意自己的形象，时刻准备为客人服务。

【案例 2】

王先生乘坐专车前往机场迎接一位美国企业家史密斯先生。宾主寒暄后，王先生恭敬地请史密斯先生坐在了前排副驾驶的位置，自己则坐在后排。史密斯先生原本笑容满面，却立即变了脸。王先生非常疑惑，不知道什么原因，说说你的看法。

（资料来源：百度文库）

【案例简析】

乘车礼仪中要求，如果是专职司机开车，以后排右座位尊，副驾驶位置是地位最低的人坐的，把史密斯先生安排在副驾驶位置是非常不妥的，所以他非常生气。

子模块三　社 交 禁 忌

情境模拟

侯欢是某公司的公关部职员，她经常和领导出入社交场合，迎接来自五湖四海的客人。最近，公司有了新的合作项目，经理正在和法国一家企业谈合作，几经谈判，最终达成协议，今天法国企业有关部门人员到公司来访并签署相关合作协议。由于领导临时有事，所以接待的任务交给了侯欢。侯欢做足了接待前的准备工作，为了表示对法国客人的欢迎还专程去花店买了一束黄玫瑰，接到客人，侯欢表示非常高兴，急忙把自己准备好的鲜花送给客人。不料客人不但没有接受，而且脸色突变，侯欢非常疑惑。

（资料来源：百度文库）

侯欢为什么没有得到法国客人的礼貌相待？

基础知识

俗话说，“十里不同风，百里不同俗”，不同的民族、国家和地区由于不同的地理、历史、文化、宗教等因素，各有特殊的风俗习惯和礼节。了解各民族、国家的社交禁忌，不仅可以表示对他们的尊重，也有助于和国际友人和谐共处。

一、数字的忌讳

数字的忌讳在很多国家都存在。

西方人极端厌恶“13”这个数字，在任何场合都尽量避开它。高楼的12层楼上便是14楼，宴会厅的餐桌14号紧接着12号等等。有些人甚至对每个月的13日这一天也感到惴惴不安。这是因为西方人认为“13”是个不幸的、凶险的数字。在意大利名画家达·芬奇创作的《最后的晚餐》上，基督耶稣和弟子们一起吃晚饭，参加晚餐的第13个人就是犹大。犹大为了贪图30枚银币，将耶稣出卖给犹太教当权者，并为捉拿耶稣的人带路，使耶稣被钉死在十字架上。这个故事流传很广，影响极深。西方人憎恨犹大，也把“13”这个数字当作“不幸的象征”。

在日本，忌讳“4”和“9”。因为在日语中“4”与“死”同音，所以日本的医院都没有“4号”病房和病床；“9”的发音与“苦”相近，因此也在忌讳之列。

韩国人忌讳数字“4”和“13”，在于发音与“死”相同的缘故。当地许多楼房的编号忌出现“4楼”“4栋”“4号”之类，医院和军队绝不用“4”字编号。韩国人在饮茶饮酒时，主人总是以1、3、5、7的单数来敬酒献茶，忌饮“4壶”“4杯”“4碗”等。

俄罗斯人忌讳数字“13”，不喜欢星期五，视“7”为吉利数字。

海外华侨和港澳同胞中的广东籍人也忌用“4”做标志，在遇到非说“4”不可时，就用“两双”或“两个二”来代替。

一些西方人还忌讳“3”。新加坡人忌讳“7”“8”“37”。加纳人忌讳“17”“71”。

在非洲，大多数国家认为奇数带有消极色彩，而认为偶数具有积极的象征。

二、颜色的忌讳

颜色同我们的生活息息相关。它不仅能影响我们的日常情绪，还能反映我们每个人的个性。比如：艺术家们往往喜欢紫罗兰色，好静的人偏重于喜欢淡色等等。色彩的美与它本身的物理性质有关（不同的色彩有不同的波长），对人的生理和心理有着较大的影响。

色彩的基本色是红、黄、蓝，由这三种基本色（俗称三原色）可以调配出各种色彩来。红色加黄色可调配出橙色，黄色加蓝色可调配出绿色，蓝色加红色可调配出紫色。橙、绿、紫还可以与别的颜色相调配。我们通常根据色彩给人的生理感觉不同，将色彩分为暖色、冷色。红、黄、橙，常使人很自然地想到阳光、火焰，给人温暖的感觉，属于暖色；蓝、紫、绿，常使人联想到蓝天、海洋、冰雪，给人寒冷、寂寞的感觉，属于冷色。不同的色彩又会使人产生不同的轻重、宽窄、远近、大小、厚薄、虚实的感觉。一般来说，淡颜色使人感到远、虚、薄；而深颜色使人感到近、实、厚。在现实生活中，人们无论吃喝、穿戴、旅行、居住，谁也离不开这赤橙黄绿青蓝紫的七彩世界。

由于色彩在社会生活中与人们广泛的接触，往往形成相对稳定的社会性质。一般来说：

红色，象征热情、喜庆、光荣、正义和力量。

绿色，象征和平、生命和青春。

紫色，象征高贵、威严和神秘。

黄色，象征和谐、宗教和信仰。

黑色，象征庄严、沉稳、朴实。

蓝色，象征平静、纯洁。

青色，象征深远、沉着。

白色，象征纯洁、朴素。

灰色，象征平凡、朴实。

金银色，象征富贵和华丽。

咖啡色，象征坚实、含蓄。

但是，不同的国家、民族，由于自然条件、社会历史以及宗教等因素，各有不同的颜色爱好和忌讳。随着社会生产力的发展，时代的进步，人们对色彩的审美感情也会随之改变。

我国特别崇尚红色和黄色。普遍认为红色代表喜庆、光荣、正义和力量。黄色代表庄严和高贵。

泰国忌红色，认为红色是不吉利的颜色，因为写死者姓氏是用红色的。

巴西人忌讳棕黄色，认为人死好比黄叶落下。叙利亚人忌用黄色，认为它表示死亡之意。埃塞俄比亚人穿淡黄色的服装，表示对死者的深切哀悼。巴基斯坦人也忌用黄色，因为那是僧侣的专用颜色。但黄色在委内瑞拉被用作医务标志，会得到尊重和爱戴。

摩洛哥人忌讳白色，一般不穿白衣，以白色为贫困的象征。印度人视白色为不受欢迎的颜色。

欧美许多国家平时忌讳黑色，以黑色为丧礼的颜色。

日本人忌绿色，认为绿色是不吉祥的。但同样这种颜色却得到爱尔兰、意大利、马来西亚、新加坡、叙利亚、奥地利、瑞士等国的普遍欢迎。

法国、比利时忌用墨绿色，因为这是纳粹军服色，这两个国家在第二次世界大战中被希特勒军队占领过，所以人们一看到墨绿色，就普遍露出厌恶的情绪。

比利时人最忌蓝色，如遇有不吉利的事都穿蓝色衣服。他们甚至认为，即使在梦中看到蓝色的东西，第二天也会碰到倒霉的事。在埃及，蓝色也被看作恶魔。

土耳其人忌用花色，认为它是凶兆。因此，他们布置客厅、房间时喜欢用素色。

三、花卉的忌讳

鲜花美丽而又有魅力，它使人感到蓬勃的生机和向上的朝气。鲜花五颜六色，品种繁多，由于各国民族习惯不同，所以赋予了花以不同的含义。一般说来，红花意味着爱情，粉红色花表示好感和友谊，白花表示纯真，黄花表示嫉妒，橙黄色花象征希望，浅色花象征温柔，深色花表示坚毅。在日常交往中，人们往往以赠花示礼。在欧洲许多国家，赠送恋人、情人、伴侣的多为红色的鲜花。成束的白花多用于婚仪赠礼，也可作为生日或命名日的礼花。送给中年人的宜为大朵花，送给年轻人或孩子的宜为多色彩的小花。一束花若用几种花组成，就得按花朵大小和颜色加以协调搭配。许多欧洲人赠花时只送单数，认为是吉利的象征。绛紫色的花，在巴西主要用于葬礼。黄色的花，在法国视为不忠诚的表示。菊花，在意大利和拉丁美洲各国被认为是“妖花”，只能用于灵前和墓地。荷花，在日本被认为是不吉利的，它意味着祭奠。

在国际交往场合，忌用菊花、杜鹃花、石竹花、黄色的花献给客人已成为惯例。

四、图案的忌讳

英国忌用大象图案，认为它是蠢笨的象征。美国人认为蝙蝠是凶神恶煞。日本人对饰有狐狸和獾图案的物品很反感。法国人把仙鹤作为蠢汉和淫妇的代称。瑞士忌猫头鹰图案，认为是死人的象征。北非一些国家普通忌用狗做商标。伊斯兰教盛行的国家和地区，忌用猪做图案，也不用猪皮制品。

【案例】

张章学习成绩优异，高中毕业后家里送他到英国留学。刚刚到英国时，张章并不能适应那里的生活，但是在一次活动中张章结识了一个好朋友，他是英国人，对当地的情况都非常熟悉，有了这个好朋友张章很快地从他的口中了解了很多当地的风俗习惯，而且当他遇到问题时总能得到帮助，张章心存感激。第一个假期张章回国后，总想着给好朋友带点什么礼物。一天他在橱窗里看见一对大象摆件，觉得非常可爱，而且寓意吉祥，所以张章立即买了下来。回到英国，他第一时间把自己精心挑选的礼物送给了好朋友。好朋友打开包装看了礼物，却非常生气，张章很是疑惑。后来他在一本书中看到，原来英国人不喜欢大象，他们认为大象是蠢笨的象征，于是张章赶紧向好朋友解释清楚，这才得到对方的谅解。

（资料来源：百度文库）

【案例简析】

张章在送礼物时犯了英国人的禁忌。

能力训练

1. 熟练掌握电话礼仪的要求。
2. 模拟练习接打电话。
3. 熟练掌握电话中的语言礼仪。

4. 训练乘坐不同座位的轿车礼仪。

5. 模拟暑假你和同学一起去太行山旅游，你认为在旅游过程中都应该遵守哪些礼仪？

6. 训练乘坐电梯礼仪。

7. 掌握韩国的社交禁忌。

8. 掌握西方人的禁忌。

思考与练习

1. 接听电话的礼仪要求有哪些？

2. 打电话的礼仪有哪些？

3. 乘坐电梯的礼仪要求有哪些？

参考文献

[1] 薛明. NLP实用职场沟通技巧. 北京：北京理工大学出版社，2014.
[2] 李昌彧. 人际沟通与职业礼仪. 北京：化学工业出版社，2010.
[3] 王志刚，梁志刚. 口才艺术与人际沟通. 北京：北京大学出版社，2010.
[4] 谷静敏. 商务沟通与礼仪. 青岛：中国海洋大学出版社，2011.
[5] 麻友平. 人际沟通艺术. 北京：人民邮电出版社，2012.
[6] 金正昆. 社交礼仪教程. 北京：中国人民大学出版社，2009.
[7] 冀巧英，谷静敏. 人际沟通与礼仪. 北京：对外经济贸易大学出版社，2010.
[8] 姜晓敏. 人际沟通与礼仪. 第二版. 上海：华东师范大学出版社，2006.
[9] 刘素梅. 教师礼仪素养. 长春：东北师范大学出版社，2010.
[10] (美) 恩格尔析格. 沟通：沟通改变生活. 郭春宁，译. 北京：中国人民大学出版社，2013.
[11] (瑞典) 欧嘉瑞. 人际沟通分析学. 杨眉，译. 北京：中国人民大学出版社，2013.
[12] (美) 布赫. 这样沟通最有效. 史锐，译. 北京：清华大学出版社，2014.

工学结合新思维高职高专财经类“十三五”规划教材

（一）基础课程

1. 经济应用数学
2. 大学语文
3. 应用统计基础
4. 经济学基础——宏微观经济的理性选择（第二版）
5. 大学生职业生涯设计与就业指导
6. 大学生创业实战指导
7. 实用英语应用文写作
8. 高等教学基础
9. 经济法实务（第二版）
10. 人际沟通与礼仪（第二版）

（二）国际经贸

1. 国际贸易环境分析
2. 进出口单证实务
3. 进出口贸易操作实务
4. 进出口业务流程综合实训
5. 国际贸易理论与实务
6. 保险实务
7. 国际结算实务
8. 国际金融实务
9. 报关实务
10. 新编商务英语函电
11. 商务英语写作
12. 商务英语谈判
13. 外贸英语函电（第二版）
14. 服务外包实用英语入门
15. 报关业务操作
16. 国际商务单证
17. 国际商法

（三）财会金融

1. 会计学原理
2. 会计报表分析
3. 会计信息化教程（第二版）
4. 外贸会计实务
5. 经济法实务
6. 商业银行综合柜台业务

（四）工商管理

1. 管理咨询实务
2. 国际市场营销
3. 市场营销实务
4. 商务信息检索
5. 国际市场开发
6. 商务沟通技巧（第二版）
7. 房地产销售实务（第二版）
8. 房地产税收实务
9. 现代商务管理实操

（五）物流管理

1. 企业物流管理
2. 物流市场调研与开发
3. 物流服务营销
4. 物流英语

（六）电子商务

1. 电子商务（第二版）
2. 网络营销（第二版）

（七）旅游与酒店管理

1. 旅行社经营与管理（第二版）
2. 酒店经营与管理
3. 饭店前厅与客房管理实务（第二版）
4. 酒店实用英语
5. 旅游英语
6. 公共交通实用英语